HEATH

¡DIME MÁS!

FABIÁN A. SAMANIEGO
University of California, Davis
Emeritus

SIDNEY E. GORMAN
Fremont Unified School District
Fremont, California

CAROL L. SPARKS
Mt. Diablo Unified School District
Concord, California

M. CAROL BROWN
California State University, Sacramento

PATRICIA HAMILTON CARLIN
University of Central Arkansas, Conway

McDougal Littell
Evanston, Illinois • Boston • Dallas

Director, Modern Languages
Roger D. Coulombe

Managing Editor
Sylvia Madrigal

Editors
Pedro Urbina-Martin
Carol Shanahan
Mary Rich

Project Manager
Lori Díaz

D.C. Heath Modern Language Consultants
Daniel Battisti
Dr. Teresa Carrera-Hanley
A.-Lorena Richins Layser
Bill Lionetti

Design and Production
Product Section Head, Modern Languages: Victor Curran
Senior Designer: Pamela Daly
Design Staff: Ann Barnard, Caroline Bowden, Paulette Crowley,
    Daniel Derdula, Carolyn J. Langley, Joan Paley, Martha Podren
Permissions Editor: Dorothy B. McLeod
Photo Supervisor: Carmen Johnson
Photo Coordinator: Sue McDermott, Connie Komack
Book Designer: Angela Sciaraffa
Cover Design: Marshall Henrichs
Section Head, Production: Patrick Finbarr Connolly
Production Coordinator: Holly Schuster

Author Team Manager:
J. Thomas Wetterstrom

FIELD TEST USERS

Dena Bachman
Lafayette High School
St. Joseph, MO

Cathy Boulanger
L. Horton Watkins High School
St. Louis, MO

Janice Costella
Stanley Intermediate School
Lafayette, CA

Karen Davis
Southwest High School
Fort Worth, TX

Beatriz DesLoges
Lexington High School
Lexington, MA

Amelia Donovan
South Gwinnett High School
Snellville, GA

Velda Hughes
Bryan Senior High School
Omaha, NE

Sarah Witmer Lehman
P. K. Yonge Laboratory School
Gainesville, FL

Alita Mantels
Hall High School
Little Rock, AR

Ann Marie Mesquita
Encina High School
Sacramento, CA

Linda Meyer
Roosevelt Junior High School
Appleton, Wl

Joseph Moore
Tiffin City Schools
Tiffin, OH

Craig Mudie
Dennis-Yarmouth Regional
   High School
South Yarmouth, MA

Sue Rodríguez
Hopkins Junior High School
Fremont, CA

Janice Stangl
Bryan Senior High School
Omaha, NE

Teresa Hull Tolentino
Seven Hills Upper School
Cincinnati, OH

Grace Tripp
McCall School
Winchester, MA

Carol B. Walsh
Acton-Boxborough Regional
   High School
Acton, MA

Margaret Whitmore
Morton Junior High School
Omaha, NE

LINGUISTIC CONSULTANT

Dr. William H. Klemme
Indiana University
Fort Wayne, IN

REVIEWERS AND CONSULTANTS

Cathy Abreu
Highland Park High School
Highland Park, IL

Thomas Alsop
Ben Davis High School
Indianapolis, IN

Dr. Rober Ariew
University of Arizona
Tucson, AZ

Dr. Gwendolyn Barnes
St. Olaf College
Northville, MN

Rebecca Block
Newton South High School
Newton, MA

Maria Brock
Miami Norland Senior
  High School
Miami, FL

Carlos Brown
Flagstaff Junior High School
Flagstaff, AZ

Bruce Caldwell
Southwest Secondary School
Minneapolis, MN

Marie Carrera Lambert
Eastchester High School
Eastchester, NY

Joeseph Celentano
Syracuse City School District
Syrcuse, NY

Cindy Chambers
Provo High School
Provo, UT

Dr. Maria C. Collins
State Department of Education
Topeka, KS

Dr. Ferdinand Contino
South Ocean Middle School
Patchogue, NY

James W. Cooper
Parkway Schools
Manchester, MO

Sharon Cotter
Sagamore Junior High School
Holtsville, NY

Delbys Cruz
Lawrence High School
Lawrence, MA

Robin Fisher
Jericho Middle School
Jericho, NY

Carolyn Frost
Churchill High School
San Antonio, TX

Elaine Korb
West Islip High School
West Islip, NY

Herb LeShay
William Floyd School District
Mastic Beach, NY

Dr. Richard Lindley
Austin Community College
Austin, TX

Michael Livingston
Sachem High School
Lake Ronkonkoma, NY

Cenobio Macías
Tacoma Public Schools
Tacoma, WA

Ildefonso Manso
Cambridge, MA

Janet Mcintyre
Westfield Academy &
  Central School
Westfield, NY

Millie Park Mellgren
Olson Language Immersion
  School
Golden Valley, MN

Laurie E. Nesrala
Haltom High School
Fort Wonh, TX

Janet Obregón
Miami Palmetto High School
Miami, FL

Dr. Terry Peterson
Forest Park High School
Crystal Falls, Ml

Mary Ann Price
Newton South High School
Newton, MA

Dr. Linda Pavian Roberts
Waverly Community Schools
Lansing, Ml

Robin A. Ruffo
Chaparral High School
Scottsdale, AZ

Paul Sandrock
Appleton High School West
Appleton, Wl

Dr. Francoise Santalis
New Rochelle High School
New Rochelle, NY

Carolyn A. Schildgen
Highland Park High School
Highland Park, IL

Debbie Short
Hall High School
Little Rock, AR

Priscilla Sicard
Lowell High School
Lowell, MA

Judith Snyder
Computech Middle School
Fresno, CA

Dr. Emily Spinelli
University of Michigan
Dearborn, Ml

Jonita Stepp
P. K. Yonge Lahoratory
  School
Gainesville, FL

Stephanie Thomas
Bloomington, IN

Kay Thompson
Green Valley High School
Henderson, NV

Victoria Thompson
Farquhar Middle School
Olney, MD

Dr. Virginia D. Vigil
Northern Arizona University
Flagstaff, AZ

Sharon M. Watts
Omaha Public Schools
Omaha, NE

Nancy J. Wrobel
Anoka Senior High School
Anoka, MN

Dr. Dolly Young
University of Tennessee
Knoxville, TN

Charles Zimmerman
Penfield High School
Penfield, NY

ATLAS

▶ **El mundo**

▶ **México, el Caribe y Centroamérica**

▶ **Sudamérica**

▶ **España**

EL MUNDO

Groenlan

Alaska (E.U.)

Canadá

NORTEAMÉRICA

Estados
Unidos

OCÉANO
ATLÁNTICO

Bahamas

Trópico de Cáncer

Cuba

República
Dominicana

Hawai (E.U.)

México

Puerto Rico

Jamaica

San Cristóbal
y Nevis

OCÉANO
PACÍFICO

Belice

Haití

Dominica

Guatemala

Honduras

Santa Lucía

Barbados

El Salvador

Costa Rica

Granada

San Vicente y
Granadinas

Nicaragua

Trinidad y Tobago

Venezuela

Guyana

Panamá

Suriname

Colombia

Guayana
Francesa

Islas Galápagos (Ec.)

Ecuador

Ecuador

Kiribati

SUDAMÉRICA

Perú

Brasil

Samoa Occidental

Bolivia

Tonga

Paraguay

Trópico de Capricornio

Chile

Uruguay

Argentina

Islas Malvinas

**Los países de
habla española**

Escala de kilómetros

| 0 | 1000 | 2000 | 3000 |

| 0 | 1000 | 2000 | 3000 |

Escala de millas

OCÉANO
ÁRTICO

Islandia

Noruega

Suecia   Finlandia

Dinamarca   Estonia

Reino   Holanda   Letonia

Irlanda Unido   Lituania

Alemania   Polonia   Belarús

Bélgica   Ucrania

EUROPA

Francia   Suiza

Andorra   Italia

España   Cerdeña

Portugal

Rumania   Moldavia

Bulgaria

Grecia   Turquía

Marruecos   Túnez   Malta

Chipre   Siria   Iraq

Israel   Líbano

Jordania

① Checoslovaquia
② Austria
③ Hungría
④ Eslovenia
⑤ Croacia
⑥ Bosnia & Herzgovina
⑦ Yugoslavia
⑧ Albania
⑨ (República de) Macedonia

Rusia

ASIA

Kazajstán

Mongolia

Uzbekistán

Georgia

Azerbaiyán   Kirguistán

Turkmenistán   Tayiskistán

Armenia

Irán   Afganistán   China

Kuwait   Pakistán

Bahrein   Qatar

Nepal   Bhután

Corea del
Norte

Japón

Corea
del Sur

Taiwán

Islas
Canarias
(España)

Marruecos

Argelia   Libia

Egipto   Arabia
Saudita

Mauritania   Malí   Níger

Gambia   Burkina
Fase

ÁFRICA   Chad   Sudán

Emiratos
Árabes
Unidos   Omán

India   Myanmar

Bangladesh   Lao

OCÉANO
PACÍFICO

Nauru

ea
rra
ona

Costa
de
Marfil

Benín

Nigeria

Eritrea

Yemen

Tailandia

Viet Nam
Cambodia

Filipinas

Liberia   Togo   Ghana   Camerún

Guinea
Ecuatorial   Congo

Gabón

Rwanda

República
Centroafricana

Uganda

Zaire   Burundi

Etiopía

Djibouti

Somalia

Kenya

Tanzanía

Maldivas

Seychelles

Sri Lanka

Brunei

Malasia

Singapur   Indonesia

OCÉANO
ÍNDICO

Papua-Nueva
Guinea

Islas
Salomón

Vanuatu

Angola   Zambia

Namibia   Zimbabwe

Botswana

Comoras

Malawi

Mozambique

Madagascar

Mauricio

AUSTRALIA

Sudáfrica

Swazilandia

Lesotho

Nueva Zelandia

ANTÁRTIDA

MÉXICO, EL CARIBE Y CENTROAMÉRICA

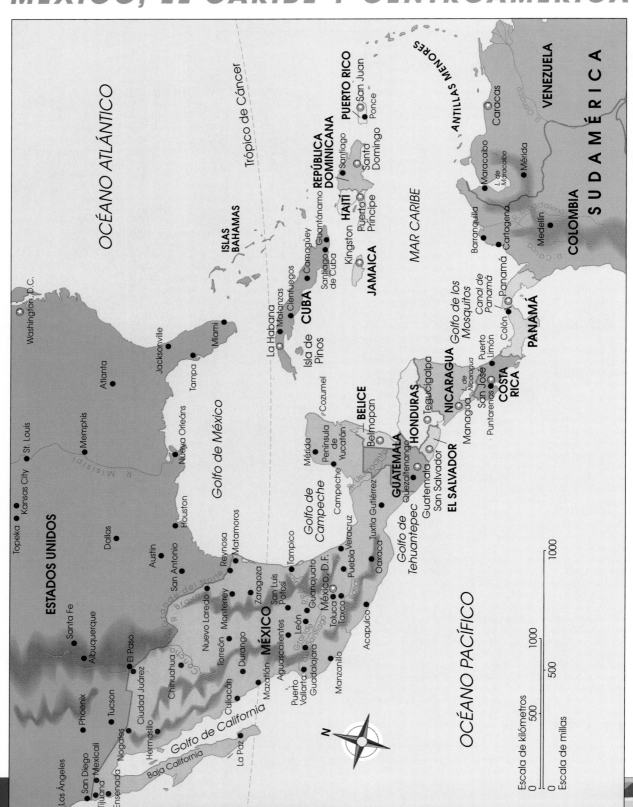

SUDAMÉRICA

MAR CARIBE

ANTILLAS MENORES

COSTA RICA

Canal de Panamá

Barranquilla
Caracas
TRINIDAD Y TOBAGO
Puerto España

San José
Panamá
Maracaibo
Mérida
GUYANA

PANAMÁ
Cartagena
VENEZUELA
SURINAM

Medellín
Georgetown
Paramaribo
GUAYANA FRANCESA

Cali
Bogotá
Cayena

COLOMBIA

Quito
R. Negro
R. Bianco
Ecuador

ECUADOR
R. Caquetá
Manaus
R. Amazonas
Belém

Guayaquil
Iquitos
R. Putumayo

R. Marañón
R. Juruá
R. Purus
R. Madeira
R. Tapajós
R. Xingú

Trujillo
B R A S I L
Recife

PERÚ
R. Grande
R. Guaporé
Salvador

Lima
Cuzco

L. Titicaca
La Paz
Brasilia

Arequipa
BOLIVIA

Arica
Sucre
Belo Horizonte

Iquique
R. Paraguay

Trópico de Capricornio
R. Pilcomayo
PARAGUAY
São Paulo
Río de Janeiro

Antofagasta
Asunción
Santos

CHILE
San Miguel
de Tucumán
R. Paraná

Córdoba
Pôrto Alegre

R. Salado

Rosario
R. Uruguay

OCÉANO
PACÍFICO
Valparaíso
Mendoza
URUGUAY

Santiago
Buenos Aires
Montevideo

Concepción
ARGENTINA
La Plata
Punta del Este
R. de la Plata
OCÉANO ATLÁNTICO

Bahía Blanca
Mar del Plata

Bariloche

Puerto Montt

N

Escala de kilómetros
0   400   800

0   400   800
Escala de millas

Estrecho de
Magallanes
Islas Malvinas

Punta Arenas

Tierra del
Fuego
Cabo de
Hornos

ESPAÑA

OCÉANO ATLÁNTICO

MAR CANTÁBRICO

Golfo de León

Golfo de Vizcaya

FRANCIA

ANDORRA

CATALUÑA

ISLAS BALEARES

Menorca

Mallorca

Palma de Mallorca

Ibiza

Formentera

MAR MEDITERRÁNEO

ÁFRICA

ARGELIA

Marsella

Tolosa

Barcelona

Lérida

Tarragona

Castellón

Costa Brava

Argel

NAVARRA

VASCONGADAS

LA RIOJA

ARAGÓN

COMUNIDAD VALENCIANA

Costa Blanca

MURCIA

San Sebastián

Pamplona

Logroño

Zaragoza

Valencia

Alicante

Murcia

Cartagena

R. Júcar

R. Segura

CANTABRIA

Santander

Bilbao

Burgos

R. Ebro

CASTILLA-LEÓN

MADRID

CASTILLA-LA MANCHA

Guadalajara

Madrid

Segovia

Valladolid

Escorial

Ávila

Toledo

Ciudad Real

Albacete

Almería

Granada

Linares

Jaén

Costa del Sol

Melilla (Esp.)

ASTURIAS

Oviedo

León

Zamora

Salamanca

GALICIA

La Coruña

Santiago de Compostela

Pontevedra

Vigo

Oporto

R. Duero

EXTREMADURA

Cáceres

Mérida

Badajoz

ANDALUCÍA

Almadén

Córdoba

Sevilla

Málaga

R. Guadalquivir

R. Tajo

R. Guadiana

PORTUGAL

ALGARVE

Huelva

Jérez de la Frontera

Cádiz

Golfo de Cádiz

Estrecho de Gibraltar

Gibraltar (R.U.)

Ceuta (Esp.)

Tánger

Tetuán

Rabat

MARRUECOS

ÁFRICA

Lisboa

N

Escala de kilómetros

100 200

Escala de millas

100 200

ISLAS CANARIAS

La Palma

Gomera

Hierro

Tenerife

Santa Cruz

Las Palmas

Gran Canaria

Fuerteventura

Lanzarote

ÁFRICA

0 100 Kilómetros

0 100 Millas

¿Cómo te llamas tú?

Here are some of the most frequently used names in Spanish. Find your name in the list or select a name you would like to be called.

Chicos

Alberto (Beto)	Javier
Alejandro (Alex)	Jerónimo
Alfonso	Joaquín
Alfredo	Jorge
Andrés	José (Pepe)
Antonio (Toni, Toño)	Juan (Juancho)
Arturo (Tudi)	Julio
Benjamín	Lorenzo
Bernardo	Lucas
Carlos	Luis
César	Manuel (Manolo)
Clemente (Tito)	Marcos
Cristóbal	Mariano
Daniel (Dani)	Mario
David	Martín
Diego	Mateo
Eduardo (Edi)	Miguel
Emilio	Nicolás (Nico)
Enrique (Quico)	Octavio
Ernesto	Óscar
Esteban	Pablo
Federico (Fede)	Patricio
Felipe	Pedro
Fernando (Nando)	Rafael (Rafa)
Francisco (Cisco, Paco, Pancho)	Ramiro
	Ramón
Gabriel (Gabi)	Raúl
Germán	Ricardo (Riqui)
Gilberto	Roberto (Beto)
Gonzalo	Rodrigo (Rodri)
Gregorio	Rubén
Guillermo (Memo)	Salvador
Gustavo	Samuel
Hernán	Sancho
Homero	Santiago (Santi)
Horacio	Sergio
Hugo	Teodoro
Ignacio (Nacho)	Timoteo
Jacobo	Tomás
Jaime	Víctor

Chicas

Adela	Guadalupe (Lupe)
Adriana	Inés
Alicia	Irene
Amalia	Isabel (Chavela)
Ana	Josefina (Pepita)
Anita	Juana (Juanita)
Ángela	Julia
Antonia (Toni)	Laura
Bárbara	Leonor
Beatriz (Bea)	Leticia (Leti)
Berta	Lilia
Blanca	Lucía
Carla	Luisa
Carlota	Marcela (Chela)
Carmen	Margarita (Rita)
Carolina	María
Catalina	Mariana
Cecilia	Maricarmen
Clara	Marilú
Concepción (Concha, Conchita)	Marta
	Mercedes (Meche)
Cristina (Cris, Tina)	Mónica
Débora	Natalia (Nati)
Diana	Norma
Dolores (Lola)	Patricia (Pati)
Dorotea (Dora)	Pilar
Elena	Ramona
Elisa	Raquel
Eloísa	Rebeca
Elvira	Rosa (Rosita)
Emilia (Emi)	Sara
Estela	Silvia
Ester	Sofía
Eva	Soledad (Sole)
Florencia	Sonia
Francisca (Paca, Paquita)	Susana (Susanita)
	Teresa (Tere)
Gabriela (Gabi)	Verónica (Vero)
Gloria	Victoria (Vicki)
Graciela (Chela)	Yolanda (Yoli)

CONTENIDO

¡A RECORDAR! A1

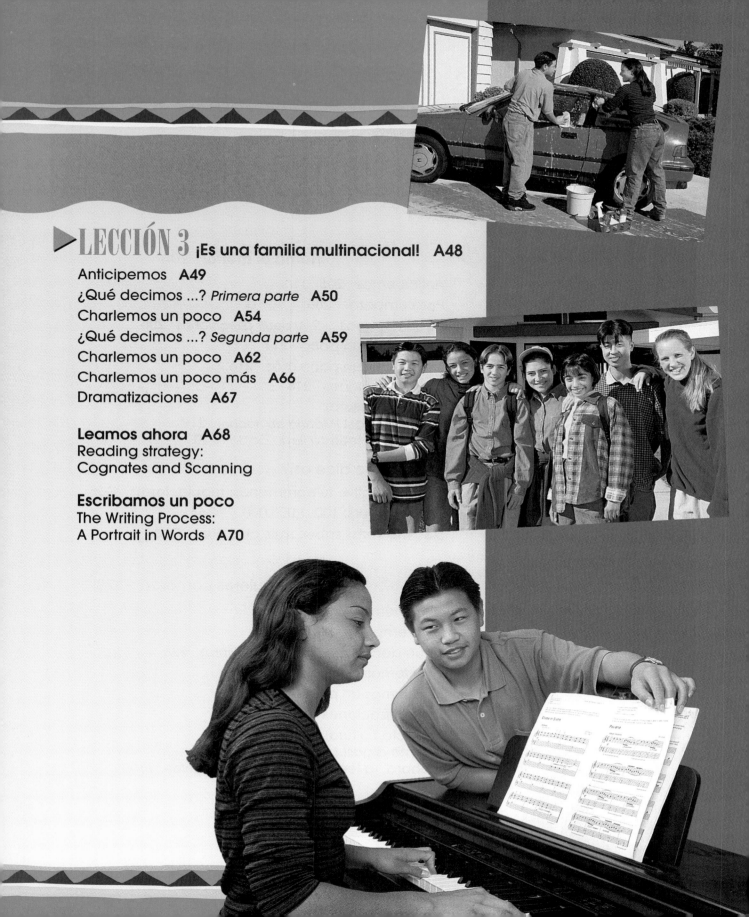

UNIDAD 5

UNIDAD 6

¡Me encantó Guadalajara! 256
Guadalajara, México

UNIDAD 7

¡Vamos al partido! 304
Miami, Florida

UNIDAD 8

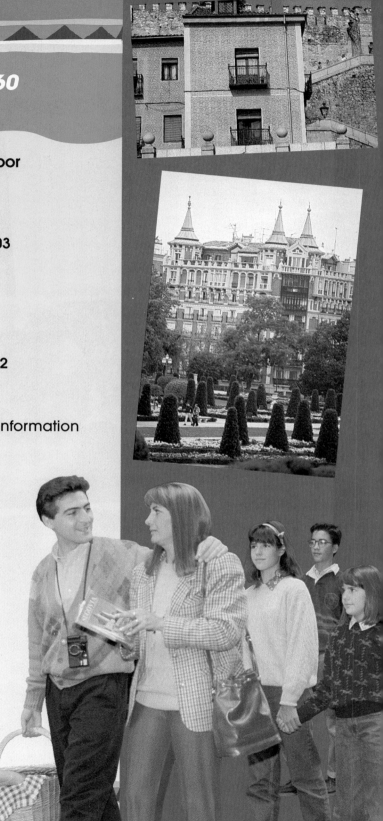

¡En camino a Segovia! 360
Segovia, España

¡A recordar!

¡Hola! Mira, quiero presentarte a ...

¿**Qué** piensas tú?

1. ¿Quiénes son las personas en el dibujo—estudiantes, profesores, directores?

2. ¿Qué crees que dice cada persona?

3. ¿Qué día es? ¿Cómo lo sabes?

4. ¿Cómo es cada persona? Descríbelas.

5. ¿Qué clases tiene Victoria? ¿Cuáles de esas clases tienes tú?

6. ¿A qué hora tiene español? ¿matemáticas? ¿educación física?

7. ¿Quiénes son hispanos? ¿Cómo sabes?

8. ¿Qué crees que vas a repasar en esta lección?

Primera parte

Hoy es el primer día de clases. Al llegar a la escuela, los estudiantes y los profesores se saludan y conversan de las actividades del verano. También hablan de sus amigos, sus profesores y sus horarios de clases. Todos están contentos de ver a sus amigos otra vez, pero también están un poco nerviosos al pensar en sus nuevas clases.

Pero, ¿quién es la chica morena que está allí sola? Es muy bonita. ¿Y quiénes son esos dos chicos? También parecen estar solos. Y los tres están muy nerviosos. ¡Ah! Deben ser nuevos estudiantes. Pobrecitos. Todo en esta escuela es tan diferente para ellos. ¿Sabes cómo se llaman?

Al conocer y saludar a otras personas

Para saludar:

Buenos días.
Buenas tardes.
Buenas noches.
¡Hola!

Para preguntar sobre el bienestar:

¿Cómo estás?
¿Cómo está usted?
¿Qué tal?

Para expresar el bienestar:

Bien, gracias.
Bien, gracias. ¿Y tú?
Muy bien, gracias. ¿Y usted?

Para despedirse:

Adiós.
Hasta luego.
Hasta mañana.

CHARLEMOS UN POCO

A. El primer día de clases. Es el primer día de clases y tú y tus amigos están muy contentos de verse. Saluda a todos tus amigos en la clase. Si no conoces a nadie, preséntate.

 EJEMPLO

Tú:	**Buenos días. ¿Qué tal?**
Amigo(a):	**Bien, gracias. ¿Y tú? ¿Cómo estás?**
Tú:	**Muy bien, gracias. Hasta luego.**
Amigo(a):	**Adiós.**

B. ¿Buenos días o adiós? Todos en la escuela están muy contentos de verse el primer día de clases. Con un(a) compañero(a) dramatiza las presentaciones, saludos y despedidas de todas las personas en el dibujo. No olvides dar la mano, un besito o un abrazo si es apropiado.

1.

2.

3.

4.

5.

6.

 EJEMPLO

Tú:	**Buenos días, profesor. ¿Cómo está usted?**
Compañero(a):	**Muy bien, gracias. ¿Y tú? ¿Cómo estás?**
Tú:	**Bien, gracias.**

C. El gusto es mío. Probablemente hay varias personas en la clase que no conoces. Preséntate y pregúntales cómo se llaman.

EJEMPLO Tú: **Buenos días. Me llamo [...]. ¿Y tú?**
                    ¿Cómo te llamas?
          Él o Ella: **Mucho gusto. Me llamo [...].**
          Tú: **Es un placer.**

CH. Quiero presentarte a... Presenta a uno o dos de tus nuevos amigos al profesor (a la profesora) y a otros compañeros de clase.

EJEMPLO Tú: **[...], quiero presentarte a [...].**
          Amigo(a):   **Encantado(a).**
          Compañero(a):   **Igualmente.**

D. ¿Quién es? Con un(a) compañero(a) identifica a todos los personajes de esta lección. Deben nombrarlos y decir algo más de cada uno.

EJEMPLO Tú: **¿Quién es?**
          Compañero(a):   **Es Marcela. Es una estudiante.**
                            ¿Y quién es ella?
          Tú: **Es la directora de la escuela, la**
                            señora Gilman.

1.   2.   3.

4.   5.   6.

7.   8.   9.

▶ **Al hacer presentaciones**

Para presentarte:

Me llamo...
Mi nombre es...
Soy...

Para pedir el nombre de otra persona:

¿Y tú? ¿Cómo te llamas?
¿Y usted? ¿Cómo se llama?
¿Y él/ella? ¿Cómo se llama?

Para presentar a otra persona:

Quiero presentarte a...
Quiero presentarle a...

Para contestar al ser presentado:

Mucho gusto.
El gusto es mío.
Encantado(a).
Es un placer.
Igualmente.

▶ **Al identificar a personas**

Para saber "quién":

¿Quién es?
¿Quién es él?
¿Quién es ella?

Para usar el verbo ser

yo	**soy**	nosotros	**somos**
tú	**eres**		
usted	**es**	ustedes	**son**
él, ella	**es**	ellos, ellas	**son**

▶ Al hablar de lugares o personas que conoces

Para usar el verbo *conocer*:*

conozco	conocemos
conoces	
conoce	conocen
conoce	conocen

*Recuerda que la **a personal** siempre se usa al hablar de conocer a personas.

E. ¿Eres el director? Selecciona una nueva identidad para ti—el nombre de un(a) compañero(a) de clase, un(a) profesor(a) o uno de los nuevos personajes de la lección. Luego circula entre tus compañeros de clase y trata de decidir quiénes son. No olvides de usar "usted" con las personas mayores.

EJEMPLO
Tú:	**¿Eres estudiante en la clase?**
Compañero:	**No, soy profesor McBright, el profesor de inglés.**
Tú:	**¿Es usted la señorita Madrid?**
Compañera:	**No, me llamo Grace Gilman. Soy la directora.**

F. ¿Conoces ...? Pregúntale a tu compañero(a) si estas personas conocen los lugares o a las personas indicadas.

MODELOS
Tu familia / Disneylandia
Tú:	**¿Conoce tu familia Disneylandia?**
Compañero(a):	**No, mi familia no conoce Disneylandia.**

ustedes / el profesor de historia
Tú:	**¿Conocen al profesor de historia?**
Compañero(a):	**Sí, conocemos al señor [...].**

1. Pablo / Diego
2. ustedes / el Bosque de Chapultepec
3. tú / el (la) profesor(a) de español
4. tu profesor(a) de español / el Álamo
5. tú y tu amigo / el (la) director(a) de la escuela
6. Diego / Jaime
7. yo / la chica allí
8. ustedes / el Parque Yellowstone

Segunda parte

¿Qué clases tienen Pablo y Diego juntos? Sólo ciencias. A las ocho y cinco, cuando Pablo tiene inglés en la sala veintisiete con el señor McBright, Diego tiene computación en la sala cinco con la señorita Lara. En esta escuela las clases se reúnen a la misma hora cada día—de lunes a viernes.

Estudiante: **Pablo Salas**

Clases de lunes a viernes:

Hora	Curso	Sala	Profesor
8:05-8:57	Inglés	27	Sr. McBright
9:02-9:54	Matemáticas	14	Sr. Thompson
9:59-10:51	Educación física	Gimnasio	Sr. Roque
10:56-11:48	Ciencias	22	Sra. Gilman
11:48-12:23	Almuerzo		
12:28-1:20	Historia	11	Sr. Baker
1:25-2:17	Arte	31	Srta. Tate

Estudiante: **Diego Salas**

Clases de lunes a viernes:

Hora	Curso	Sala	Profesor
8:05-8:57	Computación	5	Srta. Lara
9:02-9:54	Inglés	25	Sr. McBright
9:59-10:51	Historia	8	Sr. Baker
10:56-11:48	Ciencias	22	Sra. Gilman
11:48-12:23	Almuerzo		
12:28-1:20	Educación física	Gimnasio	Sr. Roque
1:25-2:17	Matemáticas	16	Sr. Thompson

▶ Al nombrar cosas*

Para generalizar usamos
un/una

un bolígrafo	**unos** bolígrafos
un estudiante	**unos** estudiantes
una carpeta	**unas** carpetas
una muchacha	**unas** muchachas

Para especificar usamos
el/la/los/las

el bolígrafo	**los** bolígrafos
el estudiante	**los** estudiantes
la carpeta	**las** carpetas
la muchacha	**las** muchachas

* Recuerda que la mayoría de los sustantivos *(nouns)* tienen formas singulares / plurales y masculinas / femeninas.

Números 0 — 31:

0	cero	**16**	dieciséis
1	uno	**17**	diecisiete
2	dos	**18**	dieciocho
3	tres	**19**	diecinueve
4	cuatro	**20**	veinte
5	cinco	**21**	veintiuno
6	seis	**22**	veintidós
7	siete	**23**	veintitrés
8	ocho	**24**	veinticuatro
9	nueve	**25**	veinticinco
10	diez	**26**	veintiséis
11	once	**27**	veintisiete
12	doce	**28**	veintiocho
13	trece	**29**	veintinueve
14	catorce	**30**	treinta
15	quince	**31**	treinta y uno

CHARLEMOS UN POCO

A. ¿Qué necesitamos? Dile a tu compañero(a) cuántos de estos objetos tienes en tu mochila o en la sala de clase y pregúntale si necesita unos.

 EJEMPLO   Tú: **Tengo dos bolígrafos. ¿Necesitas bolígrafos?**
Compañero(a): **Sí, necesito bolígrafos.** o
                    No. Tengo un bolígrafo.

B. Horarios. Usa este horario para preguntarle a tu compañero(a) dónde están varias de estas personas durante ciertas horas del día. Luego contesta las preguntas de tu compañero(a) cuando te pregunta dónde están las otras personas.

 EJEMPLO

Tú:	**¿Dónde están Carlos y Pepe a las ocho y media?**
Compañero(a):	**A las ocho y media están en la clase de computación. ¿A qué hora estamos tú y yo en la clase de matemáticas?**
Tú:	**Estamos en la clase de matemáticas a la una y cuarto.**

	tú	Ana	Carlos y Pepe	yo
8:30	inglés	matemáticas	computación	ciencias
9:27	ciencias	educación física	álgebra	arte
10:30	español	francés	historia	geografía
11:55	almuerzo	almuerzo	almuerzo	almuerzo
12:35	geografía	inglés	español	inglés
1:15	matemáticas	historia	inglés	matemáticas

C. ¿Y tú? Pregúntale a tu compañero(a) dónde está a ciertas horas específicas.

 EJEMPLO

Tú:	**¿Dónde estás a las diez y media?**
Compañero(a):	**A las diez y media, estoy en la clase de historia.**

▶ **Al pedir o dar la hora**

Para pedir la hora:
¿Qué hora es?

Para preguntar cuándo algo va a ocurrir:
¿A qué hora...?

Para dar la hora en punto:
Es la una.
Son las dos.

Para dar la hora y minutos:
Son las dos y cuarto.
Son las dos y veinticinco.
Son las dos y media.

Para dar la hora menos minutos:
Son las tres menos diez.
Son las tres menos cuarto.

▶ **Al decir dónde está algo o alguien**

Hay que usar el verbo *estar*.

estoy	estamos
estás	
está	están
está	están

▶ Al hablar de lo que tenemos

Hay que usar el verbo *tener*.

tengo	tenemos
tienes	
tiene	tienen
tiene	tienen

CH. ¿Qué tienen? En grupos de tres o cuatro comenten sobre todo lo que estas personas tienen.

 EJEMPLO:

Tú:	**Esteban tiene cinco lápices.**
Compañero(a) 1:	**Esteban y Cecilia tienen calculadoras.**
Compañero(a) 2:	**Yo también tengo una calculadora.**

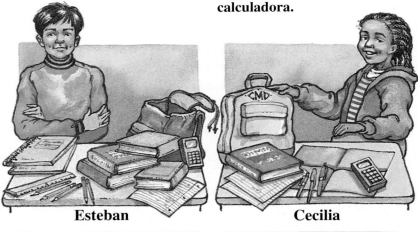

Esteban   Cecilia

Lupe   Tú

D. ¡Tenemos inglés juntos! Compara tu horario de clases con el de dos o tres compañeros de clase. Luego dile a la clase qué clases tienen juntos.

EJEMPLO

Tú:	**A las ocho tengo ciencias en la sala veintidós con el señor Roberts. ¿Y ustedes?**
Compañero(a) 1:	**Tengo inglés en la sala veintisiete con la señora Chindblom.**
Compañero(a) 2:	**Yo también tengo inglés en la sala veintisiete con la señora Chindblom.**
Tú:	**[...] y [...] tienen inglés juntos.**

¡A RECORDAR!

E. ¿Cuántas recuerdas? Con la ayuda de la clase entera, prepara una lista de todas las palabras descriptivas que ustedes recuerdan. Marca con una estrella las palabras que tus compañeros de clase mencionan que tú ya no recordabas.

F. Mis mejores amigos son... En parejas, describe a tus dos mejores amigos. Menciona cómo son diferentes y cómo son similares. Escucha mientras tu compañero(a) describe a sus mejores amigos. Luego escribe un corto resumen de lo que dice tu compañero(a) y él (ella) va a escribir un resumen de lo que tú dices.

▶ **Al describir**

Para usar adjetivos:

una profesora **divertida**
un profesor **divertido**
unas amigas **divertidas**
unos amigos **divertidos**

Las palabras descriptivas (adjetivos) casi siempre concuerdan *(agree)* en número (singular / plural) y género (masculino / femenino) con lo que describen.

Para usar adjetivos sin género:

un amigo **inteligente**
una amiga **inteligente**

Algunas palabras descriptivas sólo cambian en número y no en género.

CHARLEMOS UN POCO MÁS

A. ¿A qué hora? Compara tu horario de clases con el de un(a) compañero(a) de clases. Pregúntale a tu compañero(a) qué clases tiene, a qué hora son, dónde son, quiénes son sus profesores y qué materiales necesita para cada clase. Usa tu horario de clases de este año al contestar las preguntas de tu compañero(a).

B. Adivina. Piensa en un(a) profesor(a) de tu colegio. En grupos de tres o cuatro, describe al profesor(a) sin decir el nombre de la persona. Di cómo es, qué enseña, dónde enseña, etc., hasta que tus compañeros identifiquen a la persona. Luego escucha las descripciones de tus compañeros para ver si sabes a quién describen.

C. ¿Dónde está Luisa? Tu profesor(a) te va a dar un mapa de una escuela con dibujos de varios estudiantes y profesores en sus clases y con una lista de nombres y dibujos de otras personas que tú debes localizar. Pregúntale a tu compañero(a) dónde están las personas en tu lista. Vas a tener que describir a las personas porque tu compañero(a) no tiene sus nombres. Luego dile a tu compañero(a) dónde están las personas que él (ella) tiene que localizar. No se permite ver el mapa de tu compañero(a) y sólo se permite hablar en español.

CH. Encuesta. Tu profesor(a) te va a dar un cuadrado *(grid)* que debes usar para entrevistar a varios compañeros de clase. Pregúntales si tienen una de las clases en tu lista. Si uno contesta afirmativamente, pídele que firme el cuadro apropiado con su nombre, el nombre del profesor(a) y la hora de la clase. Recuerda que no se permite que una persona firme más de un cuadro.

EJEMPLO

Tú:	**¿Tienes una clase de español?**
Compañero(a):	**Sí, tengo español con la señorita Brooks a las diez y media.**
Tú:	**Favor de firmar y escribir el nombre del profesor y la hora.**

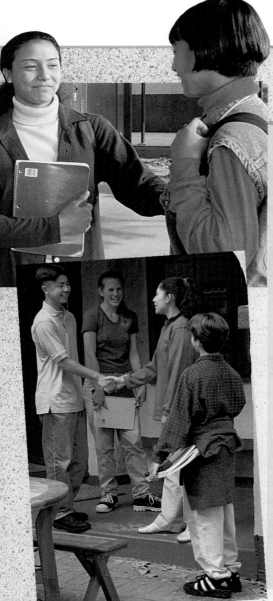

Dramatizaciones

A. Mucho gusto. Tú tienes que presentar a un nuevo estudiante a tu profesor(a) y a un(a) amigo(a). En grupos de cuatro decidan qué papel *(role)* van a hacer y preparen la dramatización.

- Presenta al nuevo estudiante a tu profesor(a) primero y luego a tu amigo(a).

- Al ser presentados, conversen con el nuevo estudiante. Pregúntenle sobre su horario de clases.

- Cada uno debe despedirse al final de la conversación.

B. Primer día de clases. En grupos de tres, salúdense y hablen un poco sobre sus horarios y sus profesores. Describan a un nuevo profesor o a una nueva estudiante.

C. ¿Dónde está? Tú siempre olvidas tus libros y otras cosas en el gimnasio, la cafetería, el patio u otros lugares. Afortunadamente, tu compañero(a) siempre sabe dónde están. Dramatiza la situación con un(a) compañero(a).

CH. ¿Conoces a la Sra. ...? Hay una nueva profesora en tu colegio. Tú describes a la nueva profesora para ver si tu compañero(a) la conoce. Después de mucha descripción, tu compañero(a) dice que ella es su pariente. Dramatiza la conversación con un(a) compañero(a).

¡No me digas!

¡No es posible! Larry, a U.S. exchange student in Caracas, is visiting his friend Lucho. Lucho is a very good friend who often has to be very patient with Larry. Read their conversation then answer the question that follows. Then read the conversation aloud, correcting all errors.

Lucho: **Papá, quiero presentarte a mi amigo, Larry.**

Papá: **Mucho gusto, Larry. Estás en tu casa.**

Larry: **Hola, señor. ¿Cómo estás?**

Papá: **Pues, ahhh... Muy bien, gracias. Hmmm...**

Lucho: **Bueno, papá. Larry y yo tenemos que ir a la escuela. Ya es hora.**

Larry: **Ay, Lucho. Estoy muy confundida. No entiendo mi horario. ¿Cómo puedo tener dos o tres clases a la misma hora? También tengo dos clases de matemáticas.**

Lucho: **¿Cómo? Eso no es posible.**

Larry: **Mira. Tengo matemáticas y ciencias a las ocho de la mañana. A las dos de la tarde tengo música instrumental, gimnasia y otra clase de matemáticas. ¡No es posible! ¡En mi escuela en Cincinnati nunca tenemos dos clases a la misma hora!**

Lucho: *(Looking at the schedule)* **A ver... Ay, Larry. Ya comprendo por qué te confundes. Permíteme explicarte...**

▶ Larry has made at least three different errors. Can you identify all three?

❑ Check your answers on page 416.

Y ahora, ¡a leer!

Antes de empezar

You have learned to use different reading strategies, including recognizing cognates and scanning. Practice using these strategies as you read about **José María Torre** on page A23.

1. **Cognates.** Find at least ten cognates in the first paragraph of the reading. Write them down in Spanish and write their English equivalents. How many can you find in the second paragraph?

2. **Scanning**. Scan the whole reading and quickly find the following information:

   a. How old was José María when he started acting on TV?

   b. How many **telenovelas** *(soap operas)* are mentioned? Can you translate the name of some of them?

   c. How old is José María now?

Verifiquemos

Working in pairs, write the answers to the following questions. Then compare your answers to those of the rest of the class.

1. Primero prepara una lista en tres columnas como ésta. Luego complétala con toda la información que tienes sobre el pasado, el presente y el futuro de José María.

José María Torre		
Su pasado	**Su presente**	**Su futuro**
1. ...	1. ...	1. ...
2. ...	2. ...	2. ...
3. ...	3. ...	3. ...

2. Según José María, ¿es más fácil hacer el rol de un niño o de un adolescente? ¿Por qué?

3. ¿Conoces a un actor o una actriz en EE.UU. que empieza a actuar a una edad muy joven o que todavía sigue actuando?

José María Torre

José María Torre, mejor conocido ahora como Daniel en la telenovela mexicana *Agujetas de color de rosa*, lleva una carrera en la televisión desde cuando tenía sólo seis años. Empieza a esa joven edad haciendo comerciales, pero muy pronto es contratado para la telenovela *Tal como somos*. Su inocencia juvenil junto con esa personalidad tan atractiva que mágicamente atrae y conquista a su público, muy pronto lo convierte en uno de los joven actores más populares de la televisión mexicana.

Desde su primera telenovela, José María ha participado en varias otras: *Un rostro en mi pasado, Carrusel, Carrusel de las Américas, Mi segunda madre, Amor de nadie, Los parientes pobres* y como ya se ha indicado, *Agujetas de color de rosa*.

A lo largo de su carrera, hemos visto a este desenvolverse del niño José María en el adolescente que es ahora con sus diecisiete años de edad. Cuando le preguntamos si es más difícil hacer el rol de adolescente, el joven contesta que ambos roles son exigentes: el de niño porque tiene que ser cómico y divertir a su público, el de adolescente por tener que ser más adulto, más serio.

Ahora el joven José María Torre tiene la vista fija en Hollywood. Reconoce que va a tener que esforzarse mucho para llegar allá y dice que ya se está preparando. Le deseamos mucha suerte en alcanzar su estrella.

¡Qué aburridos son los muchachos!

JUEVES 3:30PM

MIÉRCOLES 4:00PM

LUNES 3:00PM

DOMINGO 8:00AM

SÁBADO 11:00AM

¿Qué piensas tú?

1. ¿Qué hacen las personas en el dibujo?

2. ¿Qué tiempo hace cuando Diego corre en el parque?

3. ¿Le gusta a Diego correr en el parque?

4. ¿Le gusta a Victoria estudiar?

5. ¿Estudia Victoria porque le gusta estudiar o porque tiene que estudiar?

6. ¿Qué crees que Victoria va a hacer después de terminar su tarea?

7. ¿Adónde van Jaime y Marcela?

8. ¿Qué hace Elena el sábado a las once?

9. Es el lunes a las tres. ¿Qué está haciendo Elena ahora?

10. ¿Qué crees que van a repasar en esta lección?

¿ QUÉ DECIMOS...?

Primera parte

La vida de un estudiante no es fácil. ¿Por qué no? Porque tiene que estudiar constantemente. También tiene que hacer mucha tarea porque la mayoría de los profesores son muy exigentes.

Además, con frecuencia tiene que trabajar en casa. Pero no trabaja todo el tiempo. Tiene un poco de tiempo libre.

Y ¿qué hace en su tiempo libre? Pues, le gusta ver la tele, hablar por teléfono, bailar, ir de compras, ir al cine, practicar deportes...

¡A RECORDAR!

► Al nombrar las acciones

Para reconocer y usar infinitivos:

Un infinitivo es la forma del verbo que termina en **-ar, -er,** o **-ir.**

bail**ar**	*to dance*
corr**er**	*to run*
escrib**ir**	*to write*

Los infinitivos se usan para nombrar acciones.

Tengo que **estudiar.**
¿Van a **comer** aquí?

► Infinitivos que debes saber

Verbos en -ar

alquilar	imaginar
calificar	invitar
caminar	jugar
casar	limpiar
celebrar	llamar
comprar	llevar
cortar	mirar
descansar	pasar
encantar	pasear
escuchar	practicar
esperar	preparar
estar	sacar
estudiar	tocar
gustar	tomar
hablar	trabajar
indicar	visitar

Verbos en -er

beber	leer
comer	querer
conocer	saber
creer	ver
hacer	tener

Verbos en -ir

cumplir	salir
decir	subir
ir	venir

► Al expresar obligación

Hay que usar *tener que* + **infinitivo.**

Tenemos que estudiar mucho.
¿**Tienes que limpiar** la casa hoy?

CHARLEMOS UN POCO

A. En nuestra opinión. ¿Qué decimos? Las muchachas tienen opiniones muy fuertes acerca de los muchachos. Indica si los siguientes comentarios sobre los muchachos representan **(sí)** o no representan **(no)** las opiniones de las muchachas.

sí no **1.** Corren en el parque por la tarde.
sí no **2.** Hacen cosas interesantes.
sí no **3.** Estudian mucho.
sí no **4.** Descansan mucho.
sí no **5.** Miran la televisión con frecuencia.
sí no **6.** Sólo estudian cuando hace mal tiempo.
sí no **7.** Son aburridos.
sí no **8.** Cuando hace buen tiempo, salen a jugar deportes.

B. Pensamientos personales. Refleja en tu propia vida, tus gustos y tus planes para el futuro y completa estos pensamientos. Como hay muchas posibilidades para cada pensamiento, puedes usar varios infinitivos de la lista.

1. Cuando voy al parque, me gusta mucho ...
2. Tengo mucho trabajo en casa. Tengo que ...
3. Mis profesores son demasiado exigentes. Esta noche tengo que ...
4. Con mi familia, me gusta ...
5. No me gusta mucho ...
6. El sábado en la fiesta voy a ...
7. Con mis amigos me gusta ...
8. Cuando sea adulto, voy a ...

C. ¿Qué tienes que hacer? Todos tenemos varias obligaciones diarias. Dile a tu compañero(a) dos o tres obligaciones que cada persona en la lista tiene y pregúntale acerca de las obligaciones de sus amigos y parientes.

 EJEMPLO   Tú: **Tengo que leer mi libro de historia y practicar el piano. ¿Y tú? ¿Qué tienes que hacer?**

Compañero(a): **Tengo que escribir un informe en español y preparar la comida con mi madre.**

1. yo	**4.** mi hermano(a)	**7.** tú
2. mi madre	**5.** los profesores	**8.** tú y yo
3. mis amigos	**6.** nosotros	**9.** ustedes

CH. ¿Adónde van? Completa estos comentarios para saber adónde van estas personas a hacer lo indicado.

1. Para correr un rato, mi amigo ...
2. Para estudiar, yo ...
3. Para ir de compras, mis amigas ...
4. Para comer algo, ustedes ...
5. Para beber un refresco, tú ...
6. Para trabajar, mi padre ...
7. Para ver animales salvajes, nosotros ...
8. Para alquilar un video, usted ...
9. Para ver una película, yo y mis amigos ...
10. Para leer en silencio, mi amigo ...

D. A las tres. Al terminar las clases todos van a distintos lugares para hacer varias cosas. Di lo que estas personas van a hacer y adónde van para hacerlo.

> EJEMPLO   Marcela
> **Marcela va a comprar un disco en el centro comercial.**

1. Diego y Pablo
2. Jaime
3. yo
4. ustedes
5. el Sr. Rojas
6. tú
7. usted
8. Victoria y Elena
9. mis padres
10. los profesores de español

E. ¡Qué negativo estás! Estás muy negativo(a) hoy. Cuando tu compañero(a) te pregunta adónde van estas personas y qué van a hacer, tú contestas negativamente a todo.

> EJEMPLO   ¿Diego / parque? ¿correr un rato?
> Tú: **¿Va Diego al parque? ¿Va a correr un rato?**
> Compañero(a): **No, no va al parque y no va a correr un rato.**

1. ¿Marcela / biblioteca? ¿estudiar un rato?
2. ¿tú / café? ¿tomar un refresco?
3. ¿tus amigos / cine? ¿ver una película de Antonio Banderas?
4. ¿el profesor / ¿casa? ¿calificar exámenes?
5. ¿yo / centro comercial? ¿ir de compras?
6. ¿nosotros / gimnasio? ¿practicar baloncesto?
7. ¿ustedes / tienda? ¿comprar discos?
8. ¿Jaime y John / lago? ¿alquilar una lancha?

▶ **Al hablar de destinación**

Para dar la destinación de una persona:

Hay que usar **ir + a.**

voy	vamos
vas	
va	van
va	van

Vamos a la biblioteca.
El director **va a** su oficina.

Recuerda que **a + el = al.**

Pablo va **al** laboratorio y yo voy **al** parque.

Para hablar de sitios en la ciudad:

biblioteca	oficina
café	parque
casa	patio
centro comercial	restaurante
	tienda
cine	zoológico

▶ **Al hablar de lo que van a hacer**

Hay que usar *ir a* **+ infinitivo.**

Voy a escribir una carta a mi abuela.
¿Vas a estudiar en la biblioteca?

▶ **Al negar**

Para hacer oraciones negativas:

Hay que usar **no** frente al verbo.

No voy al parque; **no** voy a ver los animales.
Elena **no** está aquí; **no** va a pasear en bicicleta con nosotros.

▶ Al hablar de lo que hace la gente

Hay que usar el presente del indicativo de verbos en **-ar, -er,** o **-ir.**

-ar	-er / -ir
-o	-o
-as	-es
-a	-e
-amos	-emos / -imos
-an	-en

estudiar	correr	escribir
estudio	corro	escribo
estudias	corres	escribes
estudia	corre	escribe
estudiamos	corremos	escribimos
estudian	corren	escriben

F. **¿Qué hacen?** Con un compañero(a) describe lo que hace la primera persona en la lista. Luego escucha mientras tu compañero(a) describe lo que hace la segunda persona en la lista. Continúen alternando.

1. el Sr. McBright
2. la Srta. Madrid
3. la Sra. Gilman
4. Victoria
5. Marcela
6. Elena
7. Diego
8. Pablo
9. John
10. Jaime

G. ¿Quién? Pregúntale a tu compañero(a) quién en su familia hace lo siguiente.

 EJEMPLO   Tú: **¿Quién en tu familia compra discos?**

                 Compañero(a): **Mi hermano y yo compramos discos.**

1. preparar la comida
2. alquilar videos
3. limpiar la casa
4. comprar discos
5. estudiar
6. leer el periódico
7. escribir cartas
8. practicar deportes con amigos
9. correr en el parque
10. charlar por teléfono

H. Nosotros dos. Prepara una lista de todo lo que haces en una semana típica. Luego, pregúntale a tu compañero(a) si hace todo lo que haces tú. En una hoja de papel prepara un formulario como el siguiente y escribe sólo lo que haces tú en la primera columna, sólo lo que hace tu compañero(a) en la tercera columna y lo que hacen los dos en la segunda.

Lo que hago yo	Lo que hacemos los dos	Lo que hace él/ella
Corro en el parque.	Estudiamos español.	Practica fútbol.

▶ Al hablar del tiempo y de las estaciones

Para preguntar sobre el tiempo:

¿Qué tiempo hace?
¿Hace buen tiempo?
¿Hace mal tiempo?

Para describir el tiempo con el verbo *hacer*:

Hace ...

buen tiempo.	mal tiempo.

calor.   fresco.

frío.	sol.

viento.

Para describir el tiempo con otros verbos:

Está lloviendo. or **Llueve.**

Está nevando. or **Nieva.**

I. ¿Qué haces cuando llueve? Pregúntale a tu compañero(a) qué hace en el tiempo o la estación indicada en el primer dibujo. Luego contesta cuando tu compañero(a) te pregunta lo mismo según el segundo dibujo. Continúen alternando hasta preguntar sobre todos los dibujos.

EJEMPLO

Tú:	**¿Qué haces cuando llueve?**
Compañero(a):	**Cuando llueve practico la guitarra y estudio.**
Tú:	**¿Qué haces en el verano?**
Compañero(a):	**Voy al parque y corro un rato.**

1.

2.

3.

4.

5.

6.

J. **¿Cuándo?** Pregúntale a tu compañero(a) cuándo hace las cosas en la lista.

EJEMPLO Tú: **¿Cuándo vas a llamar?**
Compañero(a): **Voy a llamar a las diez de la mañana.**
o
Voy a llamar por la mañana.

1. preparar la comida
2. estudiar español
3. hablar por teléfono
4. escuchar la radio
5. descansar
6. leer
7. hacer la tarea
8. comer
9. trabajar en casa
10. jugar fútbol

▶ **Al especificar una parte del día**

Para señalar tiempo general usamos:

por + { la mañana / la tarde / la noche }

Siempre estudio los sábados **por la mañana.**
Tengo inglés **por la tarde.**

Para señalar una hora específica usamos:

de + { la mañana / la tarde / la noche }

Mi telenovela favorita es a las dos **de la tarde.**
La profesora va a llamar a las ocho **de la noche.**

¿ QUÉ DECIMOS...?

Segunda parte

Es sábado, las ocho de la mañana del día del desafío.

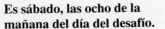

7 SÁBADO

La casa de Victoria

La casa de Jaime

John está llamando a la puerta de Victoria . . .

. . . y en otra parte de la ciudad, Marcela llega a la casa de Jaime.

John va acompañado de Diego y Elena, los árbitros.

Marcela va acompañada de sus árbitros, Pablo y Susan.

Los árbitros están bien preparados. Hasta tienen teléfonos celulares para mantenerse en comunicación.

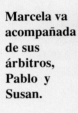

Al indicar frecuencia

Para hablar de frecuencia:

Hay que usar las siguientes expresiones.

nunca	siempre
raras veces	a veces
todos los días	frecuentemente

Para preguntar sobre frecuencia:

¿Con qué frecuencia ...?

Al describir el estado de ánimo

Hay que usar **estar** + *un adjetivo*.

Estoy aburrido cuando llueve.

¿**Estás contenta** cuando tienes buenas notas?

Estados de ánimo

aburrido(a)
cansado(a)
contento(a)
emocionado(a)
furioso(a)
listo(a)
nervioso(a)
preocupado(a)
tranquilo(a)
triste

CHARLEMOS UN POCO

A. **¿Con qué frecuencia?** Pregúntale a tu compañero(a) con qué frecuencia hacen esto las personas indicadas.

 EJEMPLO   ir de compras: tu madre

Tú: **¿Con qué frecuencia va de compras tu madre?**

Compañero(a): **Va de compras todos los días.**

1. tener tarea: tú
2. visitar amigas: tu madre
3. correr: tus amigos
4. ir al trabajo: tu padre
5. leer libros: tú y tus hermanos
6. charlar con amigos: tú
7. comer en un restaurante: tu familia
8. tener fiestas: tú y tus amigos
9. escribir informes para la escuela: tú
10. tocar el piano: tú

B. **¿Cómo están?** Di cómo está la primera persona en la lista e inventa una razón para explicar por qué está así. Luego, tu compañero(a) va a decir cómo está la segunda persona y explicar por qué. Continúen así hasta terminar con la lista.

 EJEMPLO   Victoria / contenta

Victoria está contenta porque Pablo está en su clase de matemáticas.

1. Elena / preocupada
2. Diego / aburrido
3. tú / nervioso(a)
4. el profesor / ocupado
5. tus padres / furiosos
6. usted / triste
7. ustedes / emocionados
8. Diego y Pablo / cansados
9. yo / contento(a)
10. nosotros / nerviosos

C. **¿Qué están haciendo?** Con un compañero(a) describe lo que las personas en el primer dibujo están haciendo. Luego escucha a tu compañero(a) describir lo que las personas en el segundo dibujo están haciendo. Continúen así hasta describir los cuatro dibujos.

1. Pablo, Jaime, John

2. Marcela, Elena, Susan

3. Jaime, Diego, Elena

4. Susan, Pablo, John

CH. Horarios. Pregúntale a tu compañero(a) si le gusta hacer estas cosas.

EJEMPLO mirar telenovelas

Tú:	**¿Te gusta mirar telenovelas?**
Compañero(a):	**No, no me gusta mirar telenovelas. ¿Y a ti?**
Tú:	**Me encantan las telenovelas.**

1. hacer tarea
2. bailar
3. correr en el parque
4. jugar baloncesto
5. ir a fiestas

6. sacar fotos
7. salir con amigos
8. comer en restaurantes
9. trabajar en el jardín
10. ver películas tristes

▶ **Al describir algo que ocurre ahora mismo**

Para formar el gerundio:

Verbos en **-ar**

-ando   hablando

Verbos en **-er/-ir**

-iendo ⟨ comiendo
        escribiendo

Para formar el presente progresivo:

estar + -ndo *verbo*

Hay que usar el presente progresivo para hablar de acciones que ocurren ahora mismo.

Jaime **está comiendo** y su hermana **está hablando** por teléfono.

▶ **Al hablar de lo que te gusta o no te gusta**

Para indicar *actividades* que te gustan:

me
te ⟩ gusta / encanta + *infinitivo*
le

Me gusta **bailar** y **cantar**.
A él le encanta **correr**.

Para indicar *cosas* que te gustan:

me
te ⟩ gusta / encanta + *sustantivo*
le

Me gusta **la historia** mucho.
A mamá le encantan **las telenovelas**.

Para hablar de lo que *no* te gusta:

Hay que usar **gustar**. **Encantar** no se usa en oraciones negativas.

No me gusta el chocolate.
No les gusta jugar fútbol.

Recuerda que la preposición **a + mí, ti, él, ella, usted** se usa para clarificar o enfatizar.

A ella le encanta la fruta.

Al extender, aceptar o rechazar una invitación

Para extender una invitación con cortesía:

Hay que usar **gustaría**.

¿**Te gustaría** ir al cine esta noche?

Para aceptar una invitación con entusiasmo:

Hay que usar **encantaría**.

Sí, gracias. **Me encantaría**.

Para rechazar una invitación con cortesía:

Lo siento pero no puedo.
Lo siento pero tengo otro compromiso.

Para expresar lo que a alguien le gustaría o le encantaría hacer:

A Paquito **le encantaría** ir al parque hoy.
Mamá dice que a ella **le gustaría** ir también.

Al pedir confirmación

Hay que usar ¿**verdad?** o ¿**no?** al final de una oración.

Estas cansada, ¿**no?**
Estás cansada, ¿**verdad?**

Para pedir confirmación de una negación:

Hay que usar ¿**verdad?**

No estás cansada, ¿**verdad?**
No habla español, ¿**verdad?**

D. ¿Qué le gusta a Susana? Di si a Susana le gustan, le encantan o no le gustan estas cosas.

EJEMPLO el perro
Le gustan los perros.

1. la tarea
5. la montaña rusa
2. pizza
6. los amigos
3. la familia
7. una A en un examen
4. el parque
8. una F en un examen

E. ¿Te gustaría? Invita a tu compañero(a) a hacer varias cosas contigo el viernes o el sábado. Tu compañero(a) va a rechazar una invitación y aceptar otra. Luego tu compañero(a) te va a invitar a hacer varias cosas el domingo y tú vas a rechazar unas sugerencias y aceptar otras.

EJEMPLO   mirar telenovelas
Tú: **¿Te gustaría mirar telenovelas el viernes por la noche?**
Compañero(a): **Lo siento, pero no puedo. Tengo que estudiar.** o **Me encantaría. ¿A qué hora?**

1. estudiar español juntos
2. alquilar un video
3. ir al parque
4. conocer a Diego
5. ver una película
6. ir al cine
7. pasear en bicicleta
8. jugar béisbol
9. tomar algo en un café
10. comprar discos

F. Estás de acuerdo, ¿no? Haz uno o dos comentarios sobre los siguientes tópicos y pídele a tu compañero(a) que los confirme.

EJEMPLO   el tiempo
Tú: **Hace buen tiempo hoy, ¿no?**
Compañero(a): **Sí, hace sol y fresco.** o **No. Hace mucho sol y calor.**

1. comidas o bebidas que le gustan a tu compañero(a)
2. actividades
3. opiniones que tu compañero(a) tiene del profesor o de la profesora
4. algo que no le gusta hacer a tu compañero(a)
5. algo que no le gusta comer o beber a tu compañero(a)
6. lo que tu compañero(a) opina de otra persona en la clase

CHARLEMOS UN POCO MÁS

A. **¡Nunca!** Tu profesor(a) te va a dar un formulario que debes usar para entrevistar a varios compañeros de clase. Pregúntales con qué frecuencia hacen las actividades en la lista. Si uno contesta que nunca, pídele que firme tu formulario. Recuerda que no se permite que una persona firme más de una vez.

EJEMPLO Tú: **¿Con qué frecuencia estudias ciencias?**
Compañero(a) 1: **Estudio ciencias todos los días.**
Compañero(a) 2: **Nunca estudio ciencias.**
Tú: **Favor de firmar aquí.**

B. **¿Te gustaría?** Tu compañero(a) va a pasar varios días con tu familia porque sus padres tienen que asistir a una boda de un pariente en otra ciudad. Tú decides preparar una lista de actividades interesantes que pueden hacer durante su visita. Prepara la lista y luego pregúntale a tu compañero(a) si le gustaría hacer esas actividades contigo. Informen a la clase cuáles actividades van a hacer.

C. **¿Qué tiene que hacer?** Con un(a) compañero(a) prepara una lista de cinco a siete cosas que ustedes creen que su profesor(a) tiene que hacer este fin de semana y otras cinco a seis cosas que ustedes creen que va a hacer sólo para divertirse. Luego pregúntenle a su profesor(a) si va a hacer las actividades en su lista.

CH. **¿Adónde vamos?** Tú y un(a) amigo(a) están decidiendo qué van a hacer después de las clases hoy. Tú recomiendas ir a uno de los lugares ilustrados aquí y tu amigo(a) menciona lo que pueden hacer en ese lugar. Continúa recomendando lugares hasta mencionar todos los lugares en el dibujo.

D. Está contento porque... Tú y tu compañero(a) son reporteros para el periódico de la escuela. Hoy deben escribir un comentario con título sobre cada una de estas fotografías. Mencionen el estado de ánimo de las personas con una explicación de por qué se sienten así. Luego, lean sus comentarios a la clase.

E. El pronóstico del día. Tú y tu compañero(a) son reporteros de la televisión. Preparen el pronóstico (*weather report*) del clima de su ciudad, estado y país. Presenten su pronóstico a la clase.

Dramatizaciones

A. Visita de un primo. Tu primo(a) viene a visitarte por una semana. Tú tienes una lista de actividades que pueden hacer pero a tu primo(a) no le gustan muchas. Dramatiza la conversación con tu primo(a).

- Pregúntale a tu primo(a) si quiere hacer la primera actividad en tu lista.
- Menciona otras actividades si no le gusta la primera.
- Dile adónde van a ir a hacer las actividades que le gustan.
- Si pregunta cuando van a ir, contéstale.

B. ¿Cuándo estudiamos? Tú y un amgo(a) tienen que preparar un proyecto para la clase de ciencias. Deciden hacerlo el sábado si pueden encontrar una hora libre en sus horarios. Al decidir, mencionen qué obligaciones tienen el sábado y qué van a hacer para divertirse. No olviden mencionar la hora de cada actividad. Finalmente, decidan en la hora cuando pueden estudiar juntos.

C. ¡Qué fiesta! Tú estás en una fiesta mientras tu mejor amigo(a) está en casa con un resfriado (*a cold*). Tú decides llamar a tu amigo(a) por teléfono de la fiesta. Claro, tu amigo(a) quiere saber quienes están, qué están haciendo, en qué estado de ánimo están, etc. Dramatiza la situación con un(a) compañero(a).

¡No me digas!

¿Cómo? Ann Riley and her family are now living in San José, Costa Rica, next door to the Saénz family. Lilia Saénz and Ann have become good friends but at times have difficulty understanding each other's lives. Read the following conversation. Then try to identify all the instances of cross-cultural misunderstanding.

Lilia: **Ann, ¿estás lista para ir de compras?**

Ann: **¡Ay, no! Primero tengo que limpiar mi cuarto. No sé por qué está tan desorganizado.**

Lilia: **Te ayudo porque tengo que regresar temprano. Tengo que cuidar a mis hermanitas mientras mi mamá va al mercado esta tarde.**

Ann: **Nosotras podemos ir al mercado por ella.**

Lilia: **No, no. Ella está acostumbrada a ir al mercado todos los días.**

Ann: **¿Todos los días? ¡Qué raro! Pues, yo tengo que preparar la comida esta noche y necesito comprar unas cosas en el mercado.**

Lilia: **¿Cómo? ¿Preparas tú la comida? Mi abuela y mi mamá siempre preparan las comidas para mi familia.**

Ann: **Pues, a mí me gusta. Pero, mira, ¿qué hace tu hermano?**

Lilia: **¿David? Oh, él está trabajando en el jardín. Tiene que plantar vegetales y flores. Me gustan las flores que cultiva.**

Ann: **A mi mamá le encanta trabajar en el jardín.**

Lilia: **¿Sí? Pues, yo creo que es trabajo para los hombres y muchachos.**

Ann: **¡Qué lástima! A mí me gusta el jardín también. Bueno, por fin, todo está en orden. Vamos al centro.**

With a partner try to identify the four instances when the girls reacted a little surprised as one or the other mentioned doing something that varied from their own routine.

❏ Check your answers on page 416.

Y ahora, ¡a leer!

Antes de empezar

A. ¡Hay que lavar los platos! Answer the following questions.

  1. ¿Quién en la familia crees tú que debe lavar los platos? ¿Por qué?
  2. ¿Quién lava los platos en tu casa: tú, tu hermano, tu madre o tu padre?
  3. ¿Hay veces cuando tú simplemente no quieres hacer algún trabajo en tu casa y dices: ¡basta! ¡basta!? Si así es, describe un incidente a la clase.

B. Identifying the main idea in a poem. The main idea of a paragraph can usually be identified by reading the first or the first two sentences of the paragraph. Poems are not divided into paragraphs but rather into groups of words called *stanzas*. Identify the main idea of these stanzas by first identifying the subject of the stanza. Look at the first stanza and decide which of the following best represents its main idea.

  a. My sister on a cool summer evening.
  b. My sister's negativeness one summer evening.
  c. My sister refuses to ever do dishes again.

Compare your choice for the main idea with two classmates. Read the stanza again to make sure you identified the main idea correctly. Then decide which of the following are the main ideas in the last two stanzas.

Stanza 5:
a. My father started to wash the dishes.
b. My father bathes in hot water.
c. The difficult situation ended.

Stanza 6:
a. Right then, I could hear sweet music.
b. My sister's victory was reflected in my mother's smile.
c. The music made my mother and my sister smile.

Now read the poem on the next page. Then do the **Verifiquemos**.

Verifiquemos

1. En una hoja de papel, indica el orden correcto de los siguientes eventos.
  ____ **a.** Nadie dice nada. Hay un silencio completo.
  ____ **b.** Mi padre decide lavar los platos.
  ____ **c.** Mi madre piensa en su juventud: lavar los platos, limpiar la casa, preparar la comida para su papá y sus hermanos.
  ____ **ch.** Mi madre está muy contenta por la victoria de mi hermana.
  ____ **d.** Mi hermana dice que no va a lavar más platos.

Una pequeña gran victoria

por Francisco X. Alarcón

esa noche de verano
mi hermana dice
        no
ya nunca más
se va a poner ella
a lavar los platos

mi madre sólo
se le queda viendo
quizás deseando
haberle dicho
lo mismo
a su propia madre

a ella nunca le gustó
su tarea de "mujer"
de cocinar limpiar
siempre estar cuidando
de sus seis hermanos
y su padre

un silencio
llena la cocina
cuando sorprendidos
nosotros recorremos
con los ojos la mesa
de cinco hermanos

la difícil situación
termina cuando
mi padre se pone
un mandil ① y abre
la llave ② del agua
caliente en el fregadero ③

en ese momento
yo puedo oír
la dulce música
de la victoria resonando ④
en los oídos ⑤ de mi
        hermana
en la sonrisa de mi madre

2. En una hoja de papel, duplica este diagrama Venn y complétalo al comparar a la familia del poeta con tu familia. ¿Qué tienen en común? ¿Cómo son diferentes?

Mi familia
1. . . .
2. . . .

Nuestras familias
1. . . .
2. . . .

La familia del poeta
1. . . .
2. . . .

¡Es una familia multinacional!

OCÉANO
ATLÁNTICO

Mar Caribe

OCÉANO
PACÍFICO

**Las
Américas**

0   1,000   2,000 mi.

0   1,000   2,000 km

La familia de

Lorenza Inez Arenas

tiene el gran honor de invitar a todos
sus parientes: tíos, primos, nietos y muchos más
a celebrar su centenario
el día 23 de octubre del año presente.

Misa: 11:00 de la mañana
Iglesia de Nuestra Sra. de Salud
1325 N. Mesquite

Recepción: 515 E. Espina
Después de la misa
R.S.V.P.

¿Qué piensas tú?

1. ¿Cuántos países de Norteamérica, Centroamérica, el Caribe y Sudamérica puedes nombrar?

2. ¿Cuántas capitales puedes nombrar?

3. Si una persona de México es un mexicano, ¿qué es una persona de Guatemala? ¿Bolivia? ¿Chile? ¿El Salvador? ¿la República Dominicana? ¿Ecuador? ¿Estados Unidos?

4. ¿Quiénes son los invitados a la fiesta?

5. ¿Qué celebran en esta fiesta?

6. ¿Cuándo es la fiesta? ¿Dónde es?

7. ¿Qué crees que van a repasar en esta lección?

Estamos preparando una gran fiesta para celebrar el cumpleaños de la abuela de mi madre, mi bisabuela.

Mamá y yo queremos preparar una celebración perfecta, por eso, tenemos mucho que hacer.

¡Va a cumplir cien años el 23 de octubre! Parientes de todas partes vienen a celebrar con ella. Nuestra familia es una familia multinacional.

¡Y es una familia muy grande! Esperamos alrededor de cien personas de todas edades: bebés, niños, jóvenes, adultos y personas mayores.

¡Elena! ¿Qué pasa? ¿Qué son todas esas listas y cuadros?

Estamos planeando una gran fiesta para el cumpleaños de mi bisabuela.

¿Cuántos años cumple?

Va a cumplir cien años.

Mi familia es tan extensa que hay unos parientes que no conocen a otros.

Por eso queremos tener este cuadro con fotos de todas las personas en la fiesta.

¡Otra excelente idea! ¡Ustedes son verdaderos genios!

Tú vienes de Puerto Rico, ¿no?

Sí, y tengo dos tíos y varios primos que vienen de allí.

¿Y esas personas de la República Dominicana? ¿Quiénes son?

Ah, son mi tío Luis y su novia María. Se casan el diez de octubre, poco antes de nuestra fiesta.

Luis Flores
Ricardo Flores
María Anaya
Carlos Anaya
Santo Domingo,
República Dominicana

Vamos a celebrar su boda en la fiesta también. Carlos, el hijo de María y mi primo Ricardo van a ser hermanastros.

Todavía no conozco a Carlos, pero, él también viene a la fiesta. Ricardo dice que es muy amable y muy simpático. Parece interesante, ¿no?

▶ Al indicar quién viene

Hay que usar el verbo **venir**.

vengo	venimos
vienes	
viene	vienen
viene	vienen

Todos mis parientes **vienen**.
¿**Vienes** con nosotros o no?

▶ Al contar de 0 — 100

0	cero
10	diez
20	veinte
21	veintiuno*
30	treinta
32	treinta y dos
40	cuarenta
43	cuarenta y tres
50	cincuenta
54	cincuenta y cuatro
60	sesenta
65	sesenta y cinco
70	setenta
76	setenta y seis
80	ochenta
87	ochenta y siete
90	noventa
98	noventa y ocho
100	cien
101	ciento uno

*Recuerda que **uno** cambia a **un** frente a un sustantivo masculino y **uno** cambia a **una** frente a un sustantivo femenino.

A. ¡Centenario! La familia de Elena va a celebrar el centenario de su bisabuela. Indica si los siguientes comentarios sobre la celebración son **ciertos (C)** o **falsos (F)**. Si son falsos, corrígelos.

C F **1.** La bisabuela de Elena es la madre del padre de Elena.
C F **2.** Un centenario es un período de cincuenta años.
C F **3.** El pariente de Elena más misterioso vive en Panamá.
C F **4.** Elena tiene varios primos que no conoce.
C F **5.** La familia de Elena incluye a casi cien parientes.
C F **6.** El hermanastro de Elena se llama Carlos.

B. ¿Quiénes vienen? Elena está muy entusiasmada porque la mayoría de sus parientes vienen a la celebración del centenario de su bisabuela. Pregúntale a tu compañero(a) si vienen las siguientes personas.

EJEMPLO   la Florida: varios primos de Miami
Tú: **¿Vienen los parientes de la Florida?**
Compañero(a): **Sí, vienen varios primos de Miami.**

1. Puerto Rico: 2 tíos y varios primos de San Juan
2. Venezuela: un tío de Caracas
3. Panamá: una prima de la capital
4. Perú: un tío misterioso de Lima
5. República Dominicana: Carlos
6. Puerto Rico: yo

C. ¡Caminata para caridad! Javier va a participar en una Caminata para caridad *(walk-a-thon)* para hacer dinero para los niños incapacitados *(physically challenged)* de la comunidad. Todas las personas en esta lista prometen contribuir algo por cada milla que caminan. ¿Cuánto van a contribuir en total?

EJEMPLO   **Mamá y papá van a contribuir dos dólares por milla por un total de cincuenta dólares.**

Nombre	Contribución por milla	Total
mamá y papá	$2.00	$50.00
abuelos maternos	3.00	75.00
tíos Galván	3.50	87.50
Marcela, Elena, Susana y Victoria	.90	22.50
Diego, Pablo, John y Jaime	1.25	31.25
profesores (6)	1.80	45.00

CH. ¿Cuántos años tienen? Sergio necesita saber la edad de todos sus parientes para un informe que va a dar en su clase de español. ¿Qué le contestan sus parientes cuando les pregunta su edad? Tú puedes hacer el papel de Sergio y tu compañero(a) el de sus parientes.

EJEMPLO   Mario (primo), 14
           Tú: **Mario, ¿cuántos años tienes?**
           Compañero(a):   **Tengo catorce años.**

1. papá, 43
2. mamá, 45
3. tío Ricardo, 37
4. tía Dulce, 32
5. abuelito, 74
6. abuelita, 68
7. bisabuelita, 85
8. Felipe (hermano), 19
9. Kati (hermana), 8

D. ¿Cuántos años van a cumplir? ¿Cuántos años van a cumplir los parientes de Sergio en su próximo cumpleaños?

EJEMPLO   Marcela 15, 3 / 11
           Marcela va a cumplir quince años el 3 de noviembre.

1. papá 44, 30 / 12
2. mamá 46, 26 / 5
3. tío Ricardo 38, 13 / 9
4. tía Dulce 33, 7 / 1
5. abuelito 75, 21 / 6
6. abuelita 69, 29 / 8
7. bisabuelita 86, 1 / 2
8. Felipe (hermano) 20, 16 / 11
9. Kati (hermana) 9, 22 / 3

▶ Al hablar de edad

Para preguntar o dar la edad:

Hay que usar **tener años**.

¿Cuántos **años tienes**?
Tengo catorce **años**.

Para hablar de edad el día de su cumpleaños:

Hay que usar el verbo **cumplir**.

Hoy **cumplo** trece años.
El año próximo va a **cumplir** quince años.

▶ Al pedir y dar la fecha

Hay que recordar los meses.

enero	julio
febrero	agosto
marzo	septiembre
abril	octubre
mayo	noviembre
junio	diciembre

Recuerda que los meses se escriben con minúscula, no con mayúscula.

Para pedir la fecha:

¿Cuál es la fecha?

Para dar la fecha:

Hay que usar **el (número) de (mes)**.

Hoy es **el quince de noviembre**.
La fiesta es **el veintitrés de octubre**.

Recuerda que el primer día del mes se expresa como **el primero de (mes)**.

La fiesta es el **primero de julio**.

Para escibir la fecha:

Hay que escribir
(número) / (mes) / (año)
25 / 12 / 99 o 25 / XII / 99 o
25 de diciembre de 1999

▶ Al hablar de la familia

Hay que recordar los parientes.

abuelo ⎫
abuela ⎬ abuelos

padre ⎫
madre ⎬ padres

papá ⎫
mamá ⎬ papás

hijo ⎫
hija ⎬ hijos

hermano ⎫
hermana ⎬ hermanos

tío ⎫
tía ⎬ tíos

primo ⎫
prima ⎬ primos

sobrino ⎫
sobrina ⎬ sobrinos

nieto ⎫
nieta ⎬ nietos

padrastro ⎫
madrastra ⎬ padrastros

hermanastro ⎫
hermanastra ⎬ hermanastros

medio hermano ⎫
medio hermana ⎬ medio hermanos

bisabuelo ⎫
bisabuela ⎬ bisabuelos

tío abuelo ⎫
tía abuela ⎬ tío abuelos

E. ¡Qué familia más grande! Sara tiene una familia grande y complicada. Cuando ella muestra el árbol geneológico de su familia a sus amigos, siempre le piden a Sara que los indentifique. Con tu compañero(a) alternen el hacer el papel de Sara y sus amigos.

EJEMPLO Amigo(a): **¿Quién es Ángel García?**
Sara: **Es mi abuelo materno** o
Amigo(a): **¿Tienes bisabuela?**
Sara: **Sí, María López es mi bisabuela.**

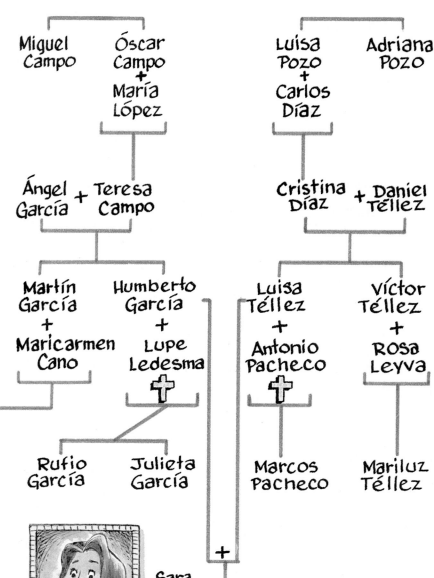

F. ¡Son tus libros! Tu amigo(a) siempre olvida sus cosas en casa y tiene que usar los libros, lápices, calculadoras, etc. de otras personas. El problema es que tu amigo(a) nunca devuelve nada. Ahora tiene tantas cosas que no sabe de quién son. Contesta sus preguntas.

 EJEMPLO   Amigo(a): **¿Son los libros del profesor?**
Tú: **Sí, son sus libros.** o
           No, son mis libros.

1. ¿Es tu bolígrafo?
2. ¿Son las carpetas de María?
3. ¿Es mi calculadora?
4. ¿Son los cuadernos de Pablo y Diego?
5. ¿Es la tiza del profesor?

6. ¿Es tu libro de historia?
7. ¿Son los lápices de Carmen y Gloria?
8. ¿Es mi mochila?
9. ¿Son mis libros de inglés?
10. ¿Son tus videos?

G. ¿Qué hay en tu mochila? Otra vez tu amigo dice que necesita varias cosas para la clase hoy. Pregúntale qué hay en su mochila.

 EJEMPLO   bolígrafo
Amigo(a): **Perdón, *(nombre)*. Necesito un bolígrafo.**
Tú: **¿No hay bolígrafos en tu mochila?**
Amigo(a): **A ver... Sí, aquí hay un bolígrafo.** o
           Hmmm... No, no hay bolígrafos.

1. libro de inglés
2. una carpeta
3. una calculadora
4. papel

5. un borrador
6. libro de historia
7. un lápiz
8. un cuaderno

H. Es mi familia. Pablo y Diego están mostrándote fotos de su familia en México. Señala a las personas en las fotos y pregunta quiénes son. Tú compañero(a) va a contestar por Pablo y Diego.

EJEMPLO   Tú: **¿Es su madre?**
Compañero(a): **Sí, es nuestra madre.** o
               No, es nuestra tía.

Al indicar posesión

Para nombrar al dueño:

Hay que usar **de.**

Es el libro **de** Paco.
Son los padres **de** Julia.

Si no es necesario usar el nombre del dueño:

Hay que usar los adjetivos posesivos.

mi hermano	**mis** hermanos
mi hermana	**mis** hermanas
tu libro	**tus** libros
tu mochila	**tus** mochilas
su abuelo	**sus** abuelos
su tía	**sus** tías
nuestro hijo	**nuestros** hijos
nuestra hija	**nuestras** hijas

Es el cumpleaños de **mi** bisabuela.
¿Son **tus** primos?
¿Dónde están **nuestros** libros?

Al hablar de lo que hay o no hay

Para expresar *there is* o *there are*:

Hay que usar **hay.**

Hay seis personas en mi familia.
No **hay** una calculadora en mi mochila.

▶ Al nombrar países y sus capitales

Recuerda que el artículo definido **el / la** no se usa con los nombres de países excepto en los siguientes casos.

la Argentina   el Paraguay
el Brasil   el Perú
el Ecuador   el Uruguay
los Estados Unidos

Hay una tendencia en la lengua hablada a no usar el artículo aun con estos países. Las dos excepciones son **El Salvador** y la **República Dominicana** que siempre requieren el artículo.

▶ Al indicar nacionalidad

Hay que usar los adjetivos de nacionalidad.

argentino	guatemalteco
boliviano	hondureño
canadiense	mexicano
chileno	nicaragüense
colombiano	panameño
costarricense	paraguayo
cubano	peruano
dominicano	puertorriqueño
ecuatoriano	salvadoreño
español	uruguayo
estadounidense	venezolano

Recuerda que los adjetivos de nacionalidad tienen que concordar *(agree)* en número y género con las palabras que describen.

I. Prueba de geografía. Tú debes saber nombrar estos países hispanos y sus capitales. Pregúntale a tu compañero(a) si puede identificar uno y su capital. Luego contesta cuando tu compañero(a) te pida a ti que identifiques otro. Continúen así hasta nombrarlos todos.

J. Congreso Estudiantil Internacional. Tu ciudad va a tener un Congreso Estudiantil Internacional. Muchos países van a mandar por lo menos a un representante. Basándote en el mapa de arriba, pregúntale a tu compañero(a) quién va a representar a un país específico. Luego contesta cuando tu compañero(a) te pregunte sobre otro país. Continúen así hasta preguntar sobre todos los representantes.

EJEMPLO   Tú: **¿Quién va a representar a Argentina?**
          Compañero(a): **Arturo Cabral es argentino.**

¿ QUÉ DECIMOS...?

Segunda parte

REPÚBLICA DOMINICANA

Nombre	Cumpleaños	Edad	Profesión	Domicilio
Luis Flores	9 de abril	37	médico	Santo Domingo
Ricardo Flores	11 de agosto	15	estudiante	Santo Domingo
María Anaya	5 de enero	39	enfermera	Santo Domingo
Carlos Anaya	23 de diciembre	16	estudiante	Santo Domingo

VENEZUELA

Martín Medina	16 de noviembre	32	ingeniero civil	Caracas

PERÚ

Alfredo Peña	¿¿??	¿?	¿¿??	Lima

ARGENTINA

Isaías Gertel	10 de febrero	42	ganadero	Córdoba
Sonia Gertel	22 de mayo	40	ganadera	Córdoba
Arturo Gertel	4 de septiembre	14	estudiante	Córdoba
Andrés Gertel	17 de enero	13	estudiante	Córdoba
Adela Gertel	2 de octubre	11	estudiante	Córdoba

ESTADOS UNIDOS

Ortelio Estrada	15 de marzo	35	cocinero	Miami, Florida
Ana María	1 de abril	36	cocinera	Miami, Florida
Miguel Padilla	11 de enero	49	hombre de negocios	San Antonio, Texas
Raquel Padilla	19 de octubre	49	secretaria	San Antonio, Texas
Aurora Padilla	30 de diciembre	22	bombera	San Antonio, Texas

► Al hablar de profesiones

Profesiones

abogado(a)

hombre/mujer de negocios

agricultor

ingeniero(a)

artista

maestro(a)

bombero(a)

mecánico(a)

camarero(a)

médico(a)

cocinero(a)

músico(a)

dependiente

programador(a)

enfermero(a)

reportero(a)

escritor(a)

secretario(a)

jubilado(a) = persona que ya no trabaja

Recuerda que no se usa **un / una** al hablar de profesiones a menos que se mencionen algunas características del profesional.

Mi madre es médica. Es **una** médica muy buena.
Mi papá es profesor. Es **un** profesor muy popular.

CHARLEMOS UN POCO

A. ¿Qué hacen? ¿Recuerdas cómo se ganan la vida los parientes de Elena? Para mostrar que sí, combina las profesiones con las personas apropiadas.

1.

4.

2.

5.

3.

6.

a. estudiante
b. enfermera
c. abogado
ch. médico
d. ingeniero civil
e. ganadero

¡A RECORDAR!

B. **¿Qué quieres ser?** Todos los jóvenes de esta unidad tienen diferentes planes para el futuro. Pregúntale a tu compañero(a) sobre los planes de algunos de los personajes y contesta sus preguntas sobre los otros. Luego, pregúntales a varios compañeros de clase qué planes tienen ellos.

EJEMPLO   Tú: **¿Qué quiere ser Diego?**
          Compañero(a): **Quiere ser médico.**

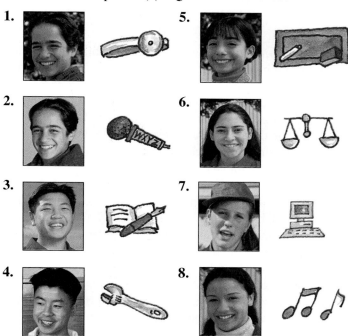

1.

5.

2.

6.

3.

7.

4.

8.

▶ **Al hablar de lo que quiere la gente**

Hay que usar el verbo **querer**.

quiero	queremos
quieres	
quiere	quieren
quiere	quieren

Para hablar de lo que quieres ser:

Hay que usar **querer ser**.

Paquito **quiere ser** futbolista.

Para hablar de lo que quieres hacer:

Hay que usar **querer** + *infinitivo*.

Quiero ir de compras esta tarde.

Para hablar de cosas que quieres:

Hay que usar **querer** + *sustantivo*.

Mis padres **quieren un coche** nuevo.

C. **¿Qué quieren hacer?** Todos tienen distintos planes para esta tarde. Mira adónde va la primera persona y a base de eso dile a tu compañero(a) lo que quiere hacer esa persona. Luego, tu compañero(a) va a decirte lo que quiere hacer la siguiente persona. Continúen así hasta comentar sobre todas las personas.

 EJEMPLO   Vamos a un café.
                    Tú: **Queremos comer un sándwich y beber un refresco.**

1. Voy al cine.
2. Vamos a la biblioteca.
3. Carlos va a casa.
4. Usted va al gimnasio.
5. Marcela y Katarina van al centro comercial.
6. Vas al parque.
7. El profesor va a la oficina.
8. Mamá y yo vamos a la casa de mis abuelos.
9. Ustedes van al parque de diversiones.
10. Pepe va al café.

▶ Al referirse a personas o cosas en términos generales

Para referirse a personas en términos generales:

Hay que usar **alguien**.

Alguien está en la cocina con el director.
¿**Alguien** sabe su dirección?

Para referirse a cosas en términos generales:

Hay que usar **algo**.

¿Quieres tomar **algo** en el café?
¿Hay **algo** para comer en tu mochila?

CH. ¿Qué quieres? Cuando sabes algo de la personalidad y de las actividades favoritas de una persona, es fácil saber que va a querer esa persona para su cumpleaños. ¿Qué crees que van a querer estas personas?

EJEMPLO   Soy inteligente y serio. Me gusta leer, ir al cine y escuchar música clásica. ¿Qué quiero para mi cumpleaños?
Tú: **Quieres libros o discos o quieres ir al cine con amigos.**

1. Victoria es muy divertida. Le encanta hablar durante horas con sus amigos por teléfono. Le gusta también la música rock, ver la tele, ir al cine, ir a fiestas, bailar, y pasar el tiempo en un café con amigos. ¿Qué quiere para su cumpleaños?
2. Pablo y Diego son inteligentes y cómicos. Les gusta mucho ir al parque de diversiones, pasear en bicicleta y jugar todo tipo de deportes. Pero les gusta también leer y estudiar. ¿Qué quieren para su cumpleaños?
3. La profesora Carrera es divertida e interesante. Le encanta viajar y leer sobre otros países. Le gusta hablar muchas lenguas—habla español, inglés, francés y alemán, ¡y ahora estudia japonés! Le gusta mucho comer en restaurantes y ver películas. ¿Qué quiere para su cumpleaños?
4. Nosotros somos estudiosos y atléticos. Nos gusta estudiar y jugar deportes. Nos gusta leer o escribir cartas en el parque, pero nos gusta también subir a las lanchas o ir al jardín zoológico a ver los animales salvajes. Nos gustan los museos y la música popular. ¿Qué queremos para nuestros cumpleaños?

D. Preguntas. Éstas son las respuestas a unas preguntas. ¿Cuáles son las preguntas?

EJEMPLO   Sí, hay tarea en la carpeta.
¿Hay algo en la carpeta?

1. Sí, hay bolígrafos y papel en mi mochila.
2. Sí, hay unos estudiantes en el patio.
3. Sí, el director y el señor McBright están en el pasillo.
4. Sí, hay pupitres, mesas y sillas en la sala de clase.
5. Sí, hay muchas personas en el parque.
6. Sí, el profesor de ciencias está en el laboratorio.

E. Era una noche oscura... Tú y un(a) amigo(a) regresan a la escuela por la noche para buscar tus libros. El pasillo está muy oscuro y ustedes están muy nerviosos porque oyen un sonido muy raro. Cuando tu amigo(a) te hace preguntas tú contestas que no ves nada.

EJEMPLO   Amigo(a): **¿Hay alguien en la sala de español?**
           Tú: **No. No hay nadie en la sala de español.**

1. ¿Hay alguien en el pasillo?
2. ¿Hay algo en el gimnasio?
3. ¿Hay algo en el teatro?
4. ¿Hay alguien en la cafetería?
5. ¿Hay alguien en los baños?
6. ¿Hay algo en la oficina?
7. ¿Hay algo en esta mochila aquí?
8. ¿Hay alguien en el patio?

F. ¿Qué ves? Tú y un grupo de amigos están descansando en el parque, observando las nubes. Como siempre es el caso, todos ven algo diferente. ¿Qué ven?

1. yo:

2. Victor:

3. nosotros:

4. tú:

5. mis amigos:

6. usted:

▶ **Al referirse a *nadie* o *nada***

Hay que recordar que . . .

nadie es lo opuesto de **alguien**;
nada es lo opuesto de **algo**.

Recuerda también que **nada** y **nadie** son palabras negativas y que en español si una palabra negativa sigue al verbo, hay que usar un **no** antes del verbo. Si las palabras negativas preceden al verbo, no es necesario usar otra palabra negativa.

No hay **nadie** en la oficina.
No está escribiendo **nada** ahora.
Nadie baila como yo.
Nada es más importante que tus estudios.

▶ **Al indicar lo que ve la gente**

Hay que usar **ver**.

veo	vemos
ves	
ve	ven
ve	ven

Yo no **veo** mucha televisión.
¿**Ven** a esos chicos allí?

Recuerda que la expresión
A ver... se traduce a *Let's see...*

▶ Al pedir información

Hay que usar **palabras interrogativas.**

¿Quién?	¿Cuánto?
¿Quiénes?	¿Cuántos?
¿Qué?	¿Cuándo?
¿Cuál?	¿Cómo?
¿Cuáles?	¿Por qué?
¿Dónde?	
¿Adónde?	
¿De dónde?	

G. Necesito información, por favor. Cada persona en los dibujos lleva una camiseta con el nombre del país de origen de su familia. Estudia los dibujos y hazle todas las preguntas posibles sobre lo que ves a tu compañero(a). Luego, contesta todas las preguntas que tu compañero(a) te va a hacer a ti.

1.

2.

3.

4.

CHARLEMOS UN POCO MÁS

A. La familia. Tu profesor(a) te va a dar una cuadrícula *(grid of squares)* que debes usar para entrevistar a varios compañeros de clase. Pregúntales si tienen uno de los parientes mencionados en cada cuadrado. Si uno contesta afirmativamente, pídele que firme el cuadrado apropiado con su nombre, la fecha de su cumpleaños y el nombre del pariente. Recuerda que no se permite que una persona firme más de un cuadrado.

EJEMPLO	Tú:	**¿Tienes abuelos maternos?**
	Compañero(a):	**Sí, tengo un abuelo materno y se llama Pablo.**
	Tú:	**Bien. Y, ¿cuándo es tu cumpleaños?**
	Compañero(a):	**Es el quince de agosto.**
	Tú:	**Fantástico. Firma aquí, por favor.**

B. Las profesiones. Prepara una lista de todos tus parientes y sus profesiones. Luego en grupos de tres, pregúntale a tus compañeros si tienen parientes con las mismas profesiones que tus parientes.

EJEMPLO   Tú: **¿Tienen una tía bombera?**
Compañero(a) 1: **No, pero tengo una tía abogada.**
Compañero(a) 2: **No tengo una tía bombera pero tengo una tía abogada.**

C. Congreso Juvenil Hispano. Tú y tus compañeros son representantes de diferentes países de Sudamérica al Congreso Juvenil Hispano. Selecciona tu país de origen. Luego preséntate a cinco personas. Pregúntale a cada una su nombre, país y ciudad de origen, edad y fecha de cumpleaños. Menciona algo interesante de su país de origen.

CH. ¿Qué ves? Tu profesor(a) va a darles a ti y a tu compañero(a) cuadros similares pero con algunas diferencias. Para descubrir las diferencias, pídele a tu compañero(a) que describa su cuadro mientras tú describes las partes correspondientes de tu cuadro. Haz preguntas específicas si es necesario, hasta descubrir todas las diferencias.

Dramatizaciones

A. Entrevista. Eres reportero(a) para el periódico estudiantil. Hoy tienes que entrevistar a la Caperucita Roja sobre su familia. Es importante hacer suficientes preguntas para obtener toda la información necesaria para escribir un buen artículo sobre esta familia fascinante. Pregunta sobre el número de personas en la familia, sus edades, cumpleaños, actividades, etc. Con un(a) compañero(a) dramatiza esta entrevista.

B. ¿Qué pasa en el parque? Estás hablando con un compañero(a) por teléfono celular. Tu compañero(a) está en el parque en una celebración familiar. Pídele que te describa todo lo que ve: quiénes están, qué están haciendo, cómo están celebrando y mucho más. Hazle preguntas específicas si no te da bastante información. Dramatiza esta conversación.

C. Charlando. Tú y tus compañeros están charlando después de las clases. Con dos compañeros dramatiza la conversación. Pueden hablar de:

- sus familias
- qué quieren ser en el futuro
- dónde quieren vivir en el futuro y por qué
- cuándo es su cumpleaños y cómo van a celebrarlo este año

LEAMOS AHORA

Reading strategy:
Cognates and Scanning

In Units 1-4 you learned several helpful reading strategies. With this reading you will practice applying two of them: recognizing cognates and scanning. Practice using those two strategies as you glance at the cover and table of contents of a popular Hispanic magazine published in the U.S.

A. Cognates. There are at least three cognates on the cover. Can you find them? (Spa is actually a borrowed word, not a cognate.) Write them down in Spanish and write their English equivalents. Can you find four different ones in the table of contents?

B. Scanning. Scan the cover and quickly find the following information:

a. The name of the magazine

b. The title of the feature article

c. When this magazine was published

Verifiquemos

Working in pairs, write the answers to the following questions. Compare your answers to the rest of the class.

1. On a sheet of paper, write the titles of the four principal sections of this magazine. By each title write a sentence describing the type of information you expect to find in each section.

2. The cover highlights three articles in the magazine. In what section do you expect to find each of the three? Decide where you expect to find them and then check the table of contents to see if you were correct. On what pages do they actually appear?

3. Who are the people on the cover?

4. What is the man's profession?

5. What is his formula for success?

La Familia
de hoy

ENERO-FEBRERO, VOL.2, NO.1

■ LA VIDA EN ESTADOS UNIDOS

■ SOLO PARA PADRES

■ SU SALUD

■ DIVERSION EN FAMILIA

La Familia
de hoy

ENERO/FEBRERO 1991

FRANKLIN CHANG DIAZ
UN LATINO EN EL
ESPACIO

LA DISLEXIA:
POR QUE PEDRITO
NO APRENDE

HAGA UN "SPA"
EN SU HOGAR

EL ASTRONAUTA FRANKLIN CHANG DIAZ CON SU ESPOSA PEGGY DONCASTER Y SUS HIJAS SONIA Y LIDIA

EJEMPLAR DE SALA DE ESPERA
ADENTRO: COMO SUSCRIBIRSE
FAVOR NO RETIRAR

PORTADA: El astronauta Franklin Chang Díaz posee una fórmula infalible para lograr el triunfo: estudiar y trabajar muy duro. Según él, ésta es la misma fórmula que deben aplicar los jóvenes hispanos que sueñen con alcanzar el éxito. En la foto, Chang Díaz está acompañado de su esposa, Peggy Marguerite Doncaster y dos de sus hijas. (Artículo en la página 40). FOTOGRAFIA: DANNY TURNER

The Writing Process:
A Portrait in Words

Congratulations! Having reviewed your first year of Spanish in this unit, you should be thrilled and amazed at how much you are able to do. Now you are going to put your skills to work producing a written portrait of your own family. You may choose to focus on any aspect of family life that you prefer, but you will want to consider the following questions:

- How many people are in your extended family?
- What are their relationships?
- Where do they live and where are they from?
- What do they look like?
- How old are they?
- What are their professions?
- What do they like to do in their free time?

Since you're writing a *portrait*, not a *book*, you will have to decide what information you want to include and how to organize it to make it appealing and interesting to your readers. Remember the steps of the writing process:

A. Empezar. Begin by brainstorming a list of everything you might say.

B. Organizar. Then organize your list by drawing a brainstorming cluster.

C. Primer borrador. Write a first draft.

CH. Compartir. Share the first draft of your composition with two classmates. Ask them what they think of it, if there's anything they don't understand, anything they think you should change.

D. Revisar. Based on your classmates' comments, rewrite your composition, changing anything you want. Before you turn it in for grading, share your composition with two other classmates. Ask them to focus on your grammar, spelling, and punctuation. Correct any errors they notice before turning it in to your teacher.

E. Publicar. Illustrate your final product with a family tree or family photos. Share it with classmates and other students by posting it on a bulletin board or assembling all the family portraits into a book class members can read during free time.

¡Bienvenidos a Madrid!

Barcelona

Segovia

★

PORTUGAL

Madrid

ESPAÑA

Córdoba

Sevilla

0   150 Kilómetros

0   100 Millas

¡Toma el metro!

CAMBIO	BC	CHANGE	WECHSEL
EXCHANGE		1	115
DOLAR U.S.A.		1	97
DOLAR CANADIENSE		1	18
FRANCO FRANCES		1	180
LIBRA ESTERLINA		1	71
FRANCO SUIZO		100	295
FRANCOS BELGAS		1	61
MARCO ALEMAN		100	8
LIRAS		1	54
FLORIN		1	17
CORONA SUECA		1	16
CORONA DANESA		1	15
CORONA NORUEGA		1	25
MARCO FINLANDES			

¿Qué piensas tú?

1. ¿Qué buscan las personas en las fotos? ¿Por qué dices eso?

2. Si un turista norteamericano cambia 50 dólares a pesetas en el banco, ¿cuántas pesetas le dan? ¿Si un turista francés cambia 200 francos? ¿Si un turista alemán cambia 100 marcos? ¿Si un turista inglés cambia 300 libras?

3. En tu opinión, ¿qué lugares de la ciudad van a interesarles a los turistas? ¿Por qué crees eso?

4. En tu opinión, ¿qué le preguntan los jóvenes al policía? ¿Qué contesta el policía?

5. ¿Qué preguntas cuando necesitas direcciones para llegar a un lugar? ¿Qué expresiones usas para dar direcciones?

6. ¿Es tu ciudad similar a esta ciudad o diferente? Explica las semejanzas y diferencias.

7. En tu opinión, ¿qué factores determinan la apariencia física de una ciudad? ¿Por qué crees que las ciudades españolas se ven diferentes de las ciudades norteamericanas?

8. ¿De qué vas a poder hablar al final de la lección?

1

Carla tiene que
ir al almacén.
¿Por qué?
Porque quiere
comprarle un regalo
a su novio.

¿Dónde queda
el almacén?

No queda lejos de aquí.
Queda muy cerca.
Debes doblar a la
derecha y caminar una
cuadra. El almacén
está a la derecha.
Enfrente del almacén
hay una tienda y
un café.

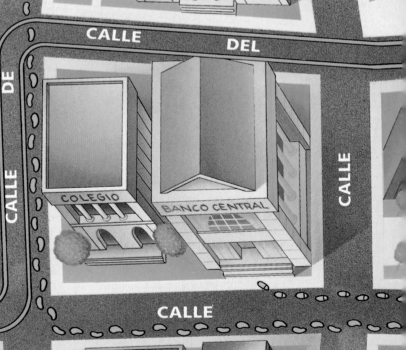

2

Enrique necesita regresar al hotel
inmediatamente pero está muy lejos.
¿Qué hace? Tiene que tomar el
autobús número 6. El autobús va por
la calle de Alcalá. Dobla a la derecha
en la calle del Conde y sigue
derecho.

¿Dónde
debo
bajarme?

Bájate enfrente del restaurante. Cruza la
calle y camina hasta la esquina de la calle
Goya. Luego dobla a la izquierda y camina
media cuadra. Allí está el Hotel Goya.

3

Mariseta necesita cambiar un cheque de viajero.

¿Cómo llego al banco?

Hay que caminar una cuadra y doblar a la izquierda. Luego camina dos cuadras más y dobla a la derecha. El banco está en la esquina de Reina y Clavel.

4

Luis necesita enviar unas tarjetas postales. Busca la oficina de correos para comprar sellos.

¿Dónde queda correos?

CERVANTES

BILBAO

GOYA

CONDE

CALLE

CALLE

CLAVEL

HOTEL GOYA

IGLESIA SANTO TOMÁS

RESTAURANTE

HOSPITAL

CINE TOLEDO

Tienes que seguir por la calle Clavel hasta la calle de Alcalá. Dobla a la derecha y camina dos cuadras. Cruza la calle y correos está detrás de la fuente.

¿QUÉ DECIMOS...?

Al pedir direcciones

1 *¿Tengo que llevar a Víctor?*

2 ¿Cómo llego a correos?

LECCIÓN 1

Tenemos que cambiar un cheque.

CHARLEMOS UN POCO

A. ¿Quién habla?   Identifica a la persona que habla.

Recepcionista   **Papá**   **Manolo**   **Víctor**

1. Primero, deben ir a la oficina de correos.
2. ¿Salgo por esa puerta?
3. Tengo que comprarle un regalo a mi novia.
4. Bájate en la estación Banco de España.
5. Tenemos que cambiar un cheque de viajero.
6. Manolo, baja a la recepción y pregunta cómo se llega.
7. Camina dos manzanas más.
8. ¡Vamos de compras!
9. Toma el metro para Ventas.
10. ¿Cómo llego a correos?

B. ¿Dónde están?   Contesta las preguntas.

> MODELO   ¿Dónde está Javier?
> **Está detrás de su padre.**

1. ¿Dónde está Anita?
   ¿Dónde está la madre de Anita?

2. ¿Dónde están Javier y Anita?
   ¿Dónde está su madre?

3. ¿Dónde está Javier?
   ¿Dónde está Anita?

4. ¿Dónde está el padre?
   ¿Dónde están Javier y Anita?

Prepositional phrases
Used to show location

¿Dónde están los niños?

Está **enfrente de**   Está **detrás de**
sus padres.   sus padres.

Están **al lado de**   Está **entre** sus
su madre.   padres.

Están **a la   Está **a la
izquierda de**   derecha de**
su madre.   su madre.

Está **cerca de**   Está **lejos de**
su padre.   su padre.

C. ¿Dónde queda?   Según Alicia, ¿dónde están los lugares
mencionados abajo?

  MODELO   almacén
Está entre el café y la tienda.

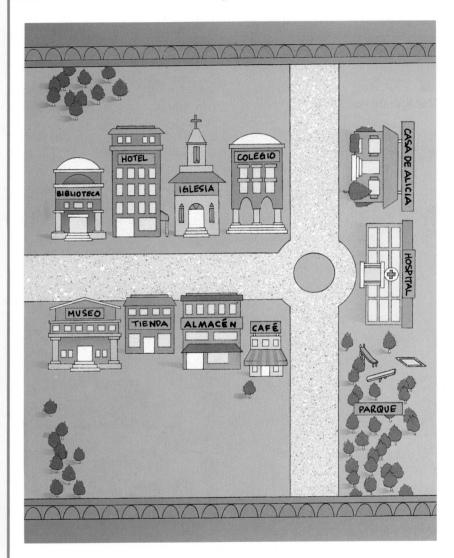

1. plaza
2. museo
3. iglesia
4. parque
5. hospital
6. colegio
7. biblioteca
8. almacén
9. café

a. Está al lado del almacén, cerca de la plaza.
b. Está al lado del hotel, enfrente del museo.
c. Está enfrente de la iglesia.
ch. Está lejos de mi casa, al lado de la tienda.
d. Está enfrente de mi casa.
e. Está entre el hotel y el colegio.
f. Está enfrente del hospital.
g. Está entre mi casa y el parque.
h. Está al lado del hospital, enfrente del café.

CH. Van a . . .   Varios jóvenes reciben estas instrucciones del
policía en la **Plaza Constitución.** ¿Adónde van?

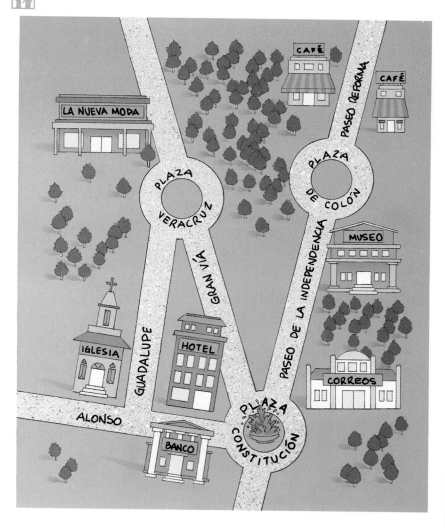

Commands used when giving directions

Dobla a la derecha (izquierda).
Sigue derecho.
Camina media (una, dos, . . .)
    cuadra(s).
Toma el autobús (metro, tren).
Pasa por el parque.
Cruza la calle.

*See **¿Por qué se dice así?**,
page G65, section 5.1.*

1. Camina por todo el Paseo de la Independencia. Está a la derecha, antes de llegar a la primera plaza.
2. Está cerca. Sigue derecho por la calle Alonso. Cruza la calle Guadalupe. Está a la derecha, en la esquina.
3. Está allí mismo, detrás de la fuente.
4. Sigue media manzana por Alonso. Queda a la izquierda, enfrente del hotel.
5. Toma el autobús que va por el Paseo de la Independencia. Al cruzar la Plaza de Colón, la calle se llama Paseo Reforma. Hay dos en esa calle.
6. Está un poco lejos. Toma el autobús por Gran Vía hasta llegar a la Plaza Veracruz. Pasa por la plaza y el almacén está a la izquierda.

Tú commands

Used when telling people what to do

Infinitive	-ar	-er, -ir
Ending	-a	-e

Estudia más.
Lee el capítulo para mañana.
Escribe esto en la pizarra.

See ¿Por qué se dice así?,
page G65, section 5.1.

Números: 100–1.000.000

100	cien
210	doscientos diez
320	trescientos veinte
430	cuatrocientos treinta
540	quinientos cuarenta
650	seiscientos cincuenta
760	setecientos sesenta
870	ochocientos setenta
980	novecientos ochenta
1.090	mil noventa
2.200	dos mil doscientos
3.400	tres mil cuatrocientos
4.600	cuatro mil seiscientos
5.800	cinco mil ochocientos
10.900	diez mil novecientos
51.000	cincuenta y un mil
100.000	cien mil
1.000.000	un millón

Necesito trescient**as** peset**as**.
Tienen dos mil seiscient**os** pes**os**.

See ¿Por qué se dice así?,
page G66, section 5.2.

D. ¡Primero a correos! José tiene que ir a muchos lugares hoy. ¿Qué instrucciones le da su mamá?

 MODELO   casa de José → correos
Para ir a correos, dobla a la derecha en la calle A y camina dos cuadras y media.

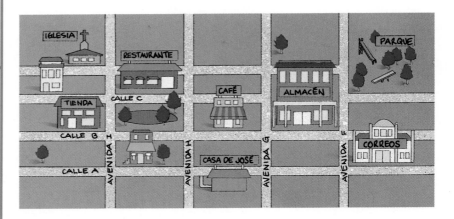

1. casa de José → correos
2. correos → almacén
3. almacén → tienda
4. tienda → iglesia
5. iglesia → restaurante
6. restaurante → parque
7. parque → café
8. café → casa de José

E. ¡Pobre Federico! Todo el mundo le da órdenes a Federico. ¿Qué le dicen?

MODELO   comprar sellos.
Compra sellos.

1. estudiar para la clase de español
2. escribir tu composición
3. buscar un regalo para tu tía
4. correr al banco
5. llamar a tu abuela
6. limpiar la casa
7. practicar el piano
8. leer tu libro de historia
9. cambiar un cheque de viajero
10. tomar el autobús

F. ¿Cuánto tengo? Tienes que cambiar dólares a pesetas. ¿Cuántas pesetas te dan?

MODELO   1.000
Mil pesetas.

1. 1.100	**3.** 500	**5.** 5.900	**7.** 6.500
2. 7.300	**4.** 1.700	**6.** 1.000	**8.** 4.600

G. ¿Adónde van? ¿Adónde van estos vuelos?

MODELO   Tú: **¿Adónde va el vuelo setecientos sesenta y siete?**

        Compañero(a): **El vuelo setecientos sesenta y siete de Iberia va a Perú.**

SALIDAS		
LÍNEA AÉREA	**VUELO**	**DESTINO**
Iberia	**767**	**Lima**
TWA	**150**	**Buenos Aires**
Lan Chile	**2500**	**Bogotá**
Avianca	**950**	**Caracas**
Iberia	**575**	**Miami**
Aeroméxico	**1165**	**Managua**
Avianca	**700**	**Quito**
Lan Chile	**1500**	**Santiago**
Aeroméxico	**6336**	**San José**

H. Caja de cambio.
¿Cuántos dólares le dan estas personas al cajero y cuántas pesetas reciben en cambio?

MODELO   Sr. Jones: $10 / 1.150 ptas.

        El Sr. Jones le da diez dólares y recibe mil ciento cincuenta pesetas.

1. yo: $20 / 2.300 ptas.
2. Adán y Gregorio: $45 / 5.175 ptas.
3. Sra. Carrera: $60 / 6.900 ptas.
4. tú: $35 / 4.025 ptas.
5. mi hermana y yo: $50 / 5.750 ptas.

I. Reunión familiar.
¿A qué hora salen tú y tus parientes de la reunión familiar?

MODELO   tus tíos / 22:00

        Compañero(a): **¿A qué hora salen tus tíos?**
        Tú: **Salen a las diez de la noche.**

1. tus padres / 19:30
2. tu tía Isabel / 20:00
3. tú y tu hermana / 18:00
4. el esposo de tu prima / 11:45
5. los abuelos de tu primo / 14:00
6. tú / 20:30

Dar

doy	damos
das	
da	dan
da	dan

Notice the irregular **yo** form.

See **¿Por qué se dice así?**, *page G68, section 5.3.*

Salir

salgo	salimos
sales	
sale	salen
sale	salen

Notice the irregular **yo** form.

See **¿Por qué se dice así?**, *page G68, section 5.3.*

Saber

sé	sabemos
sabes	
sabe	saben
sabe	saben

Notice the irregular **yo** form.

See **¿Por qué se dice así?**, *page G68, section 5.3.*

J. Madrid. ¿Cuánto saben ustedes de Madrid?

EJEMPLO   yo / saber que Madrid / ser / capital / España
Yo sé que Madrid es la capital de España.

1. yo / saber que Madrid / estar / centro / país
2. Silvia y Samuel / saber que Madrid / tener / metro excelente
3. tú y Carlos / saber que Madrid / ser / ciudad más grande de España
4. él y ella / saber que el Rey Juan Carlos no / vivir / Palacio Real
5. Alicia / saber que / Museo del Prado / ser uno de los mejores del mundo
6. usted y yo / saber que la Plaza Mayor / tener cafés al aire libre, tiendas y oficinas

CHARLEMOS UN POCO MÁS

A. ¡Mucho talento!   The Spanish Club is planning to have a talent show. With a partner, prepare a list of students in your class and what they know how to do.

EJEMPLO   **Gloria sabe bailar el tango.**
Yo sé contar hasta un millón en español.

B. ¡Donaciones!   The business community in your town has decided to help your school by donating specific items. In groups, decide what each group of professionals gives the school. Some groups were very generous, so use large amounts.

EJEMPLO   **La Asociación de Secretarias le da diez mil lápices al colegio.**

Los cocineros de [tu ciudad]	computadoras
La Asociación de Músicos	lápices
El Partido Demócrata	guitarras
El Partido Republicano	libros
La Asociación de Mujeres de Negocio	teléfonos
La Asociación de Profesores	pizzas
Unos abogados muy ricos	$$$

C. Reunión familiar.   All of your relatives are coming to a family reunion at your house on Sunday. Tell from where and at what time they leave in order to arrive by noon.

EJEMPLO   **Mis tíos Roberto y Rita salen de Reno a las ocho.**

CH. Plano de Madrid. Use the **Metro** map below to tell your partner how to get from one stop to another.

 EJEMPLO   de Ventas a Cuatro Caminos

         Toma el número 5 a Diego de León. Cambia en Diego de León al número 6 hasta Cuatro Caminos.

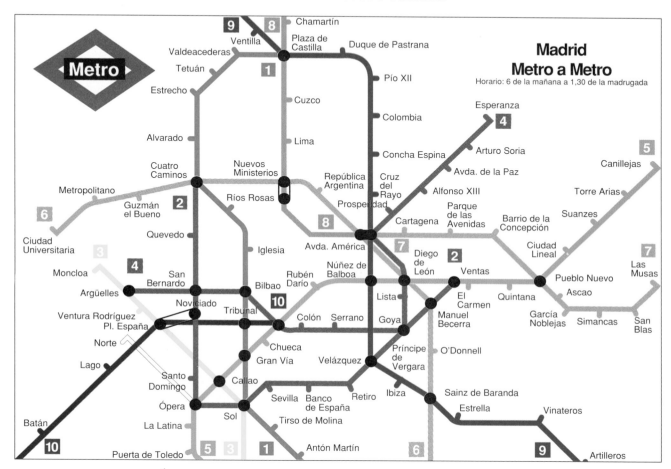

1. de Ópera a Avda. América
2. de Gran Vía a Plaza de Castilla
3. de Ópera a Ciudad Universitaria
4. de Cuatro Caminos a Pueblo Nuevo
5. de Argüelles a Ciudad Universitaria
6. de Cuatro Caminos a Goya

D. ¡Mi perro perdido! You and your partner are trying to find your lost dog, Bombón. Your teacher will give each of you a town map. One of the maps shows where Bombón has gone. The partner with that map describes how to follow Bombón's tracks, while the other draws the route on the unmarked map. When you find Bombón, compare the two maps.

E. ¡Necesito ir a . . . ! Use the map your teacher gives you to tell your partner how to get from the train station to the places specified on the map your teacher gives him or her. Then ask your partner how to get to the following places: **hotel, correo, tienda, hospital, restaurante, teatro.**

Dramatizaciones

A. Nuevos amigos.   A new friend calls you from the center of town and needs directions to your house. Role-play the phone call.

Amigo(a)
- Ask if the house is far.
- Ask how to get to the house.

- Repeat the instructions to make sure you understood.

Tú
- Say it is [near/far].
- Be specific in your answer. Mention any landmarks.

B. ¿Dónde queda?   You agreed to meet your parents for lunch at a new restaurant but have lost the address. You ask a police officer for directions. Role-play the situation with a partner.

Tú
- Ask where the restaurant is located.
- Ask for directions to that address.
- Find out if you should walk or take the bus, taxi, or metro.
- If you must use public transportation, ask how much it is.

Policía
- Give address of the restaurant.
- Give directions.
- Suggest the most appropriate form of transportation.
- Indicate the fare.

C. ¿Son hermanos?   You and a friend are discussing two new students at your school.

Tú
- Ask if your friend knows the names of the new students.
- Ask if your friend knows where they live.
- Ask for their phone numbers.
- Ask at what time the new students leave school.
- Say good-bye to your friend until tomorrow morning.

Amigo(a)
- Tell their names.

- Answer that you don't but that you know their phone numbers.
- Give their phone numbers.
- Tell when they leave.

- Respond appropriately.

CH. Perdón, necesito ayuda.   A newcomer to the city asks you for directions to a place you know well. Give directions and answer the newcomer's questions about how to get there. If appropriate, include information about what bus or metro line to take and at which stops to get on or off. Mention landmarks and how close or far this place is.

¡No me digas!

Madrid de noche. Tom is taking an evening stroll with his friend Martín in Madrid. Read their conversation. Then answer the question that follows.

Tom: **¡Qué noche más formidable! Dime, Martín, ¿qué hora es?**

Martín: **Creo que son las nueve y media.**

Tom: **¿Las nueve y media de la noche? ¡Imposible! Mira cuánta gente hay en la calle . . . y cuántos niños también.** (*Pasa un niño corriendo.*)

Martín: **Pues, Tom, te digo que son las nueve y media de la noche.** (*Mirando el reloj*)

Tom: **Entonces, no entiendo. ¿Qué pasa hoy? ¿Es un día festivo o qué?**

Martín: **Pues no, no pasa nada . . . ¿No te gusta la gente?**

▶ Why is Tom surprised?

1. He is amazed to see the streets crowded at that late hour.
2. He does not realize that large families live in that part of town.
3. He doesn't think it's safe for children to be on the streets after dark.

❏ Check your answer on page 416.

Y ahora, ¡a leer!

Antes de empezar

Madrid, como todas las ciudades grandes del mundo, tiene problemas con la contaminación del aire. Esa contaminación causa lluvia ácida, un problema serio no sólo en Madrid, sino en toda Europa y el mundo entero. ¿Cuánto sabes de la lluvia ácida? En la primera columna, indica si en tu opinión son **ciertos (C)** o **falsos (F)** estos comentarios sobre la lluvia ácida. Luego lee el artículo y en la tercera columna indica lo que el autor opina.

MI OPINIÓN		La lluvia ácida	OPINIÓN DEL AUTOR	
C	F	1. Cuando llueve, el agua de la lluvia siempre es limpia.	C	F
C	F	2. Los gases de los motores de automóviles contaminan el aire.	C	F
C	F	3. El hombre es la causa de toda la contaminación.	C	F
C	F	4. La contaminación, como el *smog*, causa problemas muy serios porque es estática, no se mueve.	C	F
C	F	5. Los gases sucios en el aire pueden viajar de España a Francia en dos o tres días.	C	F
C	F	6. En Suecia, más de 20.000 lagos están contaminados.	C	F
C	F	7. La mayor parte de la lluvia ácida que cae en Suecia viene de otros países.	C	F

Verifiquemos

Primero lee la lectura **La lluvia ácida** en la siguiente página. Luego, contesta las preguntas a continuación.

1. ¿Qué es la lluvia ácida?
2. Explica en detalle qué causa la lluvia ácida.
3. ¿Qué en tu ciudad causa contaminantes que en turno causan lluvia ácida? ¿Cómo pueden controlarse para no seguir produciendo contaminación?
4. ¿Qué puedes hacer tú personalmente para ayudar a solucionar este problema?
5. ¿Qué debe hacer EE.UU. para ayudar a solucionar este problema?

La lluvia ácida

LA LLUVIA CONTAMINADA
Fragmentos del libro por M. Bright

Introducción

Todos los seres* vivos, incluido el ser humano, necesitan agua para sobrevivir.* La lluvia es una parte del ciclo vital del agua en nuestro planeta. En apariencia, nada ensucia* la lluvia en su camino desde las nubes **1** a la Tierra **2** y, por ello, creemos que es limpia. Sin embargo, en algunas partes del mundo el agua de lluvia ya no es limpia. El humo y los gases de las fábricas **3** y de los tubos de escape de los automóviles forman un ácido al mezclarse* con el aire. Este ácido es el origen de la lluvia ácida.

hombres y animales /
no morir

contamina

combinarse

La contaminación

Contaminamos, o ensuciamos, el aire de muchas formas. El combustible quemado* por los motores de los automóviles desprende* gases que contaminan el aire. Las centrales de energía eléctrica queman carbón y petróleo. Las chimeneas de las casas también contaminan el aire. Pero no toda la contaminación es obra del hombre. Los volcanes también desprenden gases que agravan* el problema de la lluvia ácida.

usado

produce

hacen peor

La lluvia ácida viaja

La lluvia ácida contenida en las nubes puede ser arrastrada por el viento unos 500 kilómetros* diarios. La contaminación puede trasladarse* así de un país a otro, situado a miles de kilómetros. Los gases en España pueden ser arrastrados* por el viento a regiones de Francia o Italia en tan sólo dos o tres días. Del mismo modo, la contaminación producida por las industrias norteamericanas lleva la lluvia ácida a los lagos y bosques canadienses. Más de 20.000 de los 90.000 lagos de Suecia están contaminados. La mayor parte de la lluvia ácida que cae sobre Suecia procede* de otros países.

310 millas / moverse

llevados

viene

¿ Qué quieres comprar ?

El Corte Inglés

CENTRO COMERCIAL CASTELLANA

CONFECCION
COMPLEMENTOS

ESTA USTED AQUI

6ª	JUVENTUD, CAFETERIA, RESTAURANTE.	
5ª	JUVENTUD.	
4ª	DEPORTES, ZAPATERIA.	
3ª	NIÑOS - NIÑAS, BEBES, JUGUETES.	HOGAR SUPERMERCADO
2ª	CABALLEROS. AGENCIA DE VIAJES, ADMINISTRACION, PELUQUERIA, MALETAS.	HOGAR - MENAJE. ELECTRODOMESTICOS, AUTOMOVIL, LISTAS DE BODA.
1ª	SEÑORAS. PELUQUERIA.	HOGAR - TEXTIL. MERCERIA - TEJIDOS.
Bª	COMPLEMENTOS DE MODA.	SUPERMERCADO DE ALIMENTACION. LIMPIEZA - PLASTICO, ANIMALES - PLANTAS, CAJA DE APARCAMIENTO.
S/S	COMPLEMENTOS. DISCOS - LIBRERIA, ELECTRONICA, CAJAS DE APARCAMIENTO, FOTOGRAFIA - TURISMO, CARTA DE COMPRA.	APARCAMIENTO NARANJA
Sª	OPORTUNIDADES.	APARCAMIENTO NARANJA

MUEBLES Y DECORACION

MUEBLES. COORDINACION DEL HOGAR, CUADROS Y LAMINAS, GALERIA DE ARTE

MUEBLES. ANTIGÜEDADES, LAMPARAS.

APARCAMIENTO AMARILLO

APARCAMIENTO AMARILLO

APARCAMIENTO VERDE. APARCAMIENTO NARANJA APARCAMIENTO AMARILLO

ANTICIPEMOS

Promoción válida del 25 de enero al 15 de febrero

CONFECCIÓN

ZAPATERÍA

10%

CHICOS CHICAS 12 - 15	
1 JERSEY	2.975
2 CHAQUETA	6.900
BLUSA	3.200
BERMUDAS	3.700
3 CAZADORA	7.675
4 CHAQUETA	9.500
5 JERSEY	2.975

El Corte Inglés

¿ Qué piensas tú ?

1. ¿Dónde están los dos jóvenes? ¿Qué están haciendo?

2. ¿Qué tipo de información hay en el directorio? ¿En qué planta hay ropa para jóvenes? ¿Libros y discos? ¿Algo para comer? ¿Ropa para hombres?

3. Mira el anuncio en esta página. ¿Cómo se llama el almacén? ¿Es una promoción especial? ¿Cuáles son las fechas de la promoción? ¿Qué cosas están en oferta? ¿Para personas de qué edad son estas cosas?

4. ¿En qué departamento de El Corte Inglés están las cosas anunciadas? ¿En qué planta?

5. En tu opinión, ¿son similares los almacenes de España a los almacenes de Estados Unidos? ¿Cuáles son algunas diferencias? Explica tu respuesta.

6. ¿Qué tipo de ropa te gusta llevar? ¿Cuáles son tus colores favoritos? ¿Por qué?

7. En tu opinión, ¿se visten los jóvenes españoles más formalmente que los jóvenes norteamericanos? Explica tu respuesta.

8. ¿De qué vas a poder hablar al final de la lección?

1 Hay dos espías aquí— una mujer y un hombre. ¿Quiénes son? ¿Qué llevan? Llevan impermeables beige y sombreros negros. ¡Pero todos llevan los mismos impermeables y sombreros! Entonces, ¿cuáles son los dos espías?

2 Los espías van de compras. Hay mucha ropa de moda en este almacén. ¡Pero es muy cara! Por ejemplo, ese vestido es muy elegante, ¿no? Pero, ¡qué caro! Y ese traje le gusta mucho al espía.

37.000 ptas.

44.000 ptas.

3 Ahora los espías están en el departamento de hombres. Están mirando las camisetas. Hay camisetas de muchos colores— amarillas, anaranjadas, azules, blancas, rojas, negras y verdes. El espía prefiere la camiseta amarilla y la compra. Luego el dependiente le recomienda unos pantalones grises. El espía compra los pantalones grises y también un par de calcetines azules.

En el departamento de deportes la espía se prueba unos zapatos deportivos. ¿Cuánto cuestan los zapatos deportivos? ¿Son caros? No, no cuestan mucho. Hoy están en oferta. Ella decide comprar los zapatos. El espía paga en la caja.

Ahora los espías están en la segunda planta, en el departamento de mujeres. El espía encuentra una falda rosada y una blusa roja para la espía. Pero la blusa roja no combina muy bien con la falda. Además, la espía prefiere ropa deportiva. Entonces se prueba unos jeans y una sudadera gris. La talla es perfecta. Ella decide comprarlos.

Esta noche hay una fiesta y mucha gente está aquí. ¿Puedes encontrar a los dos espías? ¿Qué llevan?

¿QUÉ DECIMOS...?

Al ir de compras

1 ¿Qué le piensas comprar?

2 ¿Cuánto cuesta?

3 ¿Cuál es tu talla?

4 ¿Cómo que no tenemos dinero?

¡En oferta!
Ropa de invierno

pantalones
4.500

chaqueta
9.500

zapatos
4.000

blusa
3.200

camisa
2.900

falda
6.000

suéter
3.975

traje
14.000

vestido
9.000

sombrero
3.000

camisetas
2.400

sudaderas
1.500

calcetines
500

anaranjado blanco marrón
amarillo azul gris

morado rojo verde
negro rosado

CHARLEMOS UN POCO

A. ¡De compras! Estás en el almacén. ¿Quién está hablando, un **cliente** o un **dependiente**?

1. Estas camisetas son muy populares.
2. Perdón. No puedo encontrar los suéteres.
3. ¿Qué color prefiere usted?
4. ¿Cuál es tu talla?
5. Busco un regalo para mi novia. ¿Qué me recomienda?
6. ¿Puedo ayudarte?
7. ¿Dónde pago?
8. ¿Cuánto cuesta esa chaqueta?
9. Prefiero los pantalones negros.
10. El rojo cuesta 2.700 pesetas.

B. ¡Gustos diferentes! Tú y un(a) amigo(a) están mirando un catálogo. ¿Qué dicen?

 MODELO Tú: **¿Te gustan las camisetas verdes?**
Amigo(a): **Sí, pero me gustan más las camisetas negras.**

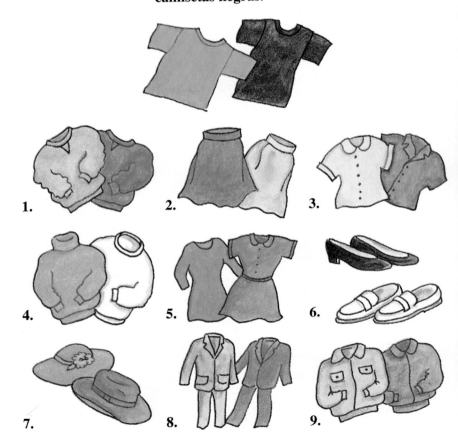

1.   2.   3.

4.   5.   6.

7.   8.   9.

C. Los jóvenes norteamericanos. Un(a) dependiente hispana quiere saber qué les gusta a los jóvenes norteamericanos. Contesta sus preguntas.

MODELO   Compañero(a): ¿Les gustan los jeans?
Tú: **Sí, nos gustan los jeans.** o
Nos encantan. o
No, no nos gustan los jeans.

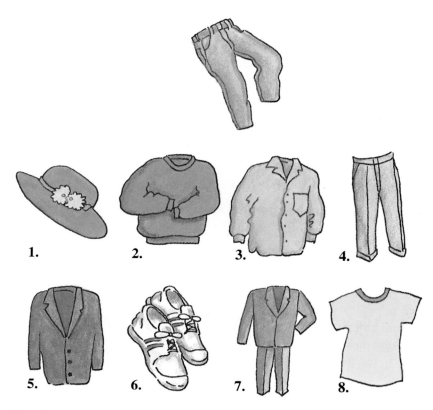

1.   2.   3.   4.

5.   6.   7.   8.

CH. Ropa favorita. ¿Cuál es la ropa favorita de los miembros de tu familia?

EJEMPLO **A mamá le gustan los sombreros blancos.**

a mi tía
a mi abuelo
a mis primos
a papá
a mí
a mi hermana
a mi mamá y a mí

sombreros blancos
faldas largas
ropa elegante
pantalones azules
ropa cara
camisetas feas
vestidos bonitos
jeans
ropa informal
blusas azules
¿ . . . ?

Gustar / Encantar
Used to talk about likes and dislikes

me
te
le   gusta(n)
nos encanta(n)
les

For one thing:
gusta or **encanta**

For more than one thing:
gustan or **encantan**

See **¿Por qué se dice así?,**
page G70, section 5.4.

A + noun / pronoun
Used to clarify or emphasize

A + a name, noun, or pronoun is used to clarify or emphasize.

A Elena
A mi tía le gusta.
A ella

See **¿Por qué se dice así?,**
page G79, section 5.9.

Pensar: e → ie

pienso	pensamos
piensas piensa	piensan
piensa	piensan

Querer and **preferir** follow the same **e → ie** pattern.

See ¿Por qué se dice así?, *page G71, section 5.5.*

D. ¡Feliz cumpleaños!   Es el cumpleaños de una amiga. ¿Qué le van a comprar todos?

MODELO   mi amiga . . . / camiseta / amarillo
Mi amiga Lupe piensa comprarle una camiseta amarilla.

1. mi amigo . . . / sombrero / rojo
2. mi amiga . . . y yo / falda / blanco
3. mis amigos . . . y . . . / sudadera / rosado
4. mis amigas . . . y . . . / blusa / negro
5. tú / suéter / morado / ¿verdad?
6. su mamá / vestido / verde
7. su hermano / libro / interesante
8. yo / bolígrafo / caro
9. su papá / zapatos / negro
10. su primo / mochila / rojo

E. Otro fin de semana.   Tú y tus amigos están hablando de lo que prefieren hacer este fin de semana. ¿Qué dicen?

EJEMPLO   **Esteban prefiere leer novelas.**

yo		ver la tele
mis amigos		pasear en bicicleta
tú	querer	alquilar un video
	preferir	ir a bailar
mi amigo . . .	pensar	comer pizza
mi amiga y yo		ir de compras
mi amiga . . .		leer novelas
		hablar por teléfono
		escuchar música
		salir con unos amigos
		¿ . . . ?

Poder: o → ue

puedo	podemos
puedes puede	pueden
puede	pueden

Encontrar follows the same **o → ue** pattern.

See ¿Por qué se dice así?, *page G71, section 5.5.*

F. ¡Hay fiesta!   Tú vas a dar una fiesta. Pregúntale a un(a) amigo quién puede ayudarte.

 MODELO   Laura: limpiar la casa
Tú: **¿Quién puede limpiar la casa?**
Compañero(a): **Laura puede limpiar la casa.**

1. Paco: preparar los sándwiches
2. Gloria y Fito: enviar las invitaciones
3. tú y Silvia: llamar a los amigos
4. Beto: buscar la música
5. Ana y Susana: tocar la guitarra
6. tú y yo: cantar para los invitados
7. yo: comprar los refrescos
8. tú: hacer el pastel

G. ¿Dónde está?   Tú y tus amigos están en el almacén Alarcón, pero no encuentran lo que buscan. ¿Qué le preguntan al dependiente?

**Almacén Alarcón
Departamentos**

Planta / Piso
10 Departamento de electrónica
 9 Departamento del hogar
 8 Cafetería
 7 Departamento de caballeros
 6 Departamento de señoras
 5 Departamento de jóvenes
 4 Departamento de deportes
 3 Departamento de niños
 2 Zapatería
 1 Perfumería
PB Joyería

 MODELO   mi amiga y yo
            Tú: **Perdón, señor, pero mi amiga y yo no encontramos las blusas.**
    Compañero(a):   **Están en el departamento de señoras.**

1. mi amiga   **2.** mis amigas   **3.** mis amigos

4. yo   **5.** mi amigo y yo   **6.** mi amiga y yo

H. La nueva dependiente.   El director del almacén Alarcón está hablando con una nueva dependiente. ¿Qué le dice?

MODELO   departamento de niños
            El departamento de niños está en el tercer piso.

1. departamento de electrónica
2. departamento de señoras
3. departamento de jóvenes
4. joyería
5. cafetería
6. departamento de caballeros
7. perfumería
8. departamento de deportes
9. zapatería
10. departamento de niños

Ordinal numbers
Used to establish order

*primero	sexto
segundo	séptimo
*tercero	octavo
cuarto	noveno
quinto	décimo

***Primero** and **tercero** change to **primer** and **tercer** before a masculine singular noun.

See **¿Por qué se dice así?**, *page G74, section 5.6.*

I. En el almacén. Varias personas van de compras. ¿Qué hacen allí?

EJEMPLO **Mamá encuentra una blusa roja en el departamento de señoras.**

		suéter
		jeans
papá		falda
yo	querer comprar	vestido
Paquito	encontrar	camisa
mamá y yo	buscar	zapatos
mis tíos	preferir comprar	sudadera
tú		blusa
		camiseta
		pantalones

J. ¿Yo millonario(a)? You have just inherited a large sum of money and are on a shopping spree in a large department store. Buy *everything* in the store window.

MODELO pantalones

Tú: **Quiero comprar los pantalones grises. ¿Cuánto cuestan?**

Compañero(a): **¿Los pantalones grises? Cuestan catorce mil novecientas noventa y nueve pesetas.**

1. zapatos	4. falda	7. suéter	10. blusa
2. vestido	5. camiseta	8. trajes	11. jeans
3. camisa	6. chaqueta	9. botas	12. sudadera

Costar

Costar is an **o → ue** stem-changing verb used mostly in the third person singular and plural.

La falda **cuesta** quinientas mil pesetas.
¿Cuánto **cuestan** las blusas?

See **¿Por qué se dice así?**, *page G71, section 5.5.*

CHARLEMOS UN POCO MÁS

A. Vamos de compras.   You won a **1.000.000 peseta** shopping spree! Using this advertisement, make a list of the items you want to buy for each member of your family. Next to each item, write the color and the price. Compare your list with your partner's. Recommend other items or colors or comment on whether you also want to buy those items.

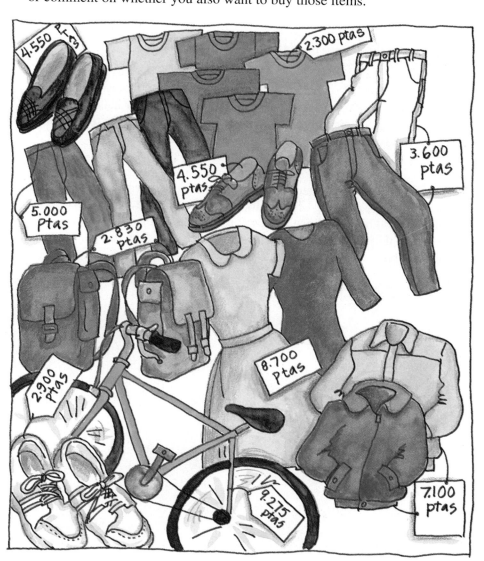

B. ¿Quién es el detective?   A member of your class is an undercover detective, but only your teacher knows the person's identity. Find out who it is by asking yes / no questions about the person's clothing.

EJEMPLO   You: **¿Lleva pantalones azules?**
Teacher: **Sí, lleva pantalones azules.**

C. Desfile de modas. In groups of five or six, prepare a fashion show commentary for each member of your group. Take turns modeling the clothing you have worn to school today while a group member describes your outfit to the class. Alternate roles so that everyone in the group has an opportunity to both model and describe.

CH. ¡Mi talento especial! Everyone has special talents. What special talents do you have? Write two or three things that you can do that make you particularly proud.

EJEMPLO **Yo puedo tocar la guitarra.** o
Yo puedo hacer un pastel de chocolate.

D. ¡Nos encanta! Write down two things that you like to do and two things that you love to do. In groups of four, read your lists to each other. Identify the person whose list is most similar to yours. Go to the board and write what the two of you have listed in both categories.

E. ¿Son los mismos? You and your partner are at a party, where your partner has met four interesting people. (Your teacher will provide your partner with a drawing of these four people.) You have met the four people pictured below, whose names you can't remember. Are they the same four people your partner met? Describe them and then decide whether or not you have met the same four people.

F. En orden, por favor. List ten things that you do on school days in the order in which you do them. Include the classes you attend during the day.

EJEMPLO **Primero, voy al colegio. Segundo, voy a mi clase de historia. Tercero, . . .**

Dramatizaciones

A. ¡Es mi favorita!   Take notes as you interview four or five classmates to find out . . .

- what their favorite outfit is.
- what color or colors it is.
- when they wear it.
- if it is old or new.

B. ¡Qué elegante!   You and your mother (or father) are shopping for a new jacket for you. Role-play the situation with a partner.

Tu mamá (papá)	Tú
■ Recommend a jacket.	■ Say you prefer a different color than the one he or she recommends.
■ Ask what he or she thinks about another jacket.	■ Respond.
■ Ask if he or she likes it.	■ Respond and comment on the style.
■ Ask how much it costs.	■ Respond.
■ Indicate if you think it is expensive or inexpensive.	■ Say that you like it and that you want to buy it.

C. En la tienda.   You are shopping for a complete new outfit. You know what you want and in what colors, but you don't want to spend a great deal of money. Role-play your conversation with a clerk.

- Tell the clerk what you are looking for.
- Ask the prices of various items.
- Find out what colors are available.
- Decide what to buy and ask the clerk for the total price.

CH. Vamos de compras.   It is a rainy Saturday afternoon, and you want to go shopping. Call your friend and make plans.

Tú	Amigo(a)
■ Invite your friend to go shopping.	■ Indicate that you do want to go but you have to do something first.
■ Say where you want to shop and what you want to buy.	■ Tell what you need to buy.
■ Indicate four stores at which you want to shop, naming them in the order in which you will go to them.	■ Ask directions to the first store where you will meet.
■ Explain the best way to get there. Be specific.	■ Ask questions to be sure you understand the directions.

¡No me digas!

La planta baja.   Rick and Betty are American tourists shopping in Madrid. Read their conversation. Then answer the question that follows.

Rick:	**Mira, Betty, hay zapatos deportivos en oferta. Vamos a verlos.** *(Entran en el almacén.)* **Perdón, señor. ¿En qué planta está el departamento de deportes?**
Señor:	**En la primera planta.**

Después de un rato . . .

Rick:	**¡Qué raro! Deben estar por aquí pero no los encuentro.**
Betty:	**¿Los zapatos? ¡Hombre! Están en la primera planta.**
Rick:	**Sí, ya sé.**
Betty:	**Bueno. Vamos a subir.**
Rick:	**¿Subir? ¿Para qué? Sube tú si quieres. ¡Yo no voy a subir hasta encontrar el departamento de deportes!**

▶ Why does Rick refuse to go up one floor?

1. He thinks Betty is trying to distract him so she can do her own shopping.
2. He doesn't understand how the floors are numbered.
3. The tennis shoes are not really on sale. The sign on the window was meant only to get the shoppers' attention.   ❏ Check your answer on page 416.

Y ahora, ¡a leer!

Antes de empezar

1. ¿Cuántos pisos tiene el almacén más grande de tu ciudad? ¿Cuántos pisos tiene este almacén?
2. ¿Hay aparcamiento en los almacenes de tu ciudad? ¿Es aparcamiento subterráneo? ¿Sabes cuántos pisos de aparcamiento hay?

Guía de departamentos

P-4 **Servicios:** Aparcamiento.

P-3 **Servicios:** Aparcamiento.

P-2 **Servicios:** Aparcamiento.

P-1 **Servicios:** Aparcamiento. Caja de Aparcamiento. Taller de Montaje de Accesorios del Automóvil. Carta de Compras. Objetos Perdidos. Consigna del Supermercado. Foto-Matón.

SALIDA: Aparcamientos P-2, P-3 y P-4.

SEMI-SOTANO **Departamentos: Hogar Menaje.** Artesanía. Cerámica. Cristalería. Cubertería. Accesorios del Automóvil. Loza. Orfebrería. Porcelana (Lladró-Capodimonte). Platería. Electrodomésticos (grandes y pequeños). Muebles de cocina. Plásticos. Artículos de limpieza.

PLANTA BAJA **Imagen y Sonido.** Discos. T.V. Vídeo. Hi-Fi. Micro-Informática. Instrumentos musicales. Radioaficionados. **Plantas y flores, Animales.** Accesorios. Animales. Peces y tortugas.

Departamentos: Complementos de moda. Perfumería. Cosmética. Joyería. Bisutería. Relojería. Fumador (Cartier, Dupont). Librería. Papelería. Rincón del pintor. Bolsos. Cinturones. Marroquinería.

1.ª PLANTA **Departamentos: Hogar Textil.** Mantelerías. Toallas. Tapicería. Visillos y cortinas. Alfombras y moquetas. Colchones y cojines. Ropa de cama y mesa. Persianas. **Zapatería.** (Señoras, Caballeros, Jóvenes y Niños).

2.ª PLANTA **Departamentos: Caballeros.** Boutiques internacionales. Pantalones. Americanas. Trajes. Camisería. Coordinados sport. Prendas de abrigo. Punto. Ropa interior. Piel. Baño. Complementos moda. Tallas especiales. Sastrería a medida. Artículos de viaje. Zapatería caballero.

3.ª PLANTA **Departamentos: Infantil: Niños/Niñas (4 a 10 años).** Pantalones. Camisería. Ropa interior. Punto. Complementos. **Bebés.** Confección. Punto. Ropa interior. Zapatería.

4.ª PLANTA **Departamentos: Señoras.** Boutiques internacionales. Boutique alta peletería. Ante y napa. Faldas y blusas. Pantalones. Pronovias. Punto. Sport. Vestidos. Chaquetas. Abrigos. Tallas especiales. Priscille. Lencería y corsetería. Futura mamá. Uniformes de Servicio. Tienda del baño sras. Zapatería sra. y complementos.

5.ª PLANTA **Departamentos: Moda Joven Ella.** Tiendas jóvenes. Faldas y blusas. Pantalones. Vestidos. Bañadores. Lencería y corsetería. Prendas de abrigo. **Moda Joven El.** Tienda Peter Lord. Tienda Pietro Peretti. Tienda Miguel Beruel. Prendas de abrigo. Camisería. Bañadores. Ropa interior. Pantalones. **Zapatería joven** (Camper y Rover). **Discos.** Complementos moda.

6.ª PLANTA **Departamentos: Deportes.** Zapatería deportiva. Tenis. Esquí. Hípica. Golf. Montaña. Caza y pesca. Gimnasia y atletismo. Ciclismo y moto. Armería. Boutique Surf. Tiempo libre. Tienda Lacoste. **Supermercado.**

7.ª PLANTA **Departamentos: Oportunidades.** Tienda de Regalos (Cosas). Promociones especiales.

El Corte Inglés

MADRID - PRINCESA

Verifiquemos

1. Indica a qué planta de El Corte Inglés Princesa debes ir para comprar las cosas que buscas.

   a. Mañana tu prima va a cumplir seis años y le buscas un regalo.

   b. Este año tú piensas regalarle una chaqueta a tu padre el Día del Padre. Sabes que en El Corte Inglés tienen chaquetas muy bonitas.

   c. La próxima semana tú vas a una discoteca por primera vez. Quieres ropa nueva para la ocasión.

  ch. Tu madre es tu mejor amiga y quieres comprarle un regalito.

   d. Tu tía se va a casar y tú necesitas comprarle un regalo de bodas.

2. ¿En qué planta encuentras las siguientes cosas?

libros	zapatos deportivos	ropa interior	trajes de baño
perfume	zapatos de mujer	comida	bicicletas

¿ Qué pedimos ?

CAFÉ BILBAO

Bocadillos variados

- Jamón serrano — 250 Ptas.
- Jamón york — 250 Ptas.
- Queso — 225 Ptas.
- Hamburguesa — 300 Ptas.
- Sándwich — 225 Ptas.
- Sándwich mixto — 250 Ptas.
- Patatas fritas — 200 Ptas.

Bebidas

Refrescos variados	115 Ptas.
Limonada	115 Ptas.
Zumo de naranja	150 Ptas.
Agua mineral	125 Ptas.
Leche	100 Ptas.
Café con leche	110 Ptas.
Té	100 Ptas.

Postres

Fruta	85 Ptas.
Helado	200 Ptas.
Flan	175 Ptas.
Bizcocho	150 Ptas.

¿Qué piensas tú?

1. Estudia el menú. ¿Crees que este menú es para una comida principal? ¿Por qué crees que sí o que no?

2. ¿Es como los menús en Estados Unidos? ¿Cuáles son las semejanzas y las diferencias?

3. ¿Crees que es la hora de la comida principal del día? ¿Qué están comiendo las personas en la foto? Explica tu respuesta.

4. ¿Cuánto crees que va a costar la comida en dólares? ¿Cuánto deben dejar de propina para el camarero?

5. En tu opinión, ¿cuál es la diferencia entre un café y un restaurante?

6. ¿Qué tipo de restaurante en Estados Unidos es más similar a un café español?

7. ¿De qué vas a poder hablar al final de la lección?

1

Hola. Buenas tardes, amigos. Soy Antonio, camarero de aquí de El Rincón. Hoy van a ver que la vida de un camarero no es fácil.

2

Camarero: ¿La carta, señor?

Cliente: No. Tengo mucha prisa. ¿Qué hay de beber?

Camarero: Café, café con leche o . . .

Cliente: ¡No, no! Tengo calor. No quiero tomar nada caliente. Prefiero algo frío.

Camarero: Sí, señor. Hay refrescos, agua mineral . . .

Cliente: Vale. Agua mineral, sin gas.

Camarero: ¿Nada más, señor? ¿Algo para comer?

Cliente: ¡No, no! No tengo hambre. Tengo sed—y mucha prisa. Puede traerme la cuenta también.

Camarero: Sí, señor.

Hay personas que siempre tienen prisa.

Ahora, los turistas.

3

Camarero: ¿Están listos para pedir?

Señor: Creo que sí. ¿Tiene jamón serrano?

Camarero: Sí, señor, claro.

Señor: Un bocadillo de jamón serrano y un café. ¡No! Una limonada. ¡No! Café. Sí, sí. Quiero un café con leche.

Camarero: Un bocadillo de jamón serrano y un café con leche. Gracias, señor. ¿Y para la señora?

Señora: ¿Tienen fruta?

Camarero: Sí. Manzanas, naranjas y melón.

Señora: ¿Nada más?

Camarero: Lo siento, señora. El bizcocho es la especialidad de la casa.

Señora: Muy bien, un bizcocho . . . y melón. Y me trae una cuchara para comer el melón, por favor.

Camarero: Gracias. Perfecto.

Otras personas no saben lo que quieren.

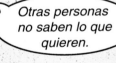

4

Camarero: ¿Están listos para pedir?

Mamá: Sí. ¿Ya sabes lo que quieres, Luisito?

Luisito: Sí. Un perrito y un refresco.

Mamá: Pero, Luisito, siempre pides un perrito y un refresco. ¿No quieres algo diferente hoy?

Luisito: ¡No, no y no! ¡Quiero un perrito y un refresco!

Camarero: ¿Y para usted, señora?

Mamá: Sí, una hamburguesa, por favor, y una limonada.

Camarero: Está bien. Gracias.

> Hay gente que sabe exactamente lo que quiere.

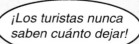

5

> ¡Los turistas nunca saben cuánto dejar!

> ¿Jamón o queso? ¡Jamón y queso! Es la solución perfecta.

Camarero: Hola. Buenas tardes, señorita. ¿Qué le puedo traer?

Señorita: Un sándwich de . . . ¡Ay, no sé! Me gusta mucho el queso. Pero también me gusta el jamón.

Camarero: Entonces, ¿un sándwich mixto?

Señorita: Sí, claro. Un sándwich mixto.

Camarero: Muy bien. Gracias.

6

Señor: ¿Cuánto debemos? Aquí está el total — son dos mil trescientas cincuenta pesetas.

Señora: Dejamos propina, ¿no?

Señor: No, no creo. Aquí dice que el servicio va incluido.

Señora: Tienes razón, mi amor.

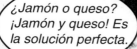

7

> No, señor, no tiene razón. ¡Siempre hay que dejar algo para el camarero! ¡La vida de un camarero no es nada fácil!

¿QUÉ DECIMOS...?

Al tomar algo en un restaurante

1 ¡Tengo mucha hambre!

2 ¡Siempre pides lo mismo!

4 ¿Qué dinero? ¿Qué zapatos?

5 La cuenta, por favor.

A. ¡En el restaurante!   ¿Qué pasa cuando Víctor y Manolo van con sus padres a un restaurante? Para contarlo, pon estas oraciones en orden cronológico.

La familia sale del restaurante.
El camarero les sirve la comida.
La familia llega al restaurante.
El camarero les presenta la carta.
Todos deciden qué quieren pedir.

La familia come.
Papá encuentra una mesa libre.
Papá pide la cuenta.
La familia pide la comida.

B. ¿Qué desean?   Eres camarero(a) en un café. ¿En qué orden haces estas preguntas?

¿Y para beber?
¿Les traigo sándwiches mixtos?
¿Una limonada grande o pequeña?

¿Quieren algo más?
¿Están listos para pedir?
¿Desean ver la carta?

C. ¡Vamos a comer!   José y Rosa están almorzando en una cafetería. Completa la conversación entre el camarero, José y Rosa con las siguientes frases.

No, sólo la cuenta.
Muy ricos.
Sí, queremos dos
   sándwiches mixtos.

¿Tienen bizcocho?
Gracias.
Agua mineral.
Dos, por favor.

Pedir
Used to ask for something

pido	pedimos
pides	
pide	piden
pide	piden

See **¿Por qué se dice así?**, *page G75, section 5.7.*

Servir

sirvo	servimos
sirves	
sirve	sirven
sirve	sirven

See **¿Por qué se dice así?**, *page G75, section 5.7.*

Traer

traigo	traemos
traes	
trae	traen
trae	traen

CH. ¿Qué van a pedir?   Tú y unos amigos van a un café después de clase. ¿Qué pide cada uno?

MODELO   Tina / refresco
Tina pide un refresco.

1. Alicia / melón
2. Julio y Jorge / patatas fritas
3. yo / hamburguesa
4. Maricarmen / sándwich de jamón
5. todos nosotros / la cuenta
6. ustedes / café con leche
7. tú / agua mineral
8. tú y yo / la cuenta

D. Comida vegetariana.   Estás en un restaurante vegetariano por primera vez. Pregúntale al camarero si sirven estas comidas.

MODELO   hamburguesas
Tú: **¿Sirven hamburguesas?**
Camarero: **No, señor(ita). No servimos hamburguesas.**

1. sándwiches de queso
2. sándwiches mixtos
3. sándwiches de jamón
4. refresco de naranja
5. limonada
6. papas fritas
7. melón
8. manzanas
9. bizcocho
10. naranja

E. ¿Otro pastel?   Mario va a dar una fiesta y todos deciden traer algo. ¿Qué traen?

MODELO   Rosamaría: el pastel
Rosamaría trae el pastel.

1. Maricarmen: unos discos
2. yo: mucha limonada
3. Lorenzo: dos pizzas
4. tú: un pastel de chocolate
5. Víctor y Josefa: los refrescos
6. nosotros: las papas fritas
7. ustedes: las hamburguesas
8. Eduardo: su guitarra

F. La familia.   Tú y tu familia van a su restaurante favorito. Describe lo que ocurre ahí.

EJEMPLO   **Mamá pide agua mineral.**

mi hermano		hamburguesa
yo		bizcocho
mamá	pedir	papas fritas
tú	recomendar	helados
niños	servir	manzana
nosotros	preferir	agua mineral
papá	querer	melón
camarero	traer	naranja
mis hermanas	¿ . . . ?	jamón
camarera		leche
¿ . . . ?		¿ . . . ?

G. ¿Qué pasa? Describe la situación de las personas en los dibujos.

MODELO **No tiene razón.**

H. ¿Por qué? Lee lo que dice cada persona. Luego describe su situación según su comentario.

EJEMPLO   Mamá: No todos los hispanos en Estados Unidos son de México.
          Mamá tiene razón.

1. Antonio: ¡Camarero! Tráeme algo para beber, por favor.
2. Panchito: Mamáaaa, ¿qué hay para comer?
3. Rubén y Lalo: $20 - 13 + 7 \times 2 = 27$
4. Gloria: ¡Huy! Mi clase de biología es a las 10:00 y ya son las 10:05.
5. Ramón y yo: Debemos ir al lago hoy. La temperatura va a subir a más de 105 grados Fahrenheit.
6. Papá: No hay hispanos en Nueva York.
7. yo: ¡Caramba! Está nevando y la temperatura está bajo cero.
8. Juanita: $5 \times 3 - 7 + 2 = 10$

LECCIÓN 3

Tener idioms

Tener calor   **Tener frío**

Tener hambre   **Tener sed**

Tener razón   **No tener razón**

Tener prisa

¿Tienes hambre?
No, pero **tengo sed.**

See **¿Por qué se dice así?**,
page G78, section 5.8.

Indirect object pronouns

me	nos
te	
le	les
le	les

*See ¿***Por qué se dice así?***,*
page G79, section 5.9.

Indirect object pronouns
Placement

Indirect object pronouns precede
a conjugated verb.

Yo **le** escribo todos los días.
Ella siempre **nos** da el dinero.

*See ¿***Por qué se dice así?***,*
page G79, section 5.9.

Indirect object pronouns
Placement

Indirect object pronouns may follow
and be attached to an infinitive or an
-ndo form.

Quieren dar**nos** el dinero hoy.
Estoy escribiéndo**le** a mamá.

*See ¿***Por qué se dice así?***,*
page G79, section 5.9.

I. ¡Pobrecita! Juanita está muy enferma. ¿Qué hacen todos para ella?

MODELO   su papá
Su papá le trae unos libros.

1. su hermano   3. el perro   5. su abuela y
2. su hermana   4. sus tíos   su mamá

J. ¡Qué negativo! Paquito está muy negativo hoy. ¿Qué le dice a su padre? ¿Cómo le contesta su padre?

MODELO   comprar regalos
Paquito: **Nunca me compras regalos.**
Padre: **¿Cómo? Siempre te compro regalos.**

1. traer helado   5. comprar ropa nueva
2. dar dinero   6. alquilar videos
3. servir hamburguesas   7. dar fiestas
4. preparar limonada   8. llevar al cine

K. ¡Le encanta! ¿Qué le dice un camarero al otro sobre los gustos de los empleados y algunos clientes?

MODELO   Al señor Gamboa le encanta la fruta.
Debes servirle fruta.

1. A Mariela le gusta la pizza.
2. A los señores López les gustan las hamburguesas.
3. A Rafael y a mí nos gusta el melón.
4. A Miguel y a mí nos encanta el bizcocho.
5. Al profesor de español le encantan los tacos.
6. A mí me gustan las papas fritas.
7. A Nicolás le gusta la limonada.
8. A Sara y a Lucía les gusta el helado.

L. En un café. Tú y una amiga, Silvia, están en su café favorito. ¿Qué les dices a tu amiga y al camarero?

MODELO   pedir una pizza (a Silvia)
Silvia, ¿puedes pedirme una pizza?

traer un refresco (al camarero)
Camarero, ¿puede traernos un refresco?

1. buscar una mesa (al camarero)
2. servir helado (al camarero)
3. pedir un refresco (a Silvia)
4. explicar la carta (a Silvia)
5. dar la cuchara (a Silvia)
6. traer otra cuchara (al camarero)
7. pasar la pizza (a Silvia)
8. servir otro refresco (al camarero)

M. ¡Ya estamos listos! Tú estás en tu restaurante favorito con un grupo de amigos. Ya están listos para pedir. ¿Qué le dices al camarero?

MODELO   dos refrescos para Clara y Julio
Les puede traer dos refrescos a Clara y a Julio.

1. limonada para Eva
2. café con leche para Víctor
3. refresco de naranja para ti
4. agua para todos
5. papas fritas para todos
6. hamburguesas para Víctor y Julio
7. sándwich mixto para Clara
8. sándwich de jamón para ti

N. ¿Tú y tu familia? Tu amigo(a) quiere saber qué hicieron tú y tu familia durante la semana de vacaciones. ¿Qué le dices?

MODELO   lunes por la tarde: cine
Amigo(a): **¿Qué hicieron el lunes por la tarde?**
Tú: **Fuimos al cine.**

1. sábado por la mañana: universidad
2. sábado por la noche: teatro
3. domingo por la tarde: museo
4. lunes por la noche: concierto
5. martes por la mañana: centro comercial
6. miércoles por la tarde: parque
7. jueves por la noche: cine
8. viernes por la tarde: club deportivo

Hicieron / Fuimos

These two past tense verb forms are very useful when talking about what you did and where you went.

¿Qué **hicieron** tú y Toni?
Fuimos al cine.
Después **fuimos** a un café.

CHARLEMOS UN POCO MÁS

A. Lo siento, pero . . .   You and your friend are at a café. As you order, the waiter tells you that your choice is not available and asks you to select something else. Use the drawings below as a guide.

MODELO   Tú: **Quiero las papas fritas, por favor.**
Camarero: **Lo siento, señor. Hoy no tenemos papas fritas. ¿Le traigo otra cosa?**
Tú: **Sí. ¿Puede traerme un sándwich de jamón?**
Camarero: **Muy bien, señor.**

B. ¿Qué dicen?   With a partner, write a dialogue for this cartoon strip. Then read your dialogue to the class.

C. Fuimos a . . .   Ask your classmates what they did on the weekend. Respond using any of the cues in the drawing your teacher gives you.

EJEMPLO   Tú: **¿Qué hicieron tú y [Marty] este fin de semana?**
Amigo(a):   **[Marty] y yo fuimos al zoológico.**

CH. ¿Qué van a pedir?   You are at a café where your partner is the waiter or waitress. Study the menu that your teacher gives you and note what you would like to order in the following situations. Check the cost of each item when you order. Your partner will consult the menu to answer your questions and to say what is available. Be prepared to choose again if something is unavailable or too expensive. Write down your final order, the cost of each item, and the total cost of the meal.

1. Order a snack and something to drink for you and your friend. Your friend hates chicken but you love it. You only have 890 pesetas and you are treating.
2. You invited your mother out to lunch. Since today is her birthday, you insist on treating. You want to order a combination plate for both of you, but you only have 850 pesetas.

D. Encuesta.   Your teacher will give you a grid. Ask your classmates questions to find out if they fit any description in the grid. If they do, have them sign the appropriate square to verify it. Let your teacher know when you have completed a vertical, horizontal, or diagonal line on your grid.

EJEMPLO   Tú: **¿Tienes hambre ahora?**
Compañero(a):   **No, no tengo hambre.**   o
Sí, tengo mucha hambre.

Dramatizaciones

A. Entrevista.   Interview six classmates about where they go and what they buy when they are hungry or thirsty. Also ask how much they spend. Write down their responses and report to the class the most popular places, foods, and drinks as well as the average amount your friends spend in one day on snack food.

B. Camareros por un día.   Be the waiter or waitress as two classmates come to your restaurant.

- Greet the guests.
- Ask if they want to see the menu.
- Ask for their order.
- Suggest that you bring them dessert.
- Ask if they want anything more.
- Give them the bill and thank them.

C. El Café Madrileño.   With three classmates, decide who will play the roles described below. Create a skit for the four characters.

- The waiter who gives outstanding service to earn a big tip
- The diner who cannot make up his or her mind
- The diner who doesn't have much money
- The diner who is very hungry

LEAMOS AHORA

Reading strategy: Reading aloud

A. Anticipemos.   Before reading this selection, glance at the format of this reading and answer the following questions.

1. What type of reading is this? How do you know?
2. Is this type of reading usually done alone at home, in the classroom, or elsewhere? Explain your answer.
3. How do you expect the reading to be handled in your class? Why?
4. What is the title of the work?
5. Who is the author of the work?
6. How many performers are required to put on this work?
7. As your teacher mimes the following stage directions, tell what you think they mean.

Gira a la derecha.
Gira a la izquierda.
Gira media vuelta.
Cara al público.
Con énfasis.
Espalda al público.
Pisando violentamente.
Quejándose.

Finge acción con pan y agua.
Finge comer pan.
Finge poner sopa en la mesa.
Finge meter un dedo en la
  sopa para probarla.
Se encoge de hombros.
Enfadada.
Con voz exasperada.

B. Lectura dramatizada.   Readers' Theater is an approach to reading that results in performance. In Readers' Theater you are not required to act but will learn some simple acting procedures and stage directions. When the class prepares this play for presentation, you will not be required to memorize your parts, but repeated reading during rehearsals may result in memorization.

C. Un cuento español. Now listen as your teacher reads the play. Then answer your teacher's questions. Later you will be asked to participate in Readers' Theater.

La sopa castellana

Reparto: NARRADOR 1   NARRADOR 2   COMENTADOR   LA MUJER

Al empezar, la mujer está sentada, cara al público. El comentador está sentado, espalda al público. Los narradores están de pie, Narrador 1 a la derecha de la Mujer, Narrador 2 a la izquierda del Comentador.

NARRADOR 1:   La sopa castellana,

NARRADOR 2:   un cuento español

LA MUJER: escrito por

COMENTADOR: *(Gira media vuelta a la derecha. Cara al público.)* Lope de Cervantes y Unamuno.

NARRADOR 1:   Una mujer entra en un restaurante muy elegante.

NARRADOR 2:   El camarero la lleva a una mesa. *(Comentador gira a la derecha. Cara al público.)*

NARRADOR 1:   Ella lee la carta y pide la cena.

LA MUJER: La sopa castellana, por favor, con pan. Y para beber, agua mineral. *(Comentador gira a la izquierda. Espalda al público.)*

NARRADOR 1:   Pone la servilleta en las rodillas. *(La mujer finge acción con la servilleta.)*

NARRADOR 2:   El camarero trae el pan y el agua mineral. *(Comentador gira a la derecha. Cara al público. Finge acción con pan y agua. Gira a la izquierda. Espalda al público.)*

NARRADOR 1:   La mujer prueba el pan. *(La mujer finge comer pan.)*

NARRADOR 2:   El camarero trae la sopa castellana. *(Comentador gira a la derecha. Cara al público. Finge poner sopa en la mesa.)*

NARRADOR 1:   La mujer no hace nada. Después de un momento, dice:

LA MUJER: No puedo tomar la sopa.

COMENTADOR: ¿Por qué no?

NARRADOR 2:   El camarero prueba la sopa y dice:

COMENTADOR: *(Finge meter un dedo en la sopa para probarla.)* No está demasiado caliente.

LA MUJER: *(Quejándose.)* No puedo tomar la sopa.

NARRADOR 2:   El camarero llama al cocinero.

COMENTADOR: La señora no puede tomar la sopa. *(Se encoge de hombros y gira a la izquierda. Da la espalda al público.)*

LA MUJER: *(Enfadada.)* ¡No puedo tomar la sopa!

COMENTADOR: *(Gira a la derecha pisando violentamente. Cara al público.)* ¿Por qué no?

NARRADOR 2:   El cocinero prueba la sopa.

COMENTADOR: *(Finge meter un dedo en la sopa para probarla.)* No está demasiado salada.

NARRADOR 2:   El cocinero llama al dueño del restaurante.

COMENTADOR: La señora no puede tomar la sopa.

LA MUJER: ¡No—puedo—tomar—la—sopa! *(Con énfasis.)*

NARRADOR 1:   *(Finge ser el dueño.)* ¿Por qué no?

NARRADOR 2:   El dueño prueba la sopa.

NARRADOR 1:   *(Finge meter un dedo en la sopa para probarla.)* Mmm. ¡Qué rica!

LA MUJER: ¡No—puedo—tomar—la—sopa! *(Con énfasis.)*

NARRADORES Y COMENTADOR: ¿Por qué no puede usted tomar la sopa?

LA MUJER: *(Con voz exasperada.)* Porque no tengo cuchara. *(La mujer se para.)*

TODOS: Porque no tiene cuchara.

(Todos hacen una reverencia y salen.)

Writing strategy:
Making an outline

A. Empezando. Read and discuss the following composition about Madrid. The composition was written by Marisol in her Spanish class after visiting Madrid. How does she describe Madrid? Does she give enough information about the city?

> ### Madrid
>
> Madrid es la capital de España. Es una ciudad muy grande y muy hermosa. Está en el centro de España.
>
> Hay muchos lugares que visitar en Madrid, por ejemplo, la Plaza Mayor, la Puerta del Sol, la Plaza de España, el Parque del Retiro, el Palacio Real y el museo del Prado. También hay un parque de diversiones y un zoológico.
>
> A los madrileños les gusta mucho caminar por la ciudad. Por eso hay muchos parques y lindas avenidas. Por la noche, generalmente entre las 8 y las 10, la gente sale a dar un paseo. Padres e hijos, abuelos y jóvenes: todos salen a caminar por la ciudad.
>
> A los madrileños les encanta su ciudad y a los turistas también.

B. Planeando.　Now plan a composition about your hometown or a large city you have visited.　Think about what there is to see and do and what your favorite places are.　Organize your thoughts using a cluster.

C. Organizando.　Organize the information in your cluster into an outline using the categories below.　You may want to eliminate some categories or add others.

　　I.　Name of the city and one or two unique features
　　II.　Geographical location
　　III. Things to see and do
　　IV. What residents think about their city or town

CH. Escribiendo.　Use the information in your outline to write a short composition.

D. Compartiendo.　Share a draft of your composition with two class-mates.　Ask them what they think of it.　Is there anything they don't under-stand?　Is there anything you have not mentioned that they would like to know?　Do they think you should change something?

E. Revisando.　Based on your classmates' comments, rewrite your compo-sition, changing anything you want.　You may add, subtract, or reorder what you had originally written.　Before you turn it in for grading, share your composition with two other classmates.　Ask them to focus on your grammar, spelling, and punctuation.　Correct any errors they notice before you give it to your teacher.

¡Me encantó Guadalajara!

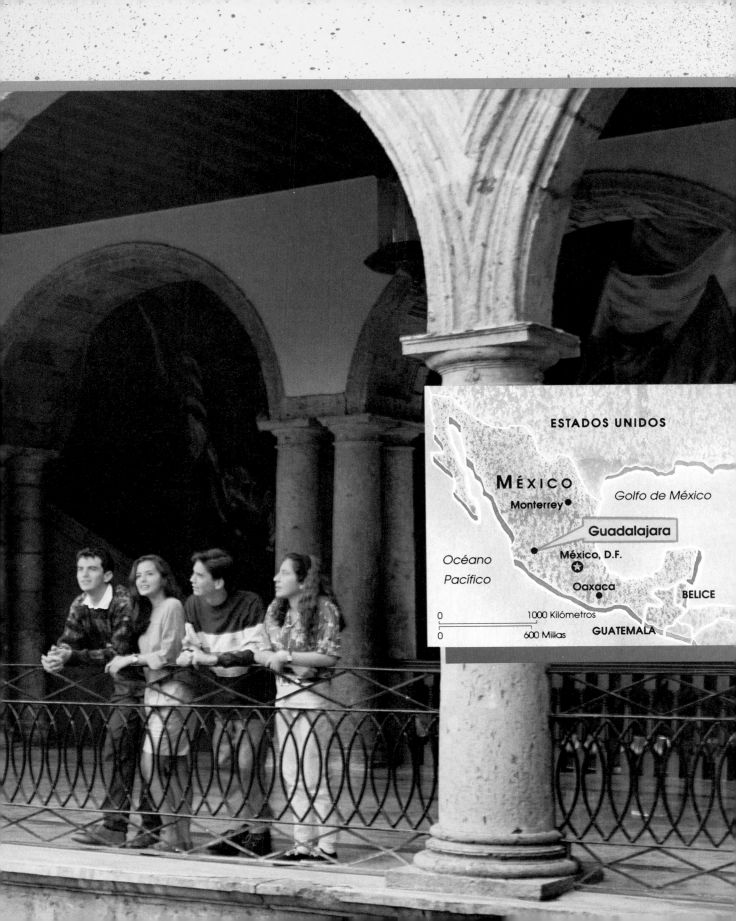

ESTADOS UNIDOS

MÉXICO

Monterrey

Golfo de México

Guadalajara

Océano
Pacífico

México, D.F.

Oaxaca

BELICE

0   1000 Kilómetros

0   600 Millas

GUATEMALA

¡Qué linda es la ciudad !

¿Qué piensas tú?

1. Mira las tarjetas de embarque. ¿Quién es la chica que acaba de llegar? ¿De dónde viene? ¿Adónde va?

2. ¿Qué crees que va a hacer allá? ¿Por qué crees eso?

3. Si ella les manda estas tarjetas postales a sus padres, ¿qué crees que les va a decir?

4. Mira las fotos. Imagina que tú eres un(a) turista. ¿A cuáles de estos lugares te gustaría ir? ¿Por qué?

5. Después de un tour por esta ciudad, ¿qué diría un turista en una carta a sus amigos o familiares?

6. En tu opinión, ¿por qué quiere una chica de Chicago viajar a México?

7. ¿De qué vas a poder hablar al final de la lección?

1

La señora Domínguez empieza a preparar la comida cuando descubre que no hay papas. Llama a su hijo y le dice:

Madre: ¡Óscar! Óscar, hijo. ¿Puedes ir a comprarme unas papas?

Óscar: Sí, mamá.

Madre: Dos kilos, ¿eh?

2

Cinco horas más tarde . . .

Madre: ¡Cinco horas! ¿Qué te pasó? Y las papas, ¿dónde están?

Óscar: ¡Ay, qué tonto soy! ¡Las papas! Perdona, mamá . . .

Madre: ¿Y el dinero? Te di un billete de cincuenta mil.

Óscar: ¿El dinero? Ah, sí, el dinero. No vas a creerme, mamá, pero . . .

3

. . . cuando salí de la casa, me encontré con Javier.

4

Fuimos al centro, donde vimos a Lilia y a su amiga, Mónica. Ellas nos invitaron a pasear por la ciudad.

5

Visitamos el Teatro Degollado.

También vimos el mural en el Palacio de Gobierno. ¡Le encantó a Mónica!

6

Luego fuimos al mercado. Las chicas pasaron mucho tiempo mirando las artesanías. Finalmente, no compraron nada.

7

Luego, fuimos a la Plaza de los Mariachis. Pedimos unos refrescos y . . . como buen caballero, yo pagué las bebidas.

8

Cuando llegaron los mariachis, les pedí unas canciones para las chicas.

Fue tan emocionante, mamá. Tocaron y cantaron tan bien que Mónica empezó a llorar. Claro . . . Javier y yo pagamos la música.

9

Por fin, acompañamos a las chicas a su casa en taxi. Y por supuesto, el taxi lo pagué yo.

10

¿El dinero? ¿Es posible, mamá? Empecé con más de cien mil pesos, y ahora sólo tengo . . . a ver, ¡cinco, diez, quince mil pesos!

¿QUÉ DECIMOS...?

Al hablar de lo que hiciste

1 ¡Saludos de México!

MÓNICA, UNA CHICA MEXICANO-AMERICANA PASA EL VERANO EN MÉXICO.

EL VUELO DE CHICAGO A LA CIUDAD DE MÉXICO FUE LARGO, PERO ME ENCANTÓ EL VUELO A GUADALAJARA. CUANDO SALIMOS DE LA CAPITAL VIMOS LOS DOS VOLCANES, POPOCATÉPETL E IZTACCÍHUATL. EL PILOTO NOS CONTÓ UNA ROMÁNTICA LEYENDA AZTECA SOBRE SU ORIGEN. EN OTRA OCASIÓN LES CUENTO LA LEYENDA.

QUERIDOS PAPÁS, ¡SALUDOS DE MÉXICO! ¿CÓMO ESTÁN TODOS? LOS EXTRAÑO MUCHO.

2 Me recibieron con rosas.

EL PRIMER DÍA LILIA Y SU MAMÁ ME RECIBIERON CON UNA DOCENA DE ROSAS. ¡IMAGÍNENSE, ROSAS! ESA NOCHE CENAMOS EN CASA. LA COMIDA MEXICANA ES RIQUÍSIMA.

ESTOY MUY CONTENTA AQUÍ CON LA FAMILIA DE LILIA. TODOS SON MUY SIMPÁTICOS.

3 Paseamos en una calandria.

¡Y ME ENCANTA GUADALAJARA! LA CIUDAD ES MUY LINDA Y HAY TANTO QUE HACER. AYER LILIA Y YO DECIDIMOS HACER UN PEQUEÑO TOUR POR LA CIUDAD. POR LA MAÑANA ELLA ME LLEVÓ AL CENTRO.

PRIMERO, PASEAMOS EN UNA CALANDRIA. (ASÍ LLAMAN A LOS COCHES DE CABALLO.) ¡QUÉ DIVERTIDO!

DESPUÉS NOS ENCONTRAMOS CON ÓSCAR Y JAVIER, LOS PRIMOS DE LILIA. ELLOS DECIDIERON ACOMPAÑARNOS AL TEATRO DEGOLLADO...

...Y AL PALACIO DE GOBIERNO, DONDE HAY UN MURAL MUY IMPRESIONANTE DE OROZCO.

4 ¡Caminamos hasta no poder más!

POR LA TARDE FUIMOS AL MERCADO LIBERTAD. ¡ES ENORME! HAY DE TODO.

CAMINAMOS Y CAMINAMOS HASTA NO PODER MÁS. VIMOS MUCHAS ARTESANÍAS MUY BONITAS, PERO ME RESISTÍ Y NO COMPRÉ NADA.

AL SALIR DEL MERCADO VI A UN VENDEDOR CON UNAS BLUSAS TÍPICAS. YA NO RESISTÍ MÁS. ME COMPRÉ UNA BLUSA HERMOSÍSIMA.

5 ¡Cantaron para nosotras!

DESPUÉS DE TANTO CAMINAR, FUIMOS A LA PLAZA DE LOS MARIACHIS. TOMAMOS UN REFRESCO Y ESCUCHAMOS LA MÚSICA.

DE REPENTE, UN MARIACHI EMPEZÓ A TOCAR Y CANTAR EN NUESTRA MESA. ¡QUÉ SORPRESA!

LOS PRIMOS DE LILIA PAGARON LA MÚSICA. ¡QUÉ SIMPÁTICOS! ¡Y ÓSCAR ES MUY GUAPO! ESPERO VERLO OTRA VEZ.

GUADALAJARA

PRONTO LES ESCRIBO MÁS. UN ABRAZO PARA TODOS DE MÓNICA.

CHARLEMOS UN POCO

A. ¿Dónde? Según Mónica, ¿dónde pasaron estas cosas: en **el Mercado Libertad,** en **el centro** o en **la Plaza de los Mariachis?**

1. Visitamos el Teatro Degollado.
2. Escuchamos a los mariachis.
3. Vimos muchas artesanías bonitas.
4. Los primos de Lilia pagaron la música.
5. Caminamos hasta no poder más.
6. Un mariachi cantó y tocó en nuestra mesa.
7. Paseamos en una calandria.
8. Tomamos un refresco.
9. Compré una blusa.

B. Ayer. Eres una persona muy curiosa. Pregúntale a tu compañero(a) qué hizo ayer.

MODELO	tomar helado	
	Tú:	**¿Tomaste helado?**
	Compañero(a):	**Sí, tomé helado.** o
		No, no tomé helado.

1. hablar por teléfono
2. comer un sándwich
3. estudiar español
4. pasear en bicicleta
5. escuchar música
6. escribir una composición
7. descansar
8. tomar un refresco
9. salir con un(a) amigo(a)
10. comprar algo nuevo

C. ¡Qué ocupada! La directora de la escuela es una persona muy ocupada. ¿Qué hizo ayer?

MODELO **A las ocho, recibió a los nuevos estudiantes.**

23 de marzo			martes
8:00 / 8:30	recibir a los nuevos estudiantes	1:00 / 1:30	Preparar un informe para los profesores
9:00 / 9:30	9:45 hablar con Nico Muñoz	2:00 / 2:30	visitar la clase de español
10:00 / 10:00	escribir una carta a los padres de los estudiantes	3:00 / 3:00	alquilar un video para la clase de biología
11:00 / 1:30	comer con la Prof. Gómez	4:00 / 4:30	salir para casa
12:00 / 2:30	llamar al Sr. Blanco	5:00 / 5:30	6:00 jugar tenis

---

Preterite tense
Singular verb endings

-ar	-er, -ir
-é	-í
-aste	-iste
-ó	-ió

¿Qué **compraste**?
No **encontré** nada.
¿Dónde **comió** Antonia?
No **salí** del trabajo hasta las 7:30.

See **¿Por qué se dice así?,**
page G83, section 6.1.

CH. Una familia muy ocupada. Pregúntale a tu compañero(a) acerca de las actividades de su familia el fin de semana pasado.

MODELO ver una película
  Tú: **¿Vieron una película?**
  Compañero(a): **Sí, vimos una película.** o
  No, no vimos una película.

1. comer en un restaurante
2. salir de la ciudad
3. correr juntos
4. pasear en el parque
5. caminar por el centro
6. hablar con los abuelos
7. comprar algo (nada)
8. preparar tacos
9. limpiar la casa
10. alquilar un video

D. Rin, rin. Suena el teléfono. Es abuelita. Quiere saber qué hicieron todos anoche. ¿Qué le dice su nieta?

MODELO hermana: salir con unos amigos
  Mi hermana salió con unos amigos.

1. papá y yo: preparar la comida
2. mamá: ayudar a Rosita
3. Beto y Memo: jugar fútbol
4. mamá y yo: decidir descansar
5. yo: estudiar para un examen
6. tía Elena: salir de compras
7. mi hermanita: llorar mucho
8. Natalia: comer pizza

E. El domingo pasado. ¿Qué hicieron estas personas el domingo pasado?

MODELO **el Sr. Muñoz**
  El Sr. Muñoz descansó.

1. Arturo y Rubén **2.** Inés **3.** la Srta. Ramos

4. Sofía y Gilberto **5.** el Sr. Gamboa **6.** Susana y Carolina

LECCIÓN 1

Preterite tense
Plural verb endings

-ar	-er, -ir
-amos	-imos
-aron	-ieron

Salieron esta mañana a las 6:00.
¿Estudiaron en la biblioteca?
No **bebimos** nada.

See **¿Por qué se dice así?,**
page G83, section 6.1.

F. Encuesta. Pregúntale a un(a) amigo(a) si le gustaron ciertas cosas.

No me gustó.	Me gustó.	Me encantó.
No me gustaron.	Me gustaron.	Me encantaron.

MODELO   Tú: **¿Te gustó el concierto en el parque?**
Compañero(a):   **Sí, ¡me encantó!** o
No, no me gustó. o
Sí, me gustó.

1. las clases de baile
2. la fiesta de *[tu amiga(o) . . .]*
3. el programa de música
4. las películas *[título]* y *[título]*
5. la exhibición de arte
6. el concierto de *[grupo]*
7. el baile
8. los videos de *[artista]*
9. la comedia del club de teatro
10. la excursión a *[lugar]*

G. ¿Adónde fuiste?   Pregúntale a tu compañero(a) si fue a varios lugares durante la semana.

MODELO   un concierto de rock
Tú: **¿Fuiste a un concierto de rock anoche?**
Compañero(a):   **Sí, fui a un concierto de rock anoche.** o
No, no fui a un concierto de rock anoche.

VOCABULARIO ÚTIL:

anoche	la semana pasada
esta mañana	el sábado pasado
ayer	el fin de semana

1. el cine
2. la biblioteca
3. un baile
4. el colegio
5. el parque
6. una clase de música
7. el gimnasio
8. una fiesta

Preterite of *ir*

fui	fuimos
fuiste	
fue	fueron
fue	fueron

See **¿Por qué se dice así?**, *page G86, section 6.2.*

Talking about the past

The preterite tense is often used with expressions such as:

esta mañana	*this morning*
ayer	*yesterday*
anoche	*last night*
la semana pasada	*last week*
el fin de semana	*the weekend*

H. Un día interesante. Ayer los turistas se pasearon por Guadalajara. ¿Adónde fueron?

MODELO   Lorenzo Martínez (9)
Lorenzo Martínez fue a la Plaza de la Liberación.

1. los señores Rivera (3)
2. Margarita Valdez (6)
3. el señor Álvarez (2)
4. Guadalupe Silva y yo (8)

5. tú (4)
6. todos (7)
7. la familia Torres (5)
8. el guía (1)

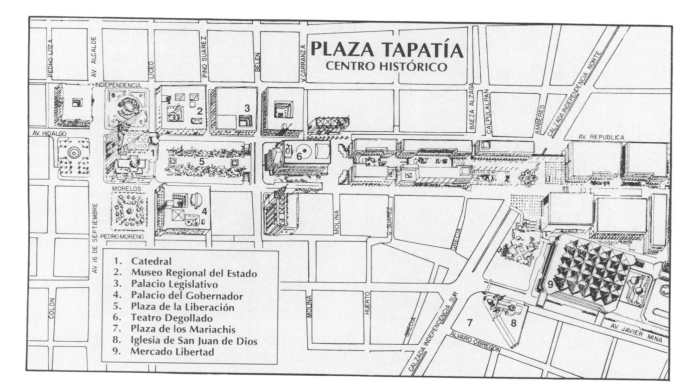

1. Catedral
2. Museo Regional del Estado
3. Palacio Legislativo
4. Palacio del Gobernador
5. Plaza de la Liberación
6. Teatro Degollado
7. Plaza de los Mariachis
8. Iglesia de San Juan de Dios
9. Mercado Libertad

CHARLEMOS UN POCO MÁS

A. ¿Estudiaste ayer?   Write eight things that you did yesterday. Tell your partner what you did and ask if he or she did the same things. Note what you both did. Be prepared to report to the class.

EJEMPLO   Tú: **Yo estudié español y vi la tele. ¿Y tú?**
Compañero(a):   **Yo vi la tele y limpié mi cuarto.**
Tú: **Los dos vimos la tele.**

B. El sábado pasado. Paco and Luis had a very busy day last Saturday. With your partner, recount their day by looking at the drawing below.

 EJEMPLO **Por la mañana Paco limpió la casa y Luis . . .**

C. ¿Viajó Ud.? What did your teacher do last summer? With a partner, prepare six to eight questions to ask your teacher about last summer. These should all be yes/no questions.

 EJEMPLO **¿Fue usted a México?**

CH. ¡A escribir! With a partner, create a children's storybook titled **La historia de Bombón.** Describe one of his many adventures as a puppy. Illustrate your story. Begin by saying: **Un día, Bombón fue a . . .**

Dramatizaciones

A. Mi telenovela favorita . . . You missed your favorite soap opera yesterday and want to know what happened. Your partner saw it, so you have lots of questions to ask. Role-play the situation.

Tú

- Ask if Carolina spoke with her boyfriend.
- Ask what they talked about.
- Ask what happened at the party.
- Find out what happened then.

Compañero(a)

- Say they spoke at her house, then they walked to school together.
- Say they talked about Víctor Mario's party.
- Say that first, Víctor Mario danced with the brunette. Then he played the guitar and sang several very romantic songs to her.
- Say you don't know because Carmen called and you talked on the phone for an hour.

B. Saludos de México. You are an exchange student in Mexico. After two days in Guadalajara, you call home to talk to your parents, but one of your brothers or sisters answers the phone. Role-play this situation.

Tú

- Say hello and ask if your parents are at home.
- Say that you are fine but that you miss the family. Ask how they are.
- Tell three or four things that you did on your first day.
- Respond that you went out. Tell where you went.
- Say that you have to leave to go somewhere. Say where.
- Promise to write. Say good-bye.

Tu hermano(a)

- Say hello. Say that your parents aren't home. Ask how your partner is.
- Respond. Ask if he or she likes Guadalajara.
- Ask if he or she went out last night.
- React.
- Tell him or her to write about everything.
- Say good-bye.

C. Entrevista. You are writing an article for the school paper, and you need to find out what the principal and his or her family did during the weekend. Role-play this situation with your partner.

¡No metas la pata!

Te invito al ballet.   Paul está visitando a su amigo Óscar en
Guadalajara. Javier los invita al ballet folklórico el sábado.

Javier:	**Óscar, Paul, fíjense. Tengo tres boletos para el ballet folklórico el sábado.**
Óscar:	**¡Fantástico! Lo vi el año pasado.**
Paul:	**Uhhh. Lo siento pero . . . uh . . . uh no puedo ir.**
Óscar:	**¿Por qué? ¿Qué vas a hacer?**
Paul:	**Pues, la verdad es que prefiero quedarme en casa.**
Javier:	**Pero hombre, no puedes visitar Guadalajara sin ver el ballet folklórico. Es famosísimo.**
Paul:	**Tal vez, pero no me gusta el ballet. No me interesan ni las bailarinas ni la música clásica.**
Javier:	**Pero, Pablo, nuestro ballet sí te va a gustar.**

▶ Why does Javier insist that Paul will enjoy the **ballet folklórico?**

1. Because he knows that the **ballet folklórico** is famous.
2. He assumes that Paul has never seen a good ballet company.
3. He realizes that Paul has a mistaken idea of what the **ballet folklórico** is.

❏ Check your answer on page 417.

Y ahora, ¡a leer!

Antes de empezar

Mira las fotos de los mariachis e indica si estos comentarios parecen ciertos
(C) o falsos **(F).** Lee la lectura y cambia, si es necesario, tus respuestas.

C   F   **1.** Los mariachis son músicos.
C   F   **2.** Los mariachis tocan y cantan música religiosa.
C   F   **3.** Los mariachis siempre son muy jóvenes.
C   F   **4.** El traje tradicional de los mariachis es más formal que el traje de los músicos de una orquesta sinfónica.
C   F   **5.** Con frecuencia los mariachis tocan en fiestas, bodas y bautismos.
C   F   **6.** La música de los mariachis es alegre y ruidosa.
C   F   **7.** El mariachi casi siempre lleva sombrero.

¡Viva el mariachi!

La música de los mariachis es, sin duda, la música nacional de México. Como los trovadores del pasado, los mariachis suelen aparecer en cualquier momento, dispuestos a serenar al público por unos cuantos pesos o, si les sonríe una chica hermosa, tocar y cantar toda la noche. Los vemos en todas partes: en fiestas, serenatas, bodas y bautismos. Su presencia basta para convertir una ocasión no especial en una fiesta improvisada.

Su música es ruidosa, rica, alegre y alborotada. Siempre crea un ambiente de fiesta y de carnaval. Las canciones de los mariachis son expresivas y están llenas de una emoción única e inolvidable.

El mariachi tradicional tiene su origen en el estado de Jalisco. Como el charro (el *cowboy* mexicano), lleva pantalones apretados, saco estilo bolero, corbata suelta y un sombrero ancho. Un cinturón, botas de cuero meticulosamente labradas y, a veces, espuelas de plata completan su traje típico.

Es interesante saber que la palabra "mariachi" no es ni de origen español ni de origen indio. ¡Es de origen francés! Según una explicación, durante la ocupación francesa, en el siglo XIX, un francés fue desesperadamente a la plaza a buscar músicos para la boda de su hija. Como no sabía español, decía *"mariage, mariage"* al llamar a los músicos mexicanos. La palabra francesa para "boda" es *mariage*. De allí, por extensión, estos músicos llegaron a llamarse "mariachis".

Verifiquemos

1. Nombra cuatro lugares donde los mariachis tocan y cantan normalmente.
2. Describe la música de los mariachis.
3. Describe el traje de los mariachis.
4. Describe las canciones de los mariachis.
5. Explica el origen de la palabra "mariachi".

¿ Qué compraste ?

Tlaquepaque,
Tierra de Artesanos

GUÍA TURÍSTICA

¿Qué piensas tú?

1. ¿Qué tipo de información hay en la guía turística?

2. ¿Qué crees que compraron los jóvenes en la foto? En tu opinión, ¿para quiénes compraron estas cosas? ¿Por qué crees eso?

3. ¿Qué artesanías son típicas de esta región de México? ¿Por qué compran los turistas estas artesanías?

4. ¿De qué están hablando los dos jóvenes en esta página? ¿Qué crees que están diciendo? ¿Por qué crees eso?

5. ¿Para qué son los anuncios? ¿Cuáles te interesan más? ¿Por qué?

6. Un(a) amigo(a) te invita a uno de los lugares mencionados. ¿Quieres ir? ¿Por qué sí o por qué no? ¿Cómo le respondes a tu amigo(a)?

7. De qué vas a poder hablar al final de la lección?

1

¡Pobre Óscar!
Ayer fue al cine, ¿y sabes a quién vio?
¡Vio a su novia Mónica con otro chico!

2

Ahora Óscar está hablando con Marisa y Javier.
Ellos también vieron a Mónica con el otro chico.

3

Óscar: ¿Quién fue ese chico?

Marisa: No sé. Yo también vi a Mónica con él. Pero no fue en el cine, fue en el mercado. Él compró una figurita de vidrio y le dio la figurita a Mónica. Fue un gesto romántico, ¿no crees?

4

Javier: Yo también los vi en el mercado.
Óscar: ¿En serio?
Javier: Sí. Mónica compró un plato de cerámica. También compró una cacatúa de papel maché. Y bueno, pues . . . ¡le dio la cacatúa al chico!
Óscar: ¡Cómo es posible! ¡Ella nunca me dio nada a mí!

5 Ay, pobre Óscar. Está tan triste. Javier y Marisa quieren ayudarlo pero no saben qué hacer.

6

Marisa: ¿Tienes planes para esta tarde, Óscar?
Óscar: No, no tengo nada que hacer. ¿Por qué?
Marisa: ¿Quieres salir con nosotros?
Óscar: Lo siento, pero estoy demasiado triste. Prefiero estar solo.
Javier: ¡Óscar, por favor! ¡Qué tonto eres! Mónica no es la única chica del mundo. Ven, vamos a tomar algo.

7

Al llegar al café, Óscar, Marisa y Javier ven a Mónica y al chico.
Marisa: Mira quién está aquí.

Mónica: ¡Óscar! Mira, te quiero presentar a mi hermano, Toño. Acaba de llegar a Guadalajara.
Óscar: ¿Tu hermano?

¿QUÉ DECIMOS..?

Al describir un viaje

1 ¿Quieren venir con nosotros?

2 ¿Recibiste mi última carta?

3 ¡Compré un montón de cosas!

VI COSAS PRECIOSAS: FIGURITAS DE VIDRIO,

COSAS DE PAPEL MACHÉ,

Y ARTÍCULOS DE PIEL.

MÁS QUE NADA ME GUSTÓ LA CERÁMICA.

COMPRÉ UN MONTÓN DE COSAS A MUY BUEN PRECIO.

ENCONTRÉ REGALOS PARA TODA LA FAMILIA. Y, ¿SABES?, A TI TE COMPRÉ UN RECUERDO MUY BONITO.

¡SÉ QUE TE VA A GUSTAR!

4 Fue imposible subir.

FUE UN DÍA ESTUPENDO. LO PASAMOS MUY BIEN—HASTA LA HORA DE REGRESAR.

AL LLEGAR AL COCHE, TRATAMOS DE SUBIR LOS CUATRO, PERO FUE IMPOSIBLE. ES QUE COMPRÉ DEMASIADAS COSAS.

ÓSCAR, EL PRIMO GUAPÍSIMO DE LILIA, Y YO DECIDIMOS REGRESAR EN AUTOBÚS—O CAMIÓN, COMO LE DICEN AQUÍ. Y ESO SÍ QUE FUE UNA AVENTURA.

NO TE PUEDES IMAGINAR LO QUE PASÓ...

CHARLEMOS UN POCO

A. ¡Me encantó Tlaquepaque!   ¿En qué orden pasaron estas cosas?

1. Después de tanto caminar, tomaron un refresco al aire libre.
2. El domingo los cuatro fueron a Tlaquepaque.
3. Óscar y Mónica decidieron regresar en autobús.
4. Mónica y Lilia aceptaron la invitación.
5. Vieron todo tipo de artesanías allí.
6. Compraron tantas cosas que fue imposible subir al coche pequeño de Javier.
7. Óscar y Javier invitaron a Mónica y Lilia a ir a Tlaquepaque.

B. ¿Contigo?   Invita a tu compañero(a) a estos lugares.

 MODELO   al cine

　　Tú:　　　　　　**¿Quieres ir al cine conmigo?**

　　Compañero(a):　**¿Contigo? ¡Claro que sí!** o **Gracias, pero tengo otros planes.**

1. a una fiesta
2. al baile
3. a la ópera
4. a un concierto de rock
5. a la biblioteca
6. a un restaurante
7. al zoológico
8. a un museo
9. a un café
10. a una discoteca

C. ¿Vamos?   ¿Cómo responden estas personas a tu invitación?

MODELO   Carlota y Pepe: jugar tenis

　　Tú:　　　　　　**¿Les gustaría jugar tenis?**

　　Compañero(a):　**¡Cómo no! Nos encantaría.** o **Gracias, pero no podemos.**

1. Samuel y Mateo: ver un video
2. Ramona: cantar con la banda
3. Toni: salir esta noche
4. Jesús y Héctor: ir al cine
5. Fito: tomar un helado
6. Andrés y Jacobo: correr en el parque
7. Lina y Yolanda: escuchar música en casa
8. Carla: ir de compras
9. Hugo y María: venir a casa a comer
10. Elsa: tomar una clase de gimnasia

Conmigo / contigo

In order to express the idea of doing something *with* someone, use the following:

*conmigo
*contigo
　con usted / él / ella
　con nosotros(as)
　con ustedes / ellos / ellas

Ellos van **contigo,** ¿verdad?
No, van **con ustedes.**

*Note the special forms for **mí** and **ti.**

Extending, accepting, or declining an invitation

Extending an invitation:
　¿Quieres ir conmigo?
　¿Te gustaría ir a . . . ?

Accepting an invitation:
　¡Claro que sí!
　¡Me encantaría!
　¡Cómo no!

Declining an invitation:
　Gracias, pero tengo otros planes.
　Gracias, pero no puedo.

CH. ¿Qué hicieron? No fuiste a la fiesta de tu clase de español anoche. Pregúntale a un(a) compañero(a) qué hicieron en la fiesta.

 EJEMPLO   tus amigos . . . y . . .
 Tú: **¿Qué hicieron . . . y . . .?**
 Compañero(a): **Comieron muchos tacos.**

VOCABULARIO ÚTIL:

hacer la comida
comer muchos tacos
aprender un baile
  nuevo
bailar con todos
recibir a los invitados

cantar mucho
saludar a todos
tomar mucha
  limonada
no hacer nada
¿ . . . ?

1. el (la) profesor(a)
2. tú y . . .
3. un(a) amigo(a)
4. . . . y . . .
5. tú
6. todos
7. el (la) director(a)
8. los padres

Preterite of _hacer_

hice	hicimos
hiciste hizo	hicieron
hizo	hicieron

¿Qué **hicieron** ustedes?
No **hicimos** nada.

¿Qué **hiciste** tú?
Jugué tenis.

See **¿Por qué se dice así?,**
page G87, section 6.3.

TEATRO DEGOLLADO
125 Aniversario
Opera

Filarmónica
DE JALISCO

CARMEN

Bizet

11 y 13 abril   20:30 Hrs.

Director:
José Guadalupe Flores

Abonos y boletos en Av. Juárez 638, Altos del Ex-convento del Carmen.
Informes en los Tels. 17-43-22, Ext. 51, 17-67-34 y 13-20-24.

LECCIÓN 2

D. ¿Y tú?   Pregúntale a tu compañero(a) qué hicieron estas personas ayer.

 MODELO   Sara

Tú: **¿Qué hizo Sara ayer?**
Compañero(a): **Fue al cine.**

MODELO   **1.** nosotros   **2.** Elena y Carmen

3. tú   **4.** yo   **5.** ustedes

E. ¿Te gustó?   Tú y tu compañero(a) están hablando de sus actividades. ¿Qué dicen?

 EJEMPLO   la exhibición de arte

Tú: **¿Te gustó la exhibición de arte?**
Compañero(a): **Fue interesante.**

la película de anoche	interesante
las fiestas	aburrido
el concierto de rock	fácil
la boda	difícil
los bailes del colegio	divertido
la exhibición de arte	emocionante
la clase del profesor . . .	impresionante
los exámenes	agradable
	cómico
	romántico
	bueno
	malo

Preterite of *ser*

fui	fuimos
fuiste	
fue	fueron
fue	fueron

La fiesta **fue** muy divertida.
Nosotros **fuimos** los primeros en
llegar.

See **¿Por qué se dice así?,**
page G87, section 6.3.

F. ¿Quién fue? Tres compañeros de clase le mandaron rosas al (a la) profesor(a). ¿Quiénes fueron? Pregúntales a tus compañeros.

MODELO Tú: **¿Fuiste tú?**
Compañero(a): **No, no fui yo.** o
Sí, fui yo.

Preterite of dar

di	dimos
diste	
dio	dieron
dio	dieron

Nosotros le **dimos** dos libros.
¿Qué le **diste** tú?

See **¿Por qué se dice así?,**
page G87, section 6.3.

G. ¡Regalos! Ayer fue el cumpleaños de Susana. ¿Qué le dieron sus amigos y su familia?

MODELO Beto y Alicia
Beto y Alicia le dieron un libro.

1. su papá   **2.** sus abuelos   **3.** yo   **4.** Elena

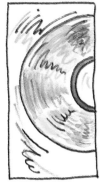   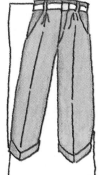

5. tú   **6.** Guillermo   **7.** nosotros   **8.** sus hermanas

H. Programas favoritos. Pregúntales a cinco compañeros de la clase qué programas de televisión vieron anoche.

MODELO Tú: **¿Qué viste anoche?**
Compañero(a): **Vi . . .** o
No vi televisión anoche.

Preterite of ver

vi	vimos
viste	
vio	vieron
vio	vieron

¿**Viste** la nueva película?
Sí, la **vi.**

See **¿Por qué se dice así?,**
page G87, section 6.3.

CHARLEMOS UN POCO MÁS

A. El cine. Below is a list of eight popular movies. Identify them. Then, in groups, ask your classmates if they saw these movies. Note the names of who saw which films.

 EJEMPLO Tú: **¿Viste *Batman eternamente?***
Compañero(a): **No, pero vi *Pocahontas.***

Pocahontas	Parque Jurásico	Batman eternamente
La guerra de las galaxias	La bella y la bestia	Congo
Lo que el viento se llevó	El mago de Oz	El rey león

PELIGRO INMINENTE

Máxima calidad de imagen y sonido para vivir, junto a Harrison Ford, la más peligrosa lucha contra el narcotráfico.

Tom Hanks is Forrest Gump

Forrest Gump

La película de los seis Óscars merece ser disfrutada, también en el salón de su hogar, con el máximo realismo.

Mentiras Arriesgadas

Los efectos especiales de esta trepidante película de acción le parecerán más espectaculares que nunca si los disfruta con el LaserDisc.

B. ¡Yo fui el príncipe! Last night your Spanish class performed a version of **La Cenicienta** at your school's open house. You and your partner are trying to reconstruct the program. Tell who played each part. Two boys and five girls participated.

 EJEMPLO **Eileen fue el hada madrina.**
Jackie fue una hermanastra.

C. ¡Está furioso! Your teacher is furious because last night no one did the homework assignment. With a partner, tell what excuses eight classmates (including the two of you) gave for not doing the work.

 EJEMPLO **Bob y Rick no hicieron la tarea porque fueron al cine.**

CH. Le dio flores. Write a list of gifts that you gave to your family and friends last year. Then, in groups, compare lists and report to the class any gifts that more than two of you gave. Tell who received the gifts.

EJEMPLO   Tú: **¿A quiénes les diste regalos?**
              Compañero(a): **Le di una foto a Lee y a mi tía le di . . .**

D. ¿Qué necesitamos hacer? Your parents were gone all day and left a list of chores for you and your brother or sister. Each of you has done some of the chores, but not all of them. Using the lists your instructor provides, ask your partner what he or she has done in order to find out what still needs to be done. Do not look at each other's lists.

EJEMPLO   Tú: **¿Alquilaste un video?**
              Compañero(a): **No, no alquilé un video.**

- limpiar tu cuarto
- darle de comer al perro
- prepararle la comida a tu hermano
- ir al correo
- limpiar el baño
- comprar comida para el perro
- hacer la tarea
- alquilar un video
- visitar a Abuelo
- trabajar en el patio

E. ¿Qué hicieron? Your teacher will provide you and your partner with an activity chart. The drawings on the chart represent what five students, including yourself, did last Saturday. With your partner, figure out who did exactly the same things each of you did by asking each other questions.

EJEMPLO   Compañero(a): **¿Quién bailó?**
              Tú: **Alberto y Ramona bailaron.**
              Compañero(a): **¿Alguien más?**
              Tú: **Sí, Cruz también bailó.**

Dramatizaciones

A. ¿Qué pasa? You and your partner are talking about school and activities. Role-play this conversation.

Tú	**Compañero(a)**
■ Ask your partner if his or her math teacher gave an exam yesterday.	■ Answer yes. Say that it was easy.
■ Say that Greg says it was hard.	■ Say that Greg always says that exams are hard.
■ Ask if your partner went to the concert last night.	■ Answer yes. Say who went with you.
■ Ask if your partner enjoyed it.	■ Answer that you loved it.
■ Ask where he or she is going now.	■ Answer and ask your partner if he or she wants to go with you.

B. ¡Mira lo que compré! You and two friends run into each other in a café after each having been on a shopping spree. Two of you have lots of packages. Role-play the situation as you talk about . . .

- where you went.
- the things you bought.
- the price.
- the things you saw but didn't buy.

C. ¿Qué película viste? With your partner, discuss a movie that both of you saw recently. Find out . . .

- when your partner saw it.
- if he or she liked it.
- why he or she did or did not like it.
- where he or she saw it.
- with whom he or she saw it.

IMPACTO
CULTURAL

¡No me digas!

¡Huy, qué caro!   Al salir del Mercado San Juan de Dios, Paul se encuentra con su amigo Javier. Lee su conversación con Javier y luego contesta la pregunta.

Javier: **¡Hola, Pablo! Pero, hombre, parece que compraste todo el mercado.**

Paul: **Tienes razón, Javier. Pero no es todo para mí. Compré varios regalos para mi familia.**

Javier: **A ver, ¿qué compraste? Ah, ¡qué bonitos! Me gusta el gato de papel maché. ¿Fue caro?**

Paul: **¡No, al contrario! Me costó solamente sesenta pesos.**

Javier: **¿Sesenta pesos? Es mucho, ¿no crees?**

Paul: **Pues, primero el vendedor me pidió noventa pesos. Yo le ofrecí sesenta y lo aceptó en seguida. Creo que es muy buen precio.**

Javier: **Hmmm. No estoy convencido. Alguien te dio gato por liebre aquí.**

Why does Javier react the way he does?

1. He obviously doesn't like the cat.
2. He thinks Paul paid too much for the cat.
3. Javier is offended that Paul didn't buy him a gift.

❏ Check your answer on page 417.

Y ahora, ¡a leer!

Antes de empezar

Complete the statements that follow to find out how much you know about mural art. If you don't know the correct answer, make a reasoned guess. After you have read the selection, re-read your answers to see if you would change any of them.

1. Un mural es . . .
  a. una pintura hecha o aplicada sobre una pared.
  b. una pintura más grande que una pared.
  c. una pintura en una ventana.
  ch. una pintura en un almacén.

2. Los primeros muralistas probablemente fueron . . .
  a. franceses e italianos.
  b. ingleses.
  c. maya y aztecas.
  ch. artistas mexicanos del siglo XX.

3. Por lo general, los muralistas pintan . . .
  a. temas religiosos.
  b. temas clásicos.
  c. con colores brillantes.
  ch. sólo en blanco y negro.

4. En Estados Unidos . . .
  a. no hay muralistas.
  b. hay murales en muchos lugares.
  c. es ilegal pintar un mural en una pared.
  ch. todos los muralistas son mexicanos.

Verifiquemos

Despúes de leer el artículo sobre José Clemente Orozco, contesta las preguntas.

1. ¿Qué es un mural? ¿Cuál es el origen de los murales en México?
2. ¿Quiénes son los muralistas contemporáneos más conocidos?
3. Describe un elemento de los murales de José Clemente Orozco.
4. ¿Hay murales en tu comunidad? Si los hay, descríbelos y di dónde están.
5. Selecciona uno de los murales e interprétalo.

El muralista José Clemente Orozco

*E*l arte de los murales, es decir de las pinturas hechas o aplicadas sobre un muro o pared, es una de las contribuciones más importantes que ha hecho México al arte contemporáneo. El mural es un arte que tiene su origen en tiempos precolombinos, con los impresionantes murales de los mayas y los aztecas, y que florece en este siglo durante la Revolución de 1910. Como la Revolución, el arte muralista es de carácter nacionalista, vigoroso y explosivo, con colores brillantes y temas sociopolíticos.

*L*os tres artistas sobresalientes del movimiento muralista son, sin duda, Diego Rivera (1886-1957), David Alfaro Siqueiros (1899-1974) y José Clemente Orozco (1883-1949). Frecuentemente considerado el mejor de los tres, Orozco fue un satirista sin igual, en particular cuando sus murales trataban temas sociopolíticos.

*L*os murales de Orozco son notables por lo universal de sus temas. A pesar de ser muy nacionalista y de pintar temas mexicanos, Orozco va más allá de lo mexicano en sus murales y su mensaje tiene significado para todos.

*E*ntre 1927 y 1934, Orozco vivió en Estados Unidos. Durante su estadía aquí, pintó murales en Pomona College en California, en la Universidad de Dartmouth en New Hampshire, y en la New York School for Social Research en Nueva York.

*P*robablemente uno de los mejores murales de Orozco es el que está en el Hospicio Cabañas, en Guadalajara. Allí se ve la verdadera fuerza de su arte: denuncia la manipulación política contrastando severamente los colores rojo y negro.

LECCIÓN 3

¿Qué pasó?

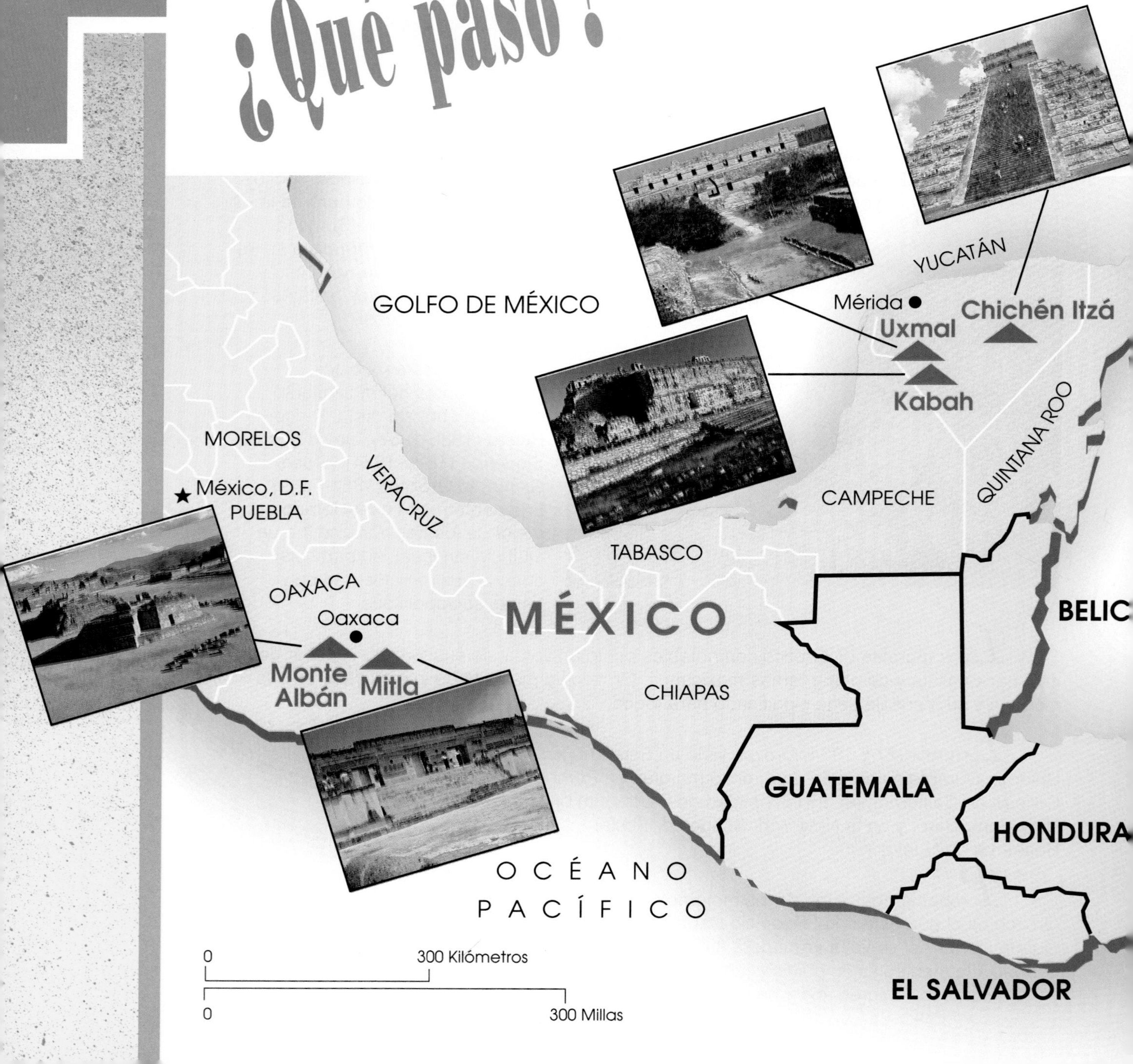
GOLFO DE MÉXICO
YUCATÁN
Mérida
Chichén Itzá
Uxmal
Kabah
QUINTANA ROO
MORELOS
México, D.F.
PUEBLA
VERACRUZ
CAMPECHE
TABASCO
OAXACA
Oaxaca
MÉXICO
BELIC
Monte Albán
Mitla
CHIAPAS
GUATEMALA
HONDURA
OCÉANO PACÍFICO
0
300 Kilómetros
0
300 Millas
EL SALVADOR

Agencia de Viajes Amalia Portillo

Porfirio Díaz Nº. 858   México, D.F.

Nombre: Familia Gabriel Orozco   **Viaje:**   2 de julio al 17 de julio
Número de pasajeros: 4   **Hotel:**   ****

Itinerario

12 de julio	17,20	Llegada a Oaxaca
		Alojamiento: Hotel Señorial
13 de julio	8,00	Desayuno
	9,00	Autobús a Monte Albán
		Almuerzo: sándwiches
	16,30	Regreso a Oaxaca
		Cena: libre
14 de julio	8,00	Desayuno
	9,00	Autobús a Mitla
		Almuerzo: sándwiches
	16,30	Regreso a Oaxaca
		Cena: libre
15 de julio	7,30	Desayuno
	8,30	Taxi al aeropuerto
	12,30	Llegada a Mérida
		Tarde: libre
16 de julio	8,00	Desayuno
	9,00	Autobús a Uxmal y Kabah
		Almuerzo: Rancho Herrera
	16,30	Regreso a Mérida
	20,00	Cena: Hotel Las Hamacas
17 de julio	8,00	Desayuno
	9,00	Autobús a Chichén Itzá
		Almuerzo: sándwiches
	16,30	Regreso a Mérida
	20,00	Cena: libre
18 de julio	7,30	Desayuno
	8,30	Taxi al aeropuerto
	13,30	Llegada a México, D.F.

¿Qué piensas tú ?

1. ¿Qué información hay en el itinerario?

2. ¿Qué hicieron los Orozco el segundo día? ¿El sexto día?

3. ¿Qué partes de México visitaron? ¿Puedes encontrar esos lugares en el mapa?

4. Estudia los nombres en el mapa. ¿Cuáles crees que son de origen español? ¿De qué origen son los otros?

5. ¿Crees que hubo una sola cultura indígena en México o hubo varias? ¿Por qué crees eso?

6. Dile a la clase todo lo que sabes de las antiguas culturas indígenas mexicanas. ¿Qué sabes de las culturas indígenas contemporáneas en México?

7. ¿De qué vas a poder hablar al final de la lección?

UNA LEYENDA AZTECA

1

A unos veinticinco kilómetros de la Ciudad de México, hay dos volcanes, Popocatépetl e Iztaccíhuatl. Una leyenda azteca explica su origen.

2

Cuando nació Iztaccíhuatl, su padre, el rey de los aztecas, dijo, "Mi hija es la joya más preciosa del mundo".

3

Dieciocho años más tarde, durante una guerra, el rey se enfermó y no pudo dirigir a sus soldados.

7

Popocatépetl se fue a la guerra, donde luchó valientemente. Por fin, conquistó a los enemigos del rey.

8

Pero ese día, un hombre malo vino al palacio del rey. Iztaccíhuatl le preguntó, "¿Qué pasó en la batalla de hoy?" Él le dijo, "Popocatépetl murió hoy en manos del enemigo". La princesa se puso tan triste que se enfermó . . . y murió.

4

Entonces el rey tuvo que buscar un soldado fuerte y valiente para poner a cargo de sus soldados. Desafortunadamente, no pudo encontrarlo.

5

Entonces el rey declaró, "Al soldado que conquiste a mis enemigos le daré mi trono y mi hija".

6

Un joven soldado desconocido dijo, "Yo soy Popocatépetl, el soldado más fuerte y valiente de toda la tierra. Yo voy a conquistar a los enemigos de mi rey". Iztaccíhuatl se enamoró de Popocatépetl inmediatamente.

9

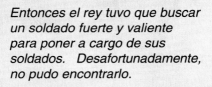

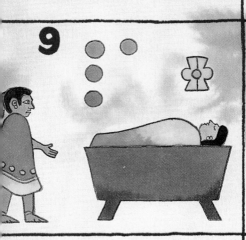

Cuando Popocatépetl regresó victorioso a la ciudad, le dijeron de la muerte de su querida Iztaccíhuatl.

10

El joven Popocatépetl construyó una pirámide donde puso a descansar a la princesa. Al lado construyó una segunda pirámide para proteger a Iztaccíhuatl.

11

Los dioses por compasión convirtieron las dos pirámides en volcanes. Desde entonces, Popocatépetl e Iztaccíhuatl duermen a poca distancia de la capital.

¿QUÉ DECIMOS...?

Al describir una aventura

1 *Tuvimos que regresar en camión.*

2 *No le dije nada a Óscar.*

3 ¡Cuéntame!

4 ¡Es como Popocatépetl!

A. ¿Cierto o falso?   Indica si lo siguiente es cierto o falso. Si es falso, corrígelo.

1. No pudieron subir todos al coche.
2. Óscar y Javier tuvieron que regresar en camión.
3. No tuvieron problemas.
4. Mónica y Óscar tuvieron que esperar el autobús.
5. Hay muchos camiones que pasan por Tlaquepaque.
6. Al salir de la tienda, Mónica no vio a Óscar.
7. Mónica decidió comprar otro regalo.
8. Óscar y Mónica vinieron en el mismo autobús.

B. ¡Buenas excusas!   Nadie fue al concierto. ¿Por qué?

MODELO   Javier: hablar por teléfono toda la noche
   **Javier no pudo ir porque habló por
   teléfono toda la noche.**

1. los López: salir con otra familia
2. yo: decidir alquilar un video
3. Manuel: trabajar con su papá
4. tú: ir de compras
5. papá: trabajar cuatro horas
6. ustedes: ir al cine
7. Sonia: salir a comer
8. tú y yo: limpiar la casa

C. ¡No tuvimos tiempo!   Todos tenemos buenas intenciones pero no siempre hacemos lo que queremos hacer. ¿Qué cosas no tuvieron tiempo de hacer estas personas?

MODELO   Javier
   Javier no tuvo tiempo de ver el programa.

MODELO

1. Ernesto

2. yo

3. Andrés y yo

4. tú y Carla

5. Juana y María

Preterite of *poder*

pude	pudimos
pudiste pudo	pudieron
pudo	pudieron

¿**Pudo** ayudarte Javier?
Los niños no **pudieron** ir.

See **¿Por qué se dice así?**,
page G91, section 6.4.

Preterite of *tener*

tuve	tuvimos
tuviste tuvo	tuvieron
tuvo	tuvieron

No **tuve** bastante dinero.
¿Ustedes **tuvieron** que ir?

See **¿Por qué se dice así?**,
page G91, section 6.4.

CH. ¿Por qué no? Pregúntale a tu compañero(a) por qué no hizo estas cosas anoche.

MODELO hacer la tarea
           Tú: **¿Por qué no hiciste la tarea?**
           Compañero(a): **No pude hacer la tarea**
                                 porque tuve que . . .

1. ver televisión
2. practicar el piano
3. estudiar para un examen
4. escribir la composición
5. limpiar tu cuarto
6. ir a la fiesta de . . .
7. leer el libro de historia
8. salir con nosotros
9. llamar a un amigo
10. pasear en bicicleta

D. ¿Por qué no fueron? Pregúntale a un(a) compañero(a) por qué no fueron estas personas a la fiesta anoche.

 MODELO Roberta: estudiar
           Tú: **¿Por qué no fue Roberta a la**
                              fiesta anoche?
           Compañero(a): **No fue porque tuvo que estudiar.**

1. Carlos: leer un libro
2. tú: escribir una composición
3. tus amigos: ir a otra fiesta
4. Elena: trabajar con su padre
5. los otros estudiantes: estudiar para el examen de matemáticas
6. la directora: hablar con los padres de un estudiante
7. tú y Mateo: preparar la comida
8. Ana: limpiar la casa
9. Nicolás: estar en casa con su hermano

E. ¿Con quién viniste? El baile de la escuela fue el viernes pasado. ¿Quién vino con quién?

MODELO Sarita y su mamá
           Sarita vino con su mamá.

1. José Antonio y Susana
2. los futbolistas y el director
3. los señores Medina y los García
4. Jorge y Nena
5. el profesor López y su señora
6. los hermanos Muñoz y yo
7. la Srta. Guillén y su novio
8. Alicia y tú

Preterite of *venir*

vine	vinimos
viniste / vino	vinieron
vino	vinieron

Yo **vine** sola.
¿**Vinieron** todos los invitados?

See **¿Por qué se dice así?,** *page G91, section 6.4.*

Medios de transporte

en auto/coche/carro
en autobús/bus
en avión
en bicicleta
en calandria
en motocicleta/moto
en tren
a pie

Preterite of *decir*

dije	dijimos
dijiste	
dijo	dijeron
dijo	dijeron

No **dijo** la verdad.
¿Qué **dijeron** sus padres?

See **¿Por qué se dice así?**,
page G91, section 6.4.

F. Aniversario. ¿En qué tipo de transporte vinieron los invitados a celebrar el aniversario de tus padres?

MODELO Norma
Norma vino en bicicleta.

1. Inés   **2.** Luis y Luz   **3.** yo   **4.** los Méndez

5. tú   **6.** nosotras   **7.** ustedes   **8.** Samuel

G. ¡Exageraciones! ¿Cuánto saben tus compañeros de ti? Di dos o tres cosas que hiciste, unas ciertas y otras falsas. Tus compañeros tienen que decidir si dijiste la verdad o no.

EJEMPLO Tú: **Ayer comí una pizza grande. ¿Dije la verdad?**
Clase: **Sí, dijiste la verdad.** o
No, no dijiste la verdad.

H. ¡Dijeron que sí! Pregúntales a tres compañeros de clase si hicieron estas cosas durante el fin de semana. Luego dile a la clase qué dijeron todos.

EJEMPLO limpiar la casa
Tú: **¿Limpiaste la casa?**
Compañero(a):   **Sí, limpié la casa. ¿Y tú?**

1. ver un video   **4.** ir al cine
2. escribir una carta   **5.** comer en un restaurante
3. hacer la tarea   **6.** salir con unos amigos

I. **¿Qué hubo?**   Tu amigo fue a otra ciudad la semana pasada. Dile lo que pasó en tu ciudad en su ausencia.

MODELO   una boda muy grande
Hubo una boda muy grande.

1. una fiesta en casa de . . .
2. un concierto de rock
3. un accidente de coches muy serio
4. una exhibición de arte moderno
5. un baile en la escuela
6. unos programas culturales en el centro de la ciudad
7. una exhibición de coches antiguos
8. un carnaval para los niños

Hubo: **The preterite of** *hay*

Hubo is both singular and plural. It means *there was* or *there were*.

Hubo un concierto excelente.
Hubo varios problemas.
No **hubo** buenas fiestas este verano.

CHARLEMOS UN POCO MÁS

A. ¡Imposible!   Marta and Estela are recounting to their friend Mario how they saw him with another girl. With your partner, decide what they said.

B. **¿Qué hicieron?** Form groups of three or four. Your teacher will give you exactly four minutes to write down as many things as you can that members of your group did last week. Each activity that you list must include *who* did it and *what* they did.

EJEMPLO   **Jack fue al cine con su familia.**
          Nancy y Clara jugaron fútbol.

C. **¿Viniste . . . ?** To find out more about your classmates, use the interview grids provided by your teacher. Find a classmate who fits each of the categories listed. When you find a person matching one of the categories, have him or her sign your paper in the appropriate square. Remember that each classmate may only sign one of your squares.

CH. **¿Qué hiciste tú?** In groups of four, discuss what each of you did last week. Find one thing that you did that the other three did not. Also try to discover one thing that the others did that you did not. Write down your findings.

Dramatizaciones

A. **¿Adónde fuiste?** On your way to school, you run into somebody you haven't seen for a while. Role-play the situation.

Tú	**Compañero(a)**
■ Greet each other; then ask what's new.	■ Say that a relative (specify who) is visiting your family.
■ Find out when the relative came to visit.	■ Say when, and add that your relative celebrated his or her birthday last week. Tell how old he or she is.
■ Respond.	■ Mention that you went shopping yesterday.
■ Ask where your friend went shopping and what he or she bought.	■ Tell where you went shopping and what you bought.

B. **¿Qué pasó?** A friend who has been ill has called you on the phone to find out what happened at school today. Role-play this conversation.

C. **El "mall".** You spent the whole day at the mall yesterday. You saw several interesting things that you are now dying to tell your best friend. Role-play the conversation with your partner.

LEAMOS AHORA

Reading strategy:
Identifying the main idea

A. Anticipemos. In the previous lesson you read about the Mexican muralist, José Clemente Orozco. In this lesson you will read about another great Mexican artist, Diego Rivera. But before you read about him, think about what characteristics a person needs to become a great artist. Read the statements that follow about great artists and indicate in the first column if in your opinion they are **cierto (C)** or **falso (F)**. Then read the selection on **Diego Rivera** and come back and indicate the author's opinion in the third column. Did your opinions differ from those of the author?

MI OPINIÓN	Características de un gran artista		OPINIÓN DEL AUTOR	
	Para ser un gran artista es necesario...			
C F	1. conocer el mundo.		C	F
C F	2. tener una vida muy interesante.		C	F
C F	3. tener grandes aventuras y hacer descubrimientos maravillosos.		C	F
C F	4. comunicar con todas las cosas: las plantas, los animales, las personas, las nubes...		C	F
C F	5. saber crear un nuevo mundo.		C	F

B. La idea principal. In *Unidad 4* of *¡Dime Algo!* you learned that it is important to identify the main idea expressed by the author, and that often the main idea of the reading is expressed in the title. You also learned that the main idea expressed in a given paragraph is stated in the first two or three sentences of that paragraph.

1. **Title.** Look at the title of this reading and write down two things that you think you will learn. Come back to what you wrote after you have done the reading and see if you predicted correctly or not.

2. **Paragraphs.** Now read the main ideas in the list that follows. Then scan the first two or three sentences of each of the four paragraphs of the reading to find the main ideas. Match the main ideas listed below with the appropriate paragraphs. Work *very quickly*. Do not read every word at this point.

Número de párrafo

1. Diego Rivera, de niñez a juventud.
2. Los artistas se interesan en todo, por eso, sus vidas nunca son aburridas.
3. Diego Rivera, de la Revolución hasta la muerte.
4. Las variadas experiencias en la vida de este artista tienen una influencia muy positiva en su arte.

C. Diego Rivera. Now read the article before you answer the **Verifiquemos** questions.

DIEGO RIVERA

Fragmentos de la presentación y texto crítico de Luis Rius

Casi siempre los artistas han tenido una vida muy interesante. Para hacer su trabajo, necesitan conocer el mundo con todo lo que tiene; por esta razón, sus vidas están llenas de aventuras y descubrimientos maravillosos. Los tienen casi todos los días porque son muy mirones.* Se fijan* tanto en las cosas que aprenden a hablar en secreto con ellas y descubrir el misterio de sus formas y colores. Nada perdonan: se comen con los ojos a la gente, a los floreros,  a los pájaros, a los bosques, al cielo... Luego, todo eso lo pintan y entonces todo vuelve a nacer otra vez. Se crea* un mundo nuevo.

Vamos a entrar ahora en el mundo de uno de los mejores artistas mexicanos. Te vas a dar cuenta* inmediatamente de que varias de sus obras* son muy distintas;* éstas cambian porque son de diferentes épocas y porque nacen de distintas experiencias del autor.

¿Cómo fue la vida de Diego Rivera? Nació en diciembre de 1886 y sus padres le dieron el nombre Diego María Concepción Nepomuceno Estanislao Rivera Barrientos Acosta y Rodríguez. Entre 1907 y 1909 estudió en España y viajó por Francia, Bélgica, Holanda e Inglaterra.

Después de un breve* regreso a México, en 1910, cuando presenció el inicio de la Revolución Mexicana, Diego Rivera volvió a Europa donde se quedó estudiando hasta 1921 cuando regresó a México. El artista colaboró al producir una pintura novedosa,* los murales. Aprovechó el espacio de los muros* de edificios públicos, pensando en toda la gente y no sólo en los que pueden comprar cuadros y guardarlos* en su casa. Cuando murió, en noviembre de 1957, en México, dejó sin terminar una parte muy rica de su obra.

---

miran mucho
miran y examinan

se produce

vas a ver
pinturas
diferentes

no muy largo

nueva
paredes

tenerlos

Patricia Guadalupe, la niña de la paz,* 1954. Óleo sobre tela.

período de tranquilidad y calma

Diego Rivera fue un excelente retratista* y colorista. En este hermoso retrato, el artista hace dominar el azul claro y profundo de los ojos de la niña en el cuadro: en el vestido, en las medias, en el fondo y en las flores. ¿Qué crees que significa la paloma blanca?

artista que pinta a personas

Detalle del mural Las eras, 1923-1928. Pintura al fresco.

De 1923 a 1928 Diego realizó* su obra mural más extensa: decoró los muros de la recién creada Secretaría de Educación Pública con imágenes llenas de significado,* como la de estos campesinos.* ¿En EE.UU. trabajan los niños con sus padres como este niño?

completó

simbolismo; trabajadores

Verifiquemos

1. Mira las cinco características de un gran artista mencionadas en **Anticipemos.** ¿Tiene Diego Rivera todas esas características? ¿Puedes encontrar ejemplos en la lectura de cada una de las cinco características?

2. Completa este diagrama Venn al comparar *Patricia Guadalupe, la niña de la paz* con el detalle del mural *Las eras.* ¿Qué tienen en común estas dos obras de Rivera? ¿Cómo son diferentes?

Patricia Guadalupe
1. . . .
2. . . .

Patricia/
Las eras
1. . . .
2. . . .

Las eras
1. . . .
2. . . .

ESCRIBAMOS UN POCO

Writing strategy:
Writing a free-form poem

A. Planeando. Sandra Alemán found a fun way to write a self-portrait in the form of a poem. Read her poem below and notice the form she used. Make a list of the elements she included. What do you think she did before she actually began to write her poem?

¿Quién soy?

Soy una chica única.
No soy ni **A**lta ni baja.
Mis amigos dice**N** que soy cómica.
Pero no creo que es ver**D**ad.
Tengo dos hermanos y una he**R**mana.
Tengo un gato y un perro t**A**mbién.

Me gust**A** leer, cantar y bailar.
No me gusta ni cocinar ni arreg**L**ar mi cuarto.
Quiero ser profesora de **E**spañol.
Estudio **M**ucho en mis clases.
Me encant**A** viajar.
Te**N**go dieciséis años.

¿Quién soy? ¡Soy **SANDRA ALEMÁN**!

B. Empezando.   Brainstorm all the things you might want to say about yourself. It might be helpful to make a cluster diagram of your list under topics such as: what I look like, my personality, my friends, my family, my likes and dislikes, what I want to do, etc.

C. Escribiendo.   Now write a self-portrait poem about yourself. Begin and end your poem the way Sandra began and ended hers.

CH. Compartiendo.   Share the first draft of your poem with two classmates. Ask them what they think of it. Is there anything they don't understand? Is there anything you have not mentioned that they would like to know? Do they think you should change something?

D. Revisando.   Based on your classmates' comments, rewrite your poem, changing anything you want. You may add, subtract or modify what you had originally written. Before you turn it in for grading, share your composition with two other classmates. Ask them to focus on your grammar, spelling and punctuation. Correct any errors they notice before turning it in to your teacher.

E. Publicando.   Prepare your poems for "publication" by writing them on large pieces of paper using your favorite colors. You may even want to mount them on cut-out silhouettes of yourself or something you mentioned in your poem.

¡Vamos al partido!

Alabama

Georgia

⭐ Tallahassee

Océano
Atlántico

Orlando ●

FLORIDA

Golfo de México

Miami ●

0   200 Kilómetros

0   200 Millas

¡Va a meter un gol!

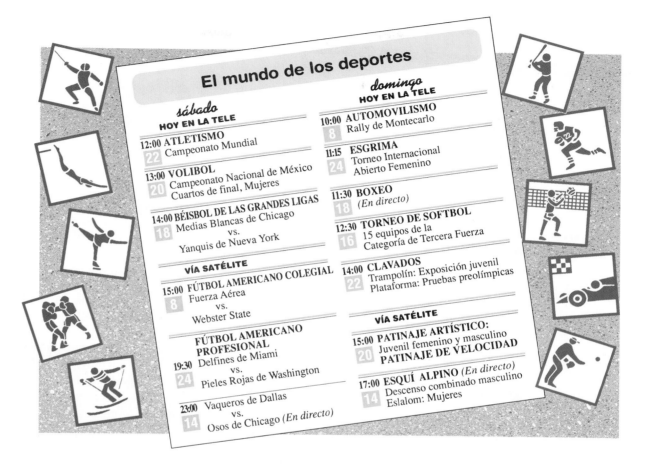

El mundo de los deportes

sábado
HOY EN LA TELE

12:00 ATLETISMO
22 Campeonato Mundial

13:00 VOLIBOL
20 Campeonato Nacional de México
Cuartos de final, Mujeres

14:00 BÉISBOL DE LAS GRANDES LIGAS
18 Medias Blancas de Chicago
vs.
Yanquis de Nueva York

VÍA SATÉLITE

15:00 FÚTBOL AMERICANO COLEGIAL
8 Fuerza Aérea
vs.
Webster State

FÚTBOL AMERICANO PROFESIONAL
19:30 Delfines de Miami
24 vs.
Pieles Rojas de Washington

23:00 Vaqueros de Dallas
14 vs.
Osos de Chicago (*En directo*)

domingo
HOY EN LA TELE

10:00 AUTOMOVILISMO
8 Rally de Montecarlo

11:15 ESGRIMA
24 Torneo Internacional
Abierto Femenino

11:30 BOXEO
18 (*En directo*)

12:30 TORNEO DE SOFTBOL
16 15 equipos de la
Categoría de Tercera Fuerza

14:00 CLAVADOS
22 Trampolín: Exposición juvenil
Plataforma: Pruebas preolímpicas

VÍA SATÉLITE

15:00 PATINAJE ARTÍSTICO:
20 Juvenil femenino y masculino
PATINAJE DE VELOCIDAD

17:00 ESQUÍ ALPINO (*En directo*)
14 Descenso combinado masculino
Eslalom: Mujeres

¿ **Q**ué piensas tú ?

1. ¿Qué deportes representan los símbolos de esta página? ¿Hay algún símbolo que no reconoces? ¿Cuál?

2. ¿Para qué es este anuncio? ¿Cómo sabes? ¿Puedes combinar un símbolo con cada deporte en *El mundo de los deportes*?

3. ¿Qué deportes se practican en tu colegio? ¿En tu ciudad?

4. ¿Qué oportunidades tiene la gente joven para participar en los deportes? Explica tu opinión.

5. ¿Son muy importantes los deportes en Estados Unidos? ¿Por qué?

6. ¿Qué importancia tienen los deportes en tu escuela? En tu opinión, ¿deben tener más o menos importancia? ¿Por qué?

7. ¿Es importante estar en buen estado físico en Estados Unidos? ¿Por qué?

8. En tu opinión, ¿cuáles son las actitudes en los países hispanos hacia los deportes y hacia el estado físico? ¿Por qué crees eso?

9. ¿De qué vas a poder hablar al final de la lección?

Deportes

BALONCESTO

Para los aficionados al baloncesto, hubo un formidable partido entre los equipos femeninos de South Miami y de Sunset. Aquí vemos al árbitro echar la pelota al comienzo del partido. South Miami defendió su título con habilidad, derrotando a Sunset 69 a 58.

OLIMPÍADA ATLÉTICA Y ACADÉMICA

24 de mayo

Ayer se celebró en Miami la quinta Olimpíada Atlética y Académica de la división sur. Aquí representamos algunos de los grandes triunfos atléticos y académicos de los jóvenes que participaron en las competencias.

FÚTBOL

En el campo de fútbol, hubo un gran partido entre los equipos de Killian y Palmetto. Los estudiantes de Killian ganaron 1 a 0. El único gol del partido lo metió el jugador "estrella", Juan Colón, con un brillante cabezazo. Después del partido, el entrenador de los vencedores dijo, "¡Sin duda, estos dos equipos son los mejores del estado!"

ATLETISMO

En el campo deportivo, Rafaela Delgado y Paula Wilson corrieron una carrera increíble. Delgado salió primero y mantuvo su posición hasta el último momento, cuando Wilson la pasó y ganó la carrera de 55 metros.

Samuel Rodríguez, un joven atleta de Coral Gables, saltó 6 pies con 9 pulgadas y ganó la competencia de salto de altura masculino.

JUEGOS ACADÉMICOS

JAI ALAI

Este año, por primera vez, una exhibición de jai alai fue parte de nuestra Olimpíada. Jorge Campos, el número 37, jugó brillantemente para South Dade High School. Este joven de 17 años fue nombrado el jugador más valioso de la exhibición.

Finalmente, en los juegos académicos, los chicos de segundo año de Killian High School sorprendieron a todo el mundo y ganaron la competencia de historia. ¡Bien hecho, chicos!

OTROS EVENTOS

Para otros resultados, véase **La Olimpíada** en la página 8.

ciclismo   natación   lucha libre   tenis   béisbol   gimnasia artística   golf

¿QUÉ DECIMOS...?

Al hablar de los deportes

1 *¿Quién es ese señor?*

2 ¡Dale, dale!

3 ¡Es un gran deportista!

4 ¿Estás lastimado?

CHARLEMOS UN POCO

A. ¡Gol! ¿Quién dijo estas cosas en el partido de ayer, un **jugador** o un **espectador?**

1. Ayer practiqué el cabezazo todo el día.
2. Soy más aficionado al béisbol.
3. Nosotros somos mejores.
4. Ya empieza el partido.
5. El árbitro les cobró una falta.
6. Metió tres goles en el último partido.
7. ¡Dale, dale!
8. ¡Dios mío, está tendido en el campo!
9. Está allí, junto al entrenador.
10. ¡Paco, haz algo!

B. ¿Cuánto cuesta? Tú estás en una librería. ¿Qué te dice el dependiente?

MODELO

Este diccionario de francés cuesta nueve dólares, noventa y cinco centavos.

Demonstratives
Pointing out things close to you

este	**estos**
esta	**estas**

Esta blusa es muy cara.
Me gustan **estos** zapatos.

See **¿Por qué se dice así?**,
page G94, section 7.1.

 1.

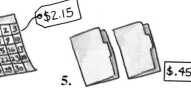 2.

 3.

 4.

 5.

 6.

 7.

 8.

 9.

LECCIÓN 1

Demonstratives
Pointing out things far from you

ese	esos
esa	esas

Ese chico es mi primo.
¿Ves a **esas** señoras?

See **¿Por qué se dice así?,**
page G94, section 7.1.

Demonstratives
Pointing out things farther away

aquel	aquellos
aquella	aquellas

Me gusta **aquella** chaqueta.
Aquellos chicos son del equipo de
fútbol.

See **¿Por qué se dice así?,**
page G94, section 7.1.

C. ¿Quién es? Estás en una boda y hay muchas personas que no conoces. Pregúntale a tu amigo(a) quiénes son.

 MODELO señor / pantalones grises
Tú: **¿Conoces a ese señor de los pantalones grises?**
Compañero(a): **Sí. Es ingeniero. Es el Sr. . . .**

1. señoras / vestidos verdes
2. señores / trajes elegantes
3. mujer / falda blanca
4. señorita / chaqueta morada

5. señora / blusa con flores
6. hombre / camisa rosada
7. señoritas / sombreros rojos
8. jóvenes / trajes negros

CH. ¿Ésa o aquélla? A tu amiga le encanta el color azul. ¡Toda su ropa es azul! ¿Qué prendas prefiere?

 MODELO Tú: **¿Te gusta esa blusa verde?**
Compañero(a): **No. Prefiero aquella blusa azul.**

   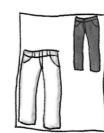

1.   **2.**   **3.**   **4.**

5.   **6.**   **7.**   **8.**

D. ¡Es feo! Tú y tu amigo(a) van de compras. ¿Qué comentarios hacen ustedes sobre las cosas que ven?

 MODELO blusa / feo

Tú: **¿Qué piensas de esta blusa?**
Compañero(a): **¿Ésa? Es muy fea.**

1. vestido / elegante
2. falda / corto
3. zapatos / lindo
4. disco / aburrido

5. video / interesante
6. relojes / caro
7. camisa / grande
8. calcetines / feo

E. ¡Qué entusiasmo! Acabas de conocer a un(a) joven. Pregúntale si es aficionado(a) a estos deportes.

 MODELO Tú: **¿Eres aficionado(a) al baloncesto?**
Compañero(a): **Sí, me encanta el baloncesto.** o
No, no me gusta el baloncesto.

1.

2.

3.

4.

5.

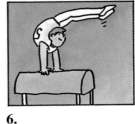
6.

7.

8.

9.

Los deportes

atletismo

baloncesto / básquetbol

béisbol

lucha libre

ciclismo

esquí

fútbol

fútbol americano

gimnasia

golf

jai alai

natación

tenis

volibol

Spelling changes: *i* → *y*

leer

leí	leímos
leíste	
leyó	**leyeron**

An unaccented **i** becomes **y** when it occurs between two vowels.

¿Leyeron la novela?
Nosotros la leímos pero Anita no la **leyó**.
Ellas no me **creyeron**.

See **¿Por qué se dice así?**,
page G96, section 7.2.

Spelling changes in verbs ending in *-car*

practicar

practiqué	practicamos
practicaste	
practicó	practicaron

The letter **c** changes to **qu** when it comes before **e** or **i**.

Practiqué el piano todo el día.
Yo **saqué** fotos en la boda de mi hermano.

See **¿Por qué se dice así?**,
page G96, section 7.2.

Spelling changes in verbs ending in *-gar*

The letter **g** changes to **gu** when it comes before **e** or **i**.

Hoy no **jugué** golf.
Yo **llegué** a las tres, ¿y tú?

See **¿Por qué se dice así?**,
page G96, section 7.2.

F. ¡No me digas!   En una revista famosa salió un artículo extraordinario sobre la mala influencia de los deportes. ¿Cómo reaccionaron tú y tus amigos cuando lo leyeron?

MODELO   Anita
Anita leyó el artículo pero no lo creyó.

1. mi amigo . . .
2. tú
3. mis amigas . . . y . . .
4. mis papás
5. el entrenador
6. los jugadores
7. yo
8. usted y yo
9. los profesores de educación física

G. ¡Eres la estrella!   Eres el (la) mejor deportista de tu escuela. Tu compañero(a) es reportero del periódico estudiantil. Ahora está hablando contigo sobre tu participación en varios deportes. ¿Qué le dices?

MODELO   Compañero(a): **¿Qué deportes practicaste el año pasado?**
Tú: **Practiqué tenis, baloncesto y béisbol el año pasado.**

1. ¿Por qué no jugaste en el equipo de fútbol?
2. ¿Cuándo hiciste atletismo, el año pasado o el año antepasado?
3. ¿Practicaste otros deportes durante el verano?
4. ¿A qué deporte le dedicaste más tiempo?
5. ¿Qué deportes practicaste en el invierno?
6. ¿Qué deportes no te gustan, o te gustan todos?
7. ¿Cómo afectan los deportes a tus estudios? ¿Sacaste buenas notas el semestre pasado?
8. ¿En qué deportes piensas participar el año próximo?

H. Entrevista.   Formen grupos de cuatro o cinco. Pregúntales a tus compañeros con qué frecuencia practicaron estos deportes el año pasado.

MODELO   béisbol
Tú: **¿Jugaste béisbol con frecuencia?**
Compañero(a): **Sí, jugué béisbol con frecuencia.** o
No, jugué béisbol raras veces. o
No, no jugué béisbol nunca.

con frecuencia	raras veces	nunca

1. volibol
2. golf
3. tenis
4. fútbol
5. ping pong
6. jai alai
7. fútbol americano
8. béisbol

I. ¿Lo terminaron?   ¿Qué les preguntan sus padres a ti y a tus hermanos cuando piden permiso para salir? ¿Qué contestan ustedes?

MODELO   tú: limpiar / cuarto
Compañero(a):   **¿Limpiaste tu cuarto?**
Tú: **Empecé a limpiar mi cuarto pero no terminé.**

1. tú y tu hermana: estudiar / examen
2. hermana: lavar / coche
3. tú: leer / periódico
4. hermano: preparar / comida
5. todos nosotros: hacer / tarea
6. tú: lavar / ropa
7. tú y tu hermana: limpiar / baño
8. hermanos: trabajar en / patio

J. ¿Yo?   ¿Qué dicen estas personas cuando les preguntas qué hicieron la semana pasada?

MODELO   practicar el cabezazo
Practiqué el cabezazo.

1. pagar las cuentas

2. calificar exámenes

3. llegar a México

4. jugar fútbol

5. tocar la guitarra

6. sacar fotos

7. buscar un regalo para mi novia

8. comenzar unas clases de baile

9. empezar a estudiar computación

Spelling changes in verbs ending in -zar

The letter **z** changes to **c** when it comes before **e** or **i**.

Ya **empecé** mi clase de baile.
Me **especialicé** en biología.

See ¿Por qué se dice así?, *page G96, section 7.2.*

CHARLEMOS UN POCO MÁS

A. ¡Éstos no son mis calcetines! While shopping, you accidentally bump into two other shoppers, and all of your purchases get mixed up. Based on the illustrations that your teacher gives you, decide to whom each item belongs.

EJEMPLO Shopper #1: **¿De quién son estos calcetines?**
Shopper #2: **Ésos no son mis calcetines.**
Shopper #3: **Ésos son mis calcetines.**

B. ¿Qué hizo Claudio? The drawings below show what your friend Claudio did last Saturday. However, they are not in the correct sequence. With a partner, discuss what Claudio did and in what order.

C. ¿Jugaste béisbol?   Your teacher will give you an interview grid. Interview your classmates to find out who did each of the activities on the grid. When you find a classmate who has participated in an activity, write his or her name in that square. Then fill in the verb that describes what your classmate did. Your goal is to put a name in every square. Just remember, you can't put the same person's name in more than one square!

CH. ¡Qué ocupados!   You and your partner didn't see each other all week. Now, when you finally meet, you have to tell each other every single detail about your week's activities. Consult the schedules provided by your teacher.

D. El partido de fútbol.   You and a friend are looking at the photos taken for the school newspaper at last Saturday's soccer game. After discussing what happened, decide the order in which you want the pictures to appear in the paper. Then write captions for each picture describing the game.

Dramatizaciones

A. **¿Qué nota sacaste?** You and your friend are discussing grades. Role-play this situation.

Tú

- Ask your partner if he or she heard that Julio got an A in English.

- Ask if Julio read *Huckleberry Finn*.
- Say that he always plays soccer. Ask when he studied.

- Ask what grade your partner got.

- Say that you got a B because you played tennis all day Saturday and Sunday.

Compañero(a)

- Answer yes and that you helped him. Tell what you did to help him.
- Answer no but that he saw the movie.
- Say that he began to study Saturday morning and that he studied all day Saturday and Sunday.
- Say that you got an A also. Ask what grade your partner got.
- Say that's too bad.

B. El picnic. You and your partner are looking at pictures from your family's picnic last weekend. Your partner wants to know about some of the people and what they did. Role-play this situation.

Compañero(a)

- Point to the picture of the two boys playing soccer and ask who they are.
- Point to the picture of the woman in a red hat and ask who she is.
- Ask why they had a picnic and what they did there all day.
- Ask who the man wearing the white shirt and pants is.
- Tell your partner that he or she has a very interesting family.

Tú

- Respond that they are your relatives. Specify the relationship.
- Tell who she is.

- Respond appropriately.

- Say he is another relative and tell what he did at the picnic.
- Agree.

C. ¿Qué pasó? Imagine that you are one of the two teens in the drawing your teacher gives you. Both of you have just returned home from your school's football game, and your mother or father wants to know what happened. Role-play this situation with two classmates. One of them should play the part of a parent.

¡No me digas!

¿Béisbol en Latinoamérica?   Cliff Curley, un maestro de primaria en Estados Unidos, está en Santo Domingo por dos días durante su viaje al Caribe. Está en un parque, hablando con un niño dominicano que acaba de conocer. Lee su conversación y luego contesta la pregunta que sigue.

Cliff: **Yo soy Cliff Curley. Y tú, ¿cómo te llamas?**

Niño: **Pepe Torres. ¿De dónde es usted?**

Cliff: **Soy de Estados Unidos. Estoy aquí de vacaciones. ¿Tú vienes al parque con frecuencia?**

Niño: **Todos los días. Mis amigos y yo venimos aquí a jugar.**

Cliff: **Ah. ¿Y qué juegan ustedes?**

Niño: **¡Béisbol! Yo soy el mejor bateador entre todos mis amigos.**

Cliff: **¡Ya lo creo! ¡Qué bien! Te felicito. Pero, ¿béisbol? Dime, ¿dónde aprendiste a jugar béisbol?**

Niño: **Mi papá me enseñó.**

Cliff: **¿Tu papá? ¡Qué interesante! Me sorprende que todo el mundo se interese tanto en el béisbol aquí.**

▶ ¿Por qué le sorprende a Cliff que a Pepe y a su padre les interese el béisbol?

1. Cliff, como maestro de primaria, no considera al béisbol un buen deporte para niños. Lo considera un deporte para adultos.

2. Cliff cree que los niños dominicanos no deben jugar deportes norteamericanos.

3. Cliff no sabe que el béisbol es un pasatiempo muy popular en Santo Domingo.

❏ Check your answer on page 417.

Y ahora, ¡a leer!

Antes de empezar

Answer these questions before reading the selection. If you do not know a particular answer, make a reasoned guess.

1. ¿Cuántos jugadores hay en un equipo de béisbol?

    a. nueve   **b.** diez   **c.** once   **ch.** doce

2. En tu opinión, ¿quiénes son los jugadores más importantes de un equipo de béisbol? ¿Por qué?

    a. el lanzador y el receptor
    b. los jugadores de primera, segunda y tercera base
    c. el jardinero corto y el jugador de primera base
    ch. los tres jardineros o guardabosques

3. ¿Por qué crees que el béisbol es tan popular en los países latinos?

Verifiquemos

Read the following selection, ***Nuestras estrellas en el béisbol,*** then answer the questions below.

1. Según la lectura, ¿quiénes son los cuatro mejores bateadores entre estos jugadores?

2. Dos jugadores se comparan a otros jugadores legendarios. ¿Quiénes son? ¿A quiénes se comparan?

3. Según la lectura, dos de estos jugadores no tienen igual. ¿Quiénes son?

4. ¿De qué mes a qué mes es la temporada de béisbol?

5. ¿Por qué no se menciona el nombre de este equipo ni dónde juega?

NUESTRAS ESTRELLAS EN EL BÉISBOL

Ofrecemos el equipo ideal para la próxima temporada con las figuras latinas más destacadas de la actualidad

— DATOS —

INAUGURACIÓN DE LA TEMPORADA PRINCIPIOS DE ABRIL	PARTIDO DE ESTRELLAS MES DE JULIO	FIN DE LA TEMPORADA FINALES DE SEPTIEMBRE

JOSÉ CANSECO
Boston Red Sox
Jardinero: es el Babe Ruth del béisbol latino, corpulento y mítico, el único en sumar 40-40.

JUAN GONZÁLEZ
Texas Rangers
Jardinero: una fuerza que inspira a cualquier equipo con su guante y bate.

SAMMY SOSA
Chicago Cubs
Jardinero: será el candidato para el "MVP" si su equipo llega a los finales.

ROBERTO ALOMAR
Toronto Blue Jays
Segunda base: sigue en la tradición de su papá y hermano, es la fuerza principal de su equipo.

CARLOS BAERGA
Cleveland Indians
Jardinero corto: temor de los lanzadores de la Liga Americana, un bateador constante con la derecha o la izquierda.

EDGAR MARTÍNEZ
Seattle Mariners
Tercera base: el poder de Roberto Clemente, está a punto de batear más de .360, el record desde 1938.

DENNIS MARTÍNEZ
Cleveland Indians
Lanzador: ayuda a Cleveland en convertirse en un equipo ganador.

RAFAEL PALMEIRO
Baltimore Orioles
Primera base: con guante o bate, es una fuerza sin igual.

IVÁN RODRÍGUEZ
Texas Rangers
Receptor: el más valioso de su equipo, nadie tiene mejor brazo.

ANDRÉS GALARRAGA
Colorado Rockies
Bateador designado: no perdona cualquier pelota mal lanzada.

ROBERTO HERNÁNDEZ
Chicago White Sox
Relevista: un lanzador muy valorado, capaz de lanzar muchas entradas y perder pocos partidos.

SUPER EQUIPO Nº 2

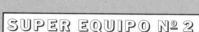

Receptor: Santos Alomar, Jr., *Cleveland Indians*
Lanzador abridor: Juan Guzmán, *Toronto Blue Jays*
Relevista: Alejandro Peña, *Atlanta Braves*
Primera base: Tino Martínez, *Seattle Mariners*
Segunda base: José Lind, *California Angels*
Jardinero corto: Tony Fernández, *New York Yankees*
Tercera base: Bobby Bonilla, *Baltimore Orioles*
Guardabosque: Rubén Sierra, *New York Yankees*
Guardabosque: Bernie Williams, *New York Yankees*
Guardabosque: Moises Alou, *Montreal Expos*

¡Me duele muchísimo!

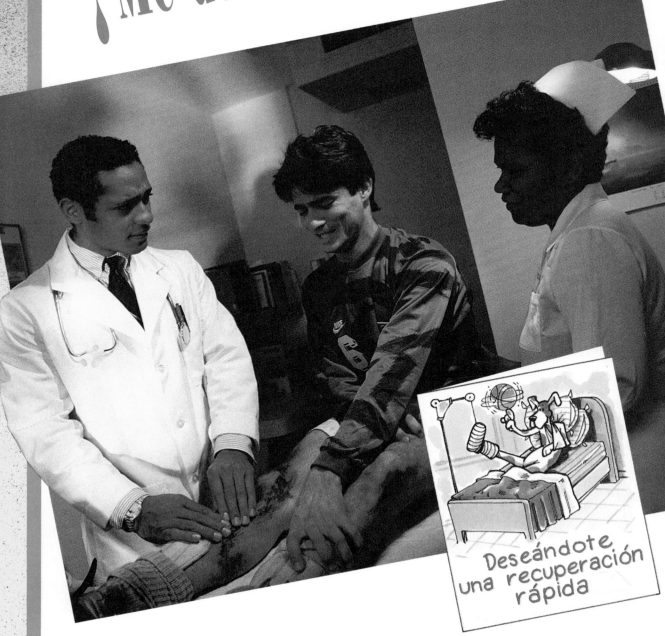

Deseándote
una recuperación
rápida

Chonchón

Quetzalcóatl

Lamia

Xochipilli

¿Qué piensas tú?

1. Mira las figuras en esta página. ¿Qué te parece raro o extraño de cada figura? ¿Por qué crees que tienen características físicas diferentes?

2. ¿Cuántas partes humanas puedes identificar en ellas? ¿Cuáles son?

3. ¿Conoces otros seres mitológicos con características físicas que son parte animal y parte humanas? ¿Quiénes son? Descríbelos.

4. En tu opinión, ¿qué representan estos personajes? ¿Por qué crees eso?

5. Mira la foto. ¿Qué le pasó al joven en la cama? ¿Qué le duele? ¿Qué crees que dice la tarjeta?

6. ¿Qué crees que está pensando o diciendo el joven?

7. ¿De qué vas a poder hablar al final de la lección?

Son las siete de la mañana y María Teresa no quiere ir a la escuela. ¿Por qué?

1 7:00 AM

2 12:30 AM

Porque no hizo su tarea anoche. Vio un programa de televisión que terminó muy tarde y luego no durmió bien.

3

María Teresa: Mami, creo que estoy enferma. Me duele mucho la cabeza. Y también tengo dolor de estómago.

Mamá: ¡Ay, amor mío! ¿Qué te pasa?

4

Mamá: ¿Tienes fiebre? ¿Por qué no tomas unas aspirinas?

María Teresa: No, mamá. No quiero tomar nada.

Mamá: Ay, hija. Entonces come algo. Si no te sientes mejor después del desayuno, llamamos al médico.

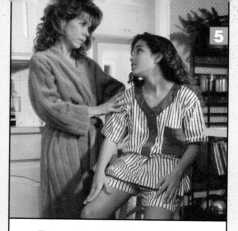

5

Después del desayuno . . .

María Teresa: ¡Ay, qué dolor! ¡Mamáaa! Mírame la pierna, por favor. Me duele tanto. Creo que la tengo rota. No puedo ni caminar. . . ¡ayyy!

Mamá: ¡Hija! Pero, ¿qué te pasa? ¿Qué te hiciste ayer?

6

María Teresa: Durante el partido de fútbol, choqué contra otra chica y cuando me caí, sentí un dolor tremendo en la pierna . . . y también en el pie.

Mamá: Pero, hija, ¿cómo no me dijiste nada anoche?

7

Mamá: Déjame ver . . . ¿puedes mover los dedos del pie?

María Teresa: Sí.

Mamá: Y el pie, ¿lo puedes mover también?

María Teresa: Sí, pero me duele, ¡ayyy!

Mamá: Ahora la pierna. Levántala un poco. Bien. Ahora bájala. Me parece que no tienes nada roto. Pero de todos modos, voy a llamar al médico.

8

Doctor: Hoy debes guardar cama todo el día.

María Teresa: ¡Ay, cuidado, doctor! También me duelen el brazo y la mano. Apenas la puedo abrir.

Mamá: Estoy furiosa contigo, María Teresa. ¿Cómo no me dijiste nada anoche? A ver, muéstrale al doctor, ¿puedes levantar el brazo?

María Teresa: Un poquito.

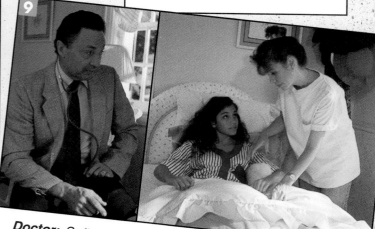

9

Doctor: Señora, no es nada. No fue golpe serio.

Mamá: Ay, hija. Pasa el día en cama hoy y, si mañana estás mejor, vamos a misa. Y después . . . ¿por qué no hacemos un picnic en el parque?

10

María Teresa: ¿A misa? ¿Al parque? Es que . . . ¡hoy es SÁBADO! ¡Ayyy, no!

¿QUÉ DECIMOS...?

Al hablar con el médico

1 *Ya viene el doctor.*

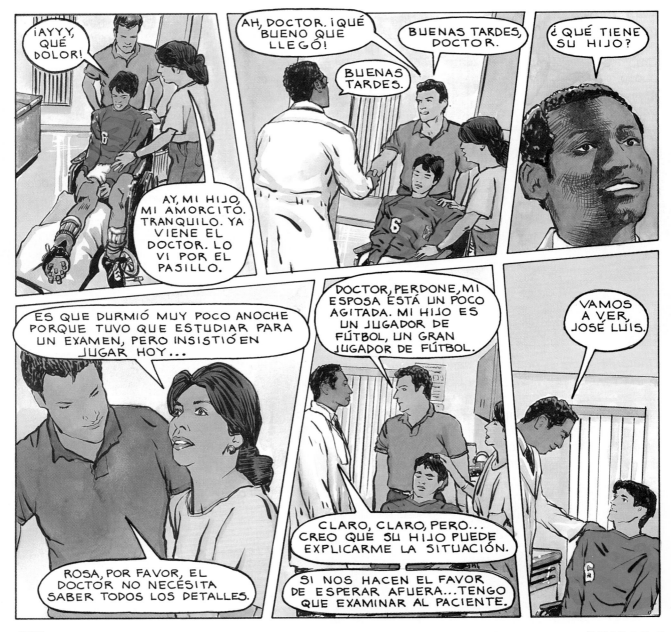

3 *No se preocupe, señora.*

PUEDEN ESTAR TRANQUILOS. SU HIJO SÓLO TIENE UNA PIERNA ROTA Y UN DOLOR DE CABEZA.

NO ES MUY SERIO LO DE LA PIERNA, PERO COMO TAMBIÉN LE DUELE LA CABEZA, NECESITA PASAR LA NOCHE EN EL HOSPITAL. QUEREMOS TENERLO EN OBSERVACIÓN ESTA NOCHE.

¡DIOS MÍO! MI POBRE HIJO.

¡PERO...NO COMIÓ NADA ANTES DEL PARTIDO! Y PARECE QUE YA SIRVIERON LA COMIDA.

NO, NO SE PREOCUPE, SEÑORA. LA ENFERMERA LE PIDIÓ ALGO LIGERO.

GRACIAS, DOCTOR.

MUCHAS GRACIAS, DOCTOR.

DE NADA.

4 *Debe guardar cama.*

DOCTOR...¿Y CUÁNDO PODEMOS PASAR A BUSCARLO?

MAÑANA DESPUÉS DE LAS ONCE.

MIENTRAS TANTO, VOY A RECETARLE UNAS PASTILLAS PARA EL DOLOR. DEBE TOMARLAS SEGÚN MIS INDICACIONES.

¿Y...NO VA A PODER ANDAR?

AL PRINCIPIO DEBE GUARDAR CAMA. Y LUEGO VA A NECESITAR ANDAR CON MULETAS.

UN MILLÓN DE GRACIAS, DOCTOR.

Y NO SE PREOCUPE, SEÑORA. SU HIJO VA A ESTAR BIEN.

ADIÓS.

HASTA MAÑANA, JOSÉ LUIS.

CHARLEMOS UN POCO

A. Pues, primero . . .   ¿En qué orden ocurrieron estas cosas?

1. José Luis no pudo levantar la pierna derecha.
2. El doctor dijo, "Sólo tienes una pierna rota".
3. José Luis explicó lo que le pasó.
4. El doctor empezó a examinar al paciente.
5. José Luis pasó la noche en el hospital.
6. La enfermera pidió algo de comer para José Luis.
7. José Luis y sus papás fueron al hospital.
8. El doctor le recetó unas pastillas.
9. Los padres de José Luis salieron del cuarto.
10. Llegó el doctor.

B. ¡Ay, ay, ay!   ¿Qué información sobre los pacientes le da la enfermera al médico?

MODELO   Sra. Durango
A la Sra. Durango le duele el estómago.

1. Sr. Gómez

2. Srta. Ortiz

3. Lorenzo

4. Sarita

5. Juanita

6. Alfredo

LECCIÓN 2

El cuerpo humano

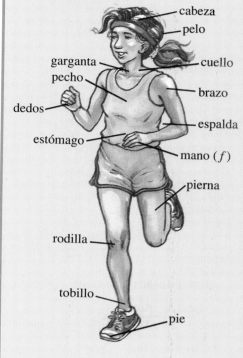

cabeza
pelo
garganta
cuello
pecho
brazo
dedos
espalda
estómago
mano (*f*)
pierna
rodilla
tobillo
pie

La cara

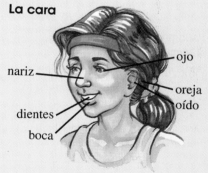

nariz
ojo
oreja
oído
dientes
boca

Doler (ue)
Used to talk about what hurts

Like the verbs **gustar** and **encantar**, the verb **doler** is always used with the indirect object pronoun and is usually in the third person singular or plural.

duele   **duelen**

¿**Te duele** la cabeza?
No, pero **me duelen** los ojos.

C. En el hospital.　　El (La) doctor(a) te está examinando. Haz lo que te dice.

MODELO　　levantar los brazos
　　　　　　Compañero(a): **Levanta los brazos.**
　　　　　　Tú:

1. mover la cabeza a la izquierda, a la derecha
2. tocar el pie izquierdo, derecho
3. abrir y cerrar la mano izquierda, la mano derecha
4. levantar la pierna derecha, la izquierda
5. levantar y doblar la pierna derecha, la pierna izquierda
6. tocar la nariz con la mano izquierda, derecha
7. levantar el brazo derecho, el brazo izquierdo
8. bajar el brazo izquierdo, el derecho
9. mover los dedos del pie derecho, del pie izquierdo
10. abrir la boca

CH. ¡Yo no!　　Tu hermano(a) es muy irresponsable. ¿Qué dice cuando le das un mandato?

MODELO　　limpiar su cuarto
　　　　　　Tú:　　　　　　**Limpia tu cuarto.**
　　　　　　Compañero(a): **¡No, yo no! Límpialo tú.**

1. preparar la limonada
2. alquilar un video
3. pedir unas pizzas
4. ayudar a mamá y papá
5. buscar el correo
6. comprar la leche
7. lavar los platos
8. servir los tacos

D. ¿Son responsables?　　En esta familia, un hijo es muy responsable y el otro es algo irresponsable. ¿Cómo contestan las preguntas de sus padres?

MODELO　　hacer tu tarea
　　　　　　Tú:　　　　　　**¿Cuándo van a hacer la tarea?**
　　　　　　Compañero(a) 1: **Yo ya la hice.**
　　　　　　Compañero(a) 2: **Yo voy a hacerla más tarde.**

1. limpiar su cuarto
2. escribir la composición de inglés
3. estudiar español
4. practicar el piano
5. tomar las vitaminas
6. leer la lección de historia
7. hacer los ejercicios
8. empezar el proyecto

E. ¿Amigos? Tu mejor amigo(a) requiere mucha atención. ¿Qué le dices cuando insiste en que le prestes más atención?

 MODELO   invitar a comer
                 Compañero(a): **¡Nunca me invitas a comer!**
                 Tú: **¡Te invité a comer la semana pasada!**

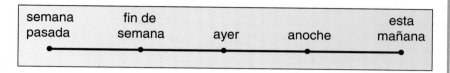

semana pasada	fin de semana	ayer	anoche	esta mañana

1. llamar por teléfono
2. visitar los fines de semana
3. ayudar con la tarea
4. llevar a un partido
5. saludar por la mañana
6. acompañar al cine
7. buscar antes de la clase
8. comprar un regalo

F. ¡Adiós! Tu familia va a mudarse a Alaska en septiembre y tus amigos quieren saber si los vas a recordar. ¿Qué te preguntan?

 MODELO   visitarnos
                 Compañero(a): **¿Vas a visitarnos?**
                 Tú: **Sí, voy a visitarlos.** o
                                No, no los voy a visitar.

1. extrañarnos
2. llamarnos por teléfono
3. invitarnos a visitar
4. acompañarnos a México
5. vernos durante las vacaciones
6. recordarnos
7. visitarnos con frecuencia
8. vernos a todos antes de irte

G. ¡Ganaron! Los Tigres tienen muchos aficionados pero no todos siguieron sus partidos el año pasado. ¿Los siguieron estas personas?

MODELO   María Luisa: no
          María Luisa no los siguió.

1. Norberto: sí
2. Miguel y Mariano: no
3. yo: sí
4. ustedes: sí
5. Alicia: sí
6. tú: no
7. Gonzalo y Martita: sí
8. nosotros: sí

Stem-changing -ir verbs in the preterite: e → i

Note that **e → i** stem-changing verbs change in the **usted/él/ella** and **ustedes/ellos/ellas** forms in the preterite.

Luisa **siguió** a Alberto y luego **seguí** yo.

Ellos **pidieron** un refresco; yo no **pedí** nada.

*See **¿Por qué se dice así?**, page G103, section 7.4.*

H. ¡Qué rico! Después del partido, todos fueron a comer a un restaurante mexicano. ¿Qué hicieron allí?

EJEMPLO **Paco pidió enchiladas.**

Paco		la cuenta
yo		una mesa
los camareros	conseguir	más sillas
la familia López	pedir	tacos
tú	servir	bebidas
todos		enchiladas
la camarera		café
nosotros		bizcocho

Stem-changing *-ir* verbs in the preterite: o → u

Note that **o → u** stem-changing verbs change in the **usted/él/ella** and **ustedes/ellos/ellas** forms in the preterite.

Yo **dormí** muy bien.
¿Cómo **durmieron** ustedes?

See **¿Por qué se dice así?**, *page G103, section 7.4.*

I. Tengo sueño. Hubo una fiesta anoche en casa de Lupita. Hoy todos sus parientes están furiosos porque no pudieron dormir a causa del ruido. Según Lupita, ¿cuántas horas durmieron?

MODELO papá: 3
Papá durmió tres horas.

1. mi primo Fernando: 5
2. mamá: 2
3. mi tío Adolfo: 6
4. mis primas Isabel y Tina: 4
5. mis abuelos: 7
6. mi hermana Panchita: 3
7. yo: 1
8. el perro: toda la noche

J. Vacaciones. ¿Qué hicieron tú y tus amigos durante las vacaciones de primavera?

MODELO Mi amiga Berta _____ muchos videos.
Mi amiga Berta vio muchos videos.

VOCABULARIO ÚTIL:

tocar	preparar	leer	dormir
empezar	jugar	comprar	ver
trabajar	pedir	ir	tener

1. Inés y Amalia _____ diez horas cada noche.
2. Yo _____ fútbol todos los días.
3. Pedro _____ dos novelas históricas.
4. Teresa y Toño _____ pizza todos los días.
5. Yo _____ la guitarra en el parque.
6. Nosotros _____ de compras dos veces.
7. Leopoldo _____ que limpiar la casa.
8. Yo _____ a tomar clases de karate.

CHARLEMOS UN POCO MÁS

A. ¿Qué les duele? After a strenuous week of hiking in the country, everyone has aches and pains. Your teacher will give you a list of the people you are to check on and the condition of people you have already seen. Ask your partner about the condition of the people on your list. Then answer your partner's questions about the people pictured on your list.

MODELO Tú: **¿Qué le duele a Dolores?**
           Compañero(a): **Le duelen los pies.**

B. ¡Somos mejores amigos! Make a list of six things that you do for your best friend. Then read your list to your partner. Check the items on your lists that you both do for your best friends.

VOCABULARIO ÚTIL:

ver	escuchar	saludar	buscar	encontrar	llamar
esperar	ayudar	acompañar	invitar	visitar	extrañar

MODELO Mi mejor amiga, Teresa
La invito a mi casa.
La ayudo con la tarea.

C. ¿Somos individualistas? Are your classmates individualistic, or do they tend to do the same things? Your teacher will divide the class into groups of four. Using the grid your teacher provides, interview each member of your group and write his or her name in the appropriate boxes. Then allow the other members of your group to interview you. After you have surveyed the members of your group, answer the same questions yourself and enter your name in the appropriate boxes. Share your group's results with the class once everyone has finished.

CH. ¿Son muy organizados? To find out which of your classmates are procrastinators, prepare a sheet of paper with three columns as shown below. In the **Preguntas** column, write five questions concerning weekly duties that you know your classmates should have done already. Then ask several classmates the questions. Record the names of your classmates in the appropriate column, according to their answers.

Preguntas	Sí	No
¿Empezaste el proyecto para la clase de historia?	Randy ya lo empezó.	Randy va a hacerlo más tarde.

Dramatizaciones

A. ¿Qué pasó? Your friend didn't meet you at the library last night. When you run into each other, you try to find out what happened. Role-play this situation with your partner.

Tú	Compañero(a)
■ Greet your partner and ask him or her what happened last night.	■ Answer that your cousins came to visit and you took them to Café de México.
■ Ask what they ate.	■ Say that your cousin Paco ordered five tacos and Sergio ordered an enchilada.
■ Ask who served them.	■ Say that your friend Lupe served you.
■ Ask if they liked the food.	■ Say they loved it. Explain that Paco ate too much and his stomach began to hurt at night.
■ Ask if Paco is all right now.	■ Say that he is fine and that he slept ten hours last night.

B. En el café. Yesterday afternoon you worked as a waiter or waitress in a café near school. Several of your classmates and three of your teachers came in for a snack. Today you are telling your best friend what happened at work. As your partner asks questions, tell who came by the café, what they ordered, and what you served them. Role-play this situation.

C. Me duele . . . You are a doctor, and your partner is your patient. The patient must describe a physical problem and explain what may have caused it. The doctor will interview the patient, giving him or her appropriate instructions depending on the ailment. Afterwards, the doctor will tell the patient what to do to get better.

CH. ¡Pobre Bombón! You are a veterinarian, and your partner, Bombón's owner, brings the dog in for his yearly checkup. Role-play Bombón's examination. Look at the drawing of Bombón that your teacher gives you. Note that, in Spanish, the names for some animal body parts are different from the names for human body parts.

¡No me digas!

¿Cómo vamos?   Gabriel, un mexicano que acaba de mudarse de México a Miami, habla con Pedro Báez, un amigo cubano que vive en Miami.

Gabriel: **¿Qué vamos a hacer esta noche, Pedro?**
Pedro: **No te preocupes. Ya lo tengo todo organizado. Primero vamos a Scratch, la mejor discoteca de Miami. Y después vamos al Versailles, en la Calle Ocho, a tomar un café. Todo el mundo va allí.**
Gabriel: **¡Fantástico! Pero, mi carro no funciona. ¿Podemos ir en el tuyo?**
Pedro: **¡Qué mala suerte! Mi hermana va a usarlo esta noche. Pero no importa. Podemos ir en guagua.**
Gabriel: **¿En guagua? ¡Hombre, habla español, por favor!**

▶ ¿Por qué cree Gabriel que Pedro no está hablando español?

1. Gabriel cree que la pronunciación y la gramática de Pedro no son buenas.
2. Pedro usa expresiones cubanas que Gabriel no entiende.
3. Gabriel cree que él habla español mejor que Pedro.

❏ Check your answer on page 418.

LECCIÓN 2   *trescientos treinta y siete*   **337**

Y ahora, ¡a leer!

Antes de empezar

1. How often do you listen to rock music?
2. How do you like your music played: as soft background music or loud enough to drown out surrounding conversation?
3. Do you like to listen to music with earphones? Why?
4. When using earphones, how do you know if the music is too loud?

Verifiquemos

¿Sí o no? Read the magazine article on the next page. Then, indicate if you agree or disagree with the following statements and explain why.

1. Un estudio que se hizo en el Hospital Universitario de la Universidad de Iowa indicó que es mejor escuchar la música rock con el volumen elevado para no poder oír a las otras personas hablar.
2. El estudio se hizo con dieciséis personas: ocho jóvenes y ocho adultos.
3. En el experimento, las dieciséis personas escucharon música rock con audífonos a un volumen bastante alto por un período de tres horas.
4. Después de las tres horas, todas las personas tuvieron dificultad en oír por un tiempo no especificado.
5. El resultado del experimento es que el escuchar música con audífonos diariamente por mucho tiempo no afecta el oído permanentemente.
6. Noventa decibeles es considerado el nivel máximo de resistencia para el oído humano.
7. Los audífonos, por ser pequeños, no pueden aumentar el volumen a más de noventa decibeles.
8. Si después de escuchar música con audífonos sientes dolor de oídos o ecos, debes dejar de escuchar música.

¡Cuidado con el volumen de tus audífonos!

En el Hospital Universitario de la Universidad de Iowa, Estados Unidos, se llevó a cabo un experimento con dieciséis jóvenes. ■ Todos estuvieron escuchando música rock con audífonos durante tres horas, a un volumen bastante alto.
■ Después de concluido este tiempo, seis de los jóvenes, ya sin audífonos, seguían oyendo un eco de los sonidos o experimentaron pérdida temporal de la audición.
■ De acuerdo a la investigación, esta pérdida temporal puede convertirse en un hecho permanente si nos dedicamos diariamente — y por mucho tiempo — a escuchar música con audífonos a un volumen alto.
■ El doctor Phillip Lee, que dirigió el estudio, explicó: "Generalmente, noventa decibeles es considerado el nivel máximo de resistencia a que debe ser sometido el oído. ■ Sin embargo, los audífonos concentran más el volumen que un equipo de

sonido normal (sin audífonos), alcanzando sonidos de más de ciento cincuenta decibeles".
■ Para tu seguridad auditiva, ten muy presente estos consejos:
✔ Nunca mantengas el volumen de tus audífonos tan elevado que no puedas oír fácilmente a los otros hablar a tu alrededor.
✔ Deja de escuchar música con audífonos al primer síntoma de dolor de oídos, sordera temporal o ecos, después de apagado el equipo.

Tú Internacional,
Año 11, no. 9

¡ Ponlo allí !

¿ Qué piensas tú ?

1. José Luis necesita sus zapatillas pero no las encuentra. ¿Dónde en su cuarto debe buscarlas?

2. Éste es el cuarto de José Luis. Sus padres quieren arreglarlo para que José Luis esté lo más cómodo posible. ¿Cómo sugieres tú que lo arreglen? Di dónde crees que deben poner los muebles y otros artículos.

3. Dada su condición, ¿qué va a tener que pedirles a sus padres que hagan por él? ¿Qué debe hacer él mismo? ¿Por qué?

4. ¿Cuándo es necesario reorganizar los muebles en el cuarto de un enfermo? ¿Por qué?

5. ¿Tendrías que cambiar algo en tu cuarto si te rompieras la pierna como José Luis? ¿Qué cambiarías? ¿Por qué?

6. ¿De qué vas a poder hablar al final de la lección?

1

¡Pobre José Luis! Tiene la pierna rota. Por eso vienen a visitarlo sus amigos. Todos le traen regalos. Ahora él tiene que decidir dónde ponerlos.

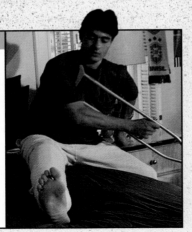

2

Rita: ¿Te duele mucho la pierna?

José Luis: No tanto, Rita, pero el yeso es muy incómodo.

Rita: Pues, mira. Estos bombones son para ti. A ver, ¿dónde los pongo?

José Luis: Gracias, Rita. Ponlos aquí en la cama. Los quiero tener muy cerca. ¡Ábrelos, por favor!

Silvia llega con un ramo de flores.

José Luis: Gracias, Silvia. ¡Qué lindas!

No puede ponerlas en el estante porque está cubierto de tarjetas.

José Luis: Ponlas en esta mesa. Sí, ahí a la derecha de la lámpara. Así puedo verlas mejor.

4

5

José Luis abre el regalo de su amigo Alfredo.

José Luis: Pero, ¿cómo? ¡Sólo hay una zapatilla!

Alfredo: ¡Claro! Tú no necesitas dos ahora. Voy a darte la otra para tu cumpleaños.

José Luis: ¡Qué amable eres, Alfredo! Por favor, ponla debajo de la cama.

3

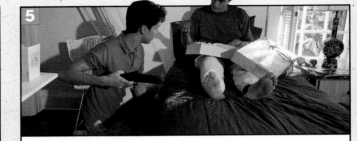

Rubén le trae una revista de deportes. La va a poner sobre el escritorio.

José Luis: No, Rubén. Allí no. El escritorio está demasiado lejos. Ponla aquí en la mesita al lado de la cama.

6

Su prima Carla le trae una bata.

José Luis: Gracias, Carla. ¡Me encanta! Necesito una bata nueva. Pero no en el armario, por favor. Ponla aquí, en la silla.

7

El entrenador llega con otro regalo para José Luis.

Entrenador: Ahora sí que eres famoso, José Luis. Mira esta foto. El fotógrafo del periódico estudiantil la sacó.

José Luis: ¡Ay, no! ¡Es terrible! ¡Me están llevando al hospital! No va a salir en el periódico, ¿verdad? ¡Qué vergüenza!

Entrenador: Al contrario, José Luis; ya salió. Eres un héroe ahora.

Carla: Es verdad, José Luis. Todo el mundo está hablando de ti.

José Luis: ¿Ah, sí? ¿De veras? Entonces ponla allá, Carla, encima del televisor. Así que, ¿no ganamos anoche?

Entrenador: No, pero tampoco perdimos. Empatamos: 1 a 1.

8

El regalo de Paco es en broma. Es un trofeo para el jugador más cómico del partido.

José Luis: Gracias, Paco. ¡Eres un verdadero amigo! Ponlo en el estante, detrás de los otros trofeos. ¡No quiero recordar lo que me pasó!

Pero, muévete, hombre. Estás enfrente del televisor. Ya va a empezar el partido entre España y Argentina. Ven acá. Siéntate aquí. Podemos verlo juntos.

9

Papá: ¡Vaya, José Luis! Tienes amigos muy generosos, pero . . . ¡ya no hay espacio para más visitas!

¿QUÉ DECIMOS...?

Al dar órdenes

1 Pon el sillón más cerca.

2 *Ven acá, mamá.*

3 *Fue un empate.*

CHARLEMOS UN POCO

A. ¿Quién habla?   Estamos en la casa de José Luis después de su accidente. ¿Quién dice estas cosas: su mamá, su papá, Alfredo o José Luis?

MODELO   Ven acá, mamá.
José Luis lo dice.

1. ¡No puedo hacer todo a la vez!
2. ¿Qué pasó en el partido anoche? ¿Perdimos?
3. Pues, podemos moverla. ¿Dónde la quieres?
4. Fue un empate.
5. La bata está sobre el sillón.
6. No ganó nadie.
7. Pon la mesita al lado de la cama.
8. Por favor, abre la ventana.
9. Ten paciencia, mi amor.
10. Tus zapatillas están debajo de la cama.
11. Ve a la cocina y prepárame una limonada.
12. El arquero me bloqueó el cabezazo.

B. Dime, mamá.   Pedro tiene que ayudar a su mamá hoy porque está enferma. ¿Qué le dice su mamá?

 MODELO   venir acá
Ven acá.

1. salir por la puerta de atrás
2. ir a la tienda de don Gustavo
3. ser siempre cortés con él
4. decirle a don Gustavo que estoy enferma
5. hacer las compras en esta lista
6. poner las cosas en el carro
7. tener cuidado con el tráfico
8. venir directamente a casa

HAZ TU PARTE. CONSERVA EL AMBIENTE.

Irregular affirmative
tú commands

Infinitive	*Command*
decir	**di**
poner	**pon**
salir	**sal**
tener	**ten**
venir	**ven**
hacer	**haz**
ir	**ve**
ser	**sé**

See **¿Por qué se dice así?**, *page G105, section 7.5.*

C. ¿Cómo? Estamos en casa de los Fernández. ¿Qué están diciendo los miembros de la familia? Usa estas frases para formar un mandato apropiado para cada dibujo.

 MODELO

venir acá
poner el sillón allí
ir a la tienda
ser buena
hacer los sándwiches

decir "¡Hola!"
salir de aquí
hacer la tarea
tener cuidado

Haz los sándwiches.

1.

2.

3.

4.

5.

6.

7.

8.

CH. ¡Pobrecito! Tu amigo(a) es muy desorganizado(a). Quiere hacer una fiesta en su casa el viernes por la noche. Dile cuándo debe hacer estas cosas.

MODELO **Haz la lista de los invitados el domingo por la mañana.**

pedir las pizzas
escoger la música para la fiesta
ir al mercado para comprar refrescos
llamar a los invitados
decirles "Bienvenidos" a los invitados
llevar las invitaciones al correo
poner los refrescos en el refrigerador
venir a mi casa por los discos

1. domingo por la tarde
2. lunes por la mañana
3. lunes por la tarde
4. martes por la tarde
5. miércoles por la tarde
6. jueves por la noche
7. viernes por la tarde
8. viernes por la noche

D. Me encanta mi cuarto. ¿Cómo describe tu amigo(a) su cuarto?

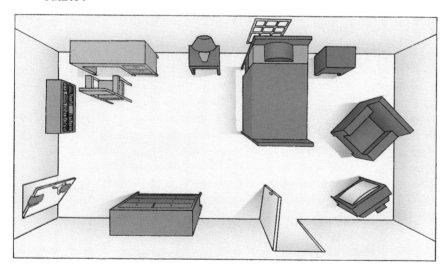

MODELO <u>La lámpara</u> está en la mesita.

1. _____ está debajo de la ventana.
2. _____ está delante del escritorio.
3. _____ está detrás de la cama.
4. _____ están a la derecha y a la izquierda de la cama.
5. _____ está entre el armario y la puerta.
6. _____ está a la izquierda del armario.
7. _____ está al lado del televisor.
8. _____ está cerca de la puerta.

Prepositions of location
Used to tell where things or people are located

a la derecha de
a la izquierda de
al lado de
cerca de
lejos de
debajo de
encima de
sobre
delante de
enfrente de
detrás de
en
entre

Ponlo **encima de** la mesita.
Las zapatillas están **debajo de** la cama.

See ¿Por qué se dice así?, page G107, section 7.6.

LECCIÓN 3

trescientos cuarenta y nueve **349**

E. ¿Qué decidió? Le pediste ayuda a un(a) amigo(a) a mover los muebles. ¿Qué dijo cuando le hiciste estas preguntas?

 MODELO

Tú: **¿Dónde ponemos el sillón?**
Compañero(a): **Debemos ponerlo enfrente del televisor.**

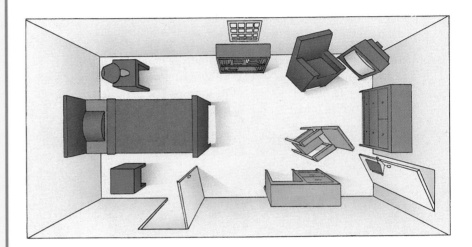

1.

2.

3.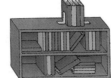

4.

5.

6.

7.

8.

Tengo mucha prisa. Tu amigo(a) tiene mucha prisa y no puede encontrar sus cosas. ¿Puedes ayudarlo(la)?

 MODELO   Compañero(a):   **No encuentro mi sombrero. ¿Lo ves por aquí?**

         Tú: **Está en el piso.**

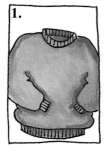

1.

2.

3.

4.

5.

6.

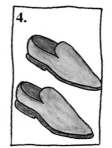

7.

8.

Preterite of *poner*

puse	pusimos
pusiste	
puso	pusieron
puso	pusieron

G. ¿Dónde las pusiste?   Para tu cumpleaños, tu hermano(a) limpió tu cuarto. El problema es que ahora no puedes encontrar varias cosas. Pregúntale dónde las puso.

 MODELO   cuaderno de biología

Tú: **¿Dónde pusiste mi cuaderno de biología?**

Compañero(a):   **Lo puse debajo de la cama.**

1. zapatillas
2. bolígrafos
3. reloj

4. discos compactos
5. radio
6. bata

7. libros
8. mochila

H. ¡Trofeos!   Todos los miembros del club atlético recibieron trofeos este año. ¿Dónde los pusieron?

MODELO

José y Anita
José y Anita pusieron sus trofeos en el escritorio.

1. Blanca

2. los hermanos Suárez

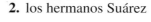

3. tú

4. Sergio

5. Raquel y su hermano

6. yo

7. Joaquín

8. Carla

CHARLEMOS UN POCO MÁS

A. La alcoba.   Your teacher will give you and your partner drawings of a partially furnished bedroom. The rest of the furniture appears along the margin of the page. Ask your partner where to place the missing furniture and draw it where he or she tells you. Answer your partner's questions about the furniture that he or she needs to place in the bedroom. Don't look at each other's drawings!

EJEMPLO   Tú: **¿Dónde pongo la cama?**
Compañero(a): **Ponla entre las dos ventanas.**

B. ¿Dónde ponemos . . . ?   During the summer break, your Spanish teacher is planning to rearrange the classroom. Describe where you think the furniture should be placed while your partner diagrams the new arrangement. **¡En español, por supuesto!**

C. ¿Qué es?   Look around the classroom and select three specific items (e.g., a classmate's backpack, the teacher's pen, your jacket). Write down what they are. Do not let anyone see your list. In small groups, take turns giving the location of the items on your list without naming them. The other group members should try to identify them.

EJEMPLO   Tú: **Está detrás del escritorio de la profesora.**

CH. ¿Qué hiciste anoche?   Write down everything you did between six and eight o'clock last night. Then, in groups of three or four, compare your lists of activities within the group. Make one list of the activities that all of you had in common. Then compare your group's list with those of other groups in the class. Now make a master list of all the activities everyone in the class had in common.

D. ¡Mandatos y más mandatos!   Make a list in Spanish of all the commands your teachers have given you today. Compare your list with your partner's. On the chalkboard, write all the commands that both you and your partner listed.

E. ¿Por qué no fuiste conmigo? Your friend wants to know why you didn't go with him or her last week to the places pictured under **Tú.** You want to know why your friend was not able to go with you to the places pictured under **Compañero(a).** Take turns giving excuses.

Tú

Compañero(a)

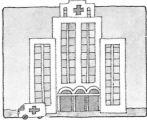

Dramatizaciones

A. ¡Ten cuidado! You are babysitting your little brother or sister. He or she has reached the questioning stage and is not very cooperative. Role-play this situation with a partner.

Tú	**Compañero(a)**
■ Tell your partner to come here.	■ Ask why.
■ Say that you are both going to the store.	■ Say that's okay.
■ Tell him or her to wear a sweater.	■ Ask why.
■ Answer that it's cold.	■ Ask when you are leaving.
■ Tell him or her to be patient and to be careful.	■ Ask why.
■ Say that there is a lot of traffic.	■ Ask why.
■ Ask him or her to be good.	■ Say okay.

B. ¡Pero, papá . . . ! Your parents have decided that you need to rearrange the furniture in your bedroom. As they suggest where to put certain items, you have conflicting ideas about where they should go. Role-play this situation with two classmates.

Reading strategy: Skimming

A. Anticipemos. In the last fifty years, the state of Florida has experienced a huge growth in population. This growth has endangered the ecological region known as the Everglades. More people means more houses, which means cutting more trees in order to create space for building more houses. This attitude—of putting humans' needs first—is what is causing the destruction of the tropical forest. How much do you know about deforestation? In the first column, indicate whether you believe the statements are **ciertos** (**C**) or **falsos** (**F**). Then read the article and indicate what the author thinks in the third column.

MI OPINIÓN		La deforestación tropical	OPINIÓN DEL AUTOR	
C	F	**1.** El bosque tropical tiene el mayor número de especies de animales y plantas que se puede encontrar sobre la Tierra.	C	F
C	F	**2.** Los hombres que viven en el bosque tropical han vivido allí durante miles de años.	C	F
C	F	**3.** Ahora, un espacio de bosque del tamaño de un campo de fútbol es destruido cada día.	C	F
C	F	**4.** Muchos árboles del bosque tropical son muy valiosos por su edad.	C	F
C	F	**5.** Las personas que siempre han vivido en el bosque son las que están destruyéndolo.	C	F
C	F	**6.** La destrucción del bosque implica la destrucción de miles de ecosistemas de miles de plantas, animales y seres humanos.	C	F

B. Hojeando. Skimming means reading quickly in order to get the general idea of a passage. Skimming requires noting only information and clues that reveal the central theme or topic of a passage.

Now quickly skim through the fourth paragraph of **La deforestación tropical**. Decide which phrase listed under **En peligro** expresses the central theme and which phrases are simply clues that provide an idea leading to the central theme. Then repeat the same process with the last paragraph.

En peligro
a. Los animales y las plantas necesitan el bosque para sobrevivir.
b. Todos los animales del bosque están en peligro de extinción.
c. Muchos animales y plantas van a desaparecer en el bosque.

Luchar por el bosque
a. El bosque tropical tiene un valor muy grande.
b. El hombre tiene que entender la importancia del bosque tropical.
c. Los animales y las plantas del bosque tropical son muy importantes.

LA DEFORESTACIÓN TROPICAL

LA DESTRUCCIÓN DEL BOSQUE TROPICAL

Fragmentos del libro por M. Bright

INTRODUCCIÓN

El bosque tropical es un lugar muy especial. Se halla poblado* por el mayor número de especies de animales y plantas que se puede encontrar sobre la Tierra. Los hombres que viven en este lugar ruidoso* y lleno de color han convivido con animales y plantas durante miles de años. Pero en la actualidad,* un espacio de bosque del tamaño de un campo de fútbol es destruido cada día. Una reserva preciosa de animales y plantas desaparece, quizás para siempre.

allí vive

de muchos sonidos

el presente

1

EL BOSQUE TROPICAL

Los árboles del bosque tropical parecen una enorme alfombra **1** verde, que cubre el territorio en una extensión de miles de kilómetros. La zona interior del bosque es calurosa* y muy húmeda. Además de árboles, hay muchas otras formas de vida. Por todas partes, crecen* otras plantas de variadísimas formas y tamaños, algunas incluso por encima* de los mismos árboles. El aire se llena de sonidos de animales, llamadas de pájaros y zumbidos* de insectos.

hace mucho calor

producen

sobre

sonidos

LA TALA DEL BOSQUE

Los árboles del bosque tropical se talan* por diversos motivos. Muchos árboles son viejos—algunos tienen más de doscientos años—y su madera es muy dura,* por lo que se utiliza en la construcción y en la fabricación de muebles.* Sin embargo, sería preferible emplear* maderas más baratas, como la del pino, porque este árbol puede crecer en muchas zonas en tan sólo veinticinco años. También se arrasan* grandes extensiones de bosque tropical para obtener pasto* para el ganado. **2**

se cortan

sólida

sillas, sofás, etc

usar

destruyen

comida

La deforestación

2

EN PELIGRO

Los animales y las plantas se adaptan a los alimentos*
y al clima de una zona. Si el medio* es destruido o
sus nidos y sus guaridas* desaparecen, les es difícil
sobrevivir en un lugar muy diferente. Cuando
destruimos un bosque, los animales y las plantas que
allí viven también son destruidos. En todo el
mundo desaparecen cada día diferentes especies de
animales y plantas debido a la tala de árboles.
Muchos otros se encuentran en peligro de
extinción, lo que significa que están a punto de
desaparecer para siempre.

la comida
lugar
*cuevas o
refugios*

LOS PUEBLOS

Los pueblos que viven en el bosque tropical talan sólo
pequeñas zonas para dedicarlas al cultivo y
periódicamente trasladan* su poblado de lugar. El
bosque crece y se renueva sin grandes dificultades.
Preparan también sus propias medicinas con ingredientes que obtienen de las plantas. Si destruimos el
medio en que viven, pueden llegar a desaparecer y
con ellos se perderán* su forma de vida y su cultura.

*cambian o
mueven*

*van a
desaparecer*

LUCHAR POR EL BOSQUE

Si el bosque tropical desaparece, algo muy valioso* se
va a perder. Con él, se van a destruir los
ecosistemas de miles de plantas, animales y seres
humanos. Nuestra actitud debe estar, pues,
encaminada* a evitar su desaparición. Todos
debemos esforzarnos* por comprender la importancia
del bosque y la trascendencia* de lo que en él sucede.*

de gran valor

orientada o destinada
trabajar
importancia / ocurre

Los habitantes de la selva

Verifiquemos

1. Prepara una lista en dos columnas como ésta, y complétala.

La selva tropical va a desaparecer si...	Para proteger la selva tropical, tenemos que...
1. . . .	1. . . .
2. . . .	2. . . .

2. ¿Por qué talan los árboles del bosque si saben que eso va a
destruirlo?

3. ¿Quién o quiénes pueden proteger los bosques tropicales?
Explica cómo pueden hacerlo.

ESCRIBAMOS UN POCO

Writing strategy:
Retelling an event

A. Empezando. A newspaper reporter writes an article to retell an event. Read and discuss the newspaper article at the bottom of the page. Then answer the questions below.

1. What pieces of information are presented in the first paragraph?
2. What information is included in each of the next four paragraphs?
3. If the newspaper's editor had to shorten this article to fit a limited space, what would be the best way to cut the article without losing *essential* information?
4. What does the headline do? How does the "photo" add to the article?

¡LEÑADOR MATA UN LOBO Y RESCATA A ABUELA Y SU NIETA!

Bosque Encantado. La jovencita, Caperucita Roja, fue a visitar a su abuela el sábado. Le llevó una canastita de bizcocho y chocolate. Según ella, en camino se encontró con el lobo, pero esto no le preocupó porque el lobo le dijo que no tenía hambre.

La señorita Caperucita Roja tardó un poco más de lo normal en llegar a la casa de su abuela porque se detuvo a recoger flores en el bosque. Cuando llegó, vio que su abuela estaba en cama. Le pareció extraño porque su abuela tenía los ojos, las orejas y los dientes demasiado grandes. Pronto descubrió que no era su abuela sino el lobo en los pijamas de

su abuela. Gritó, pero el lobo no le hizo caso y empezó a comerse el bizcocho.

A este punto, Chucho Cortabosques la oyó gritar y corrió rápidamente a la casita de la abuela. Allí encontró al lobo comiendo bizcocho y tomando chocolate. Inmediatamente lo mató y rescató a la señorita Caperucita Roja y a su abuela, aterrorizadas, pero en buena salud.

"Yo siempre le digo a mi hija que no se detenga a hablar con desconocidos", dijo la madre de la jovencita. "¡Tal vez ahora va a creerme!"

El señor Cortabosques va a recibir una medalla de honor en una ceremonia especial en el ayuntamiento el martes próximo a las 8:00 de la noche.

B. Planeando. Now you will write a short article reporting a recent event that you witnessed. If you'd rather, you may choose to be another kind of editor and write about a different topic. For example:

- A society editor (the wedding in Unit 4)
- A travel editor (Víctor and Manolo's trip to Madrid in Unit 5 or Mónica's trip to Guadalajara in Unit 6)
- A sports editor (the soccer game in this unit)

Think about the key pieces of information you must include about the event: **quién, qué, dónde, cuándo, cómo,** y **por qué.** Think about description, details, and additional information that will make your article more interesting to your readers. Brainstorm a list of vocabulary you may need to write your article.

C. Organizando. Make a cluster diagram to help you organize before you write. Put the headline in the main circle, with the six vital pieces of information supporting it. Then cluster details and further explanations. Rank your supporting paragraph ideas from most to least important and write your article in that order.

CH. Escribiendo. Use your cluster diagram to write the first draft of your article. Include as much information as possible, remembering that the least important information should come last, in case your editor in chief has to shorten your article.

D. Compartiendo. Share your draft with two or three classmates. Is there anything they don't understand? Is there information you should have included? Is there anything they think you should change?

E. Revisando. Revise and refine your article based on your classmates' suggestions. Before you publish your final version, share your article with two more classmates. This time ask them to edit for grammar, spelling, and punctuation.

¡En camino a Segovia!

Segovia

Barcelona

PORTUGAL

★ Madrid

ESPAÑA

Córdoba

Sevilla

0   150 Kilómetros

0   100 Millas

¡Es hora de levantarte!

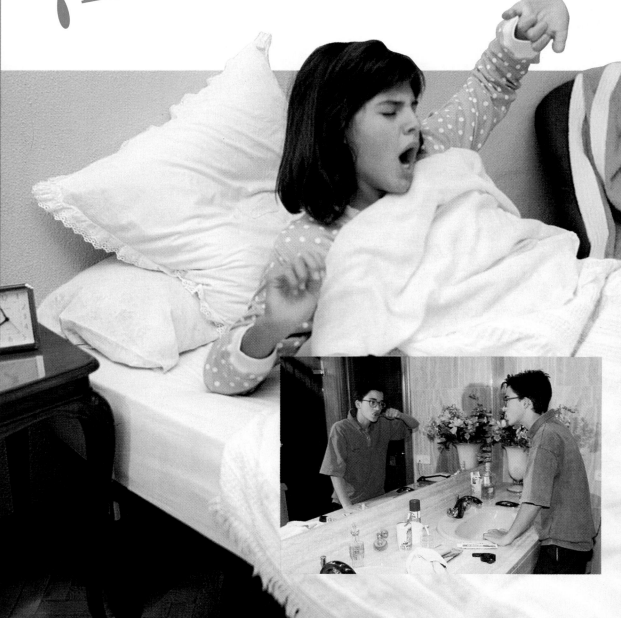

SEGOVIA

RELACION DE MONUMENTOS

1. Acueducto romano
2. Iglesia de San Clemente
3. Iglesia románica de San Millán
4. Casa de los Picos
5. Palacio de los Condes de Alpuente
6. Casa señorial de Lozoya
7. Iglesia de San Martín
8. Catedral
9. Iglesia de San Andrés
10. Alcázar
11. Iglesia de San Esteban
12. Iglesia de la Trinidad
13. San Juan de los Caballeros
14. Iglesia de San Justo
15. Torre de San Lorenzo
16. Convento de la Santa Cruz
17. Monasterio de El Parral
18. Torre de Hércules

¿Qué piensas tú?

1. ¿Qué tiene que hacer la chica en la foto para estar lista a las 8:30?

2. ¿Cómo tiene que hacer estas cosas?

3. ¿Qué tiene que hacer el chico en la foto para estar listo a las 8:30?

4. ¿Cómo va a tener que hacer estas cosas?

5. ¿Cuál es la ciudad en este mapa?

6. ¿Qué lugares en el mapa te gustaría visitar? ¿Por qué?

7. ¿De qué vas a poder hablar al final de la lección?

Marta Molina y su familia viven en Madrid.

1

Esta tarde, Marta va a una fiesta en casa de su amiga Inés, pero ya son las seis y Marta todavía está durmiendo la siesta.

Ven a mi casa. Hay una fiesta el viernes a las 19:00
Inés

2

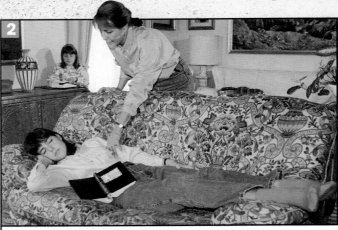

Mamá: *Despiértate, hija. Ya son las seis. La fiesta es a las siete y todavía tienes que arreglarte.*

Marta se levanta lentamente y va a su cuarto.

3

Se quita la ropa para bañarse.

Marta: *Tere, ¡quítate! No tengo tiempo para hablar ahora. Tengo prisa.*

4

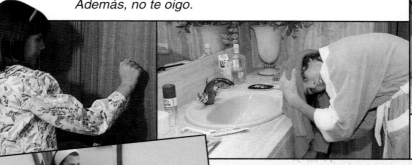

Mientras se seca el pelo, Tere llama a la puerta y empieza a decir algo.

Tere: ¡Marta! ¡Marta!

Marta: ¡Tere! ¡Cállate, por favor! No tengo tiempo ahora. Además, no te oigo.

Marta se baña y se lava el pelo.

Después se lava los dientes.

5

En su cuarto Marta se pinta. Tere entra y se sienta al lado de Marta y empieza a pintarse también.

Marta: ¡Tere! ¡No!

Tere: ¡Mamáaa!

6

Luego, Marta se viste. Se pone su nuevo suéter azul. Se sienta frente al espejo y se peina.

7

Marta entra en la cocina para despedirse de su madre. Tere la sigue.

Mamá: Hija, ¡qué guapa estás!

Marta: Gracias, mamá. Pero ya es tarde. ¿Puedes llevarme en el coche?

Mamá: Sí, sí, pero primero quiero que me ayudes un momentito.

Marta: Ay, mamá.

Luego se levanta y se mira en el espejo.

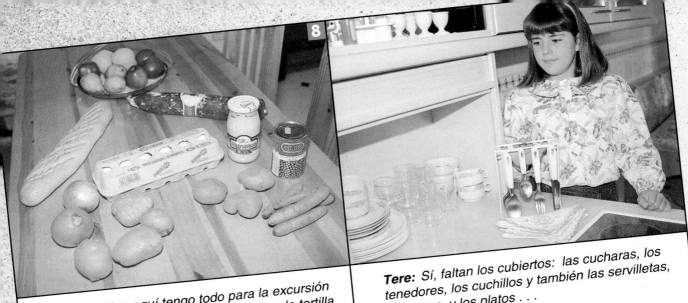

8

Mamá: Mira, aquí tengo todo para la excursión a Segovia mañana: la ensaladilla rusa, la tortilla, el chorizo y el pan para los bocadillos . . . ¿Falta algo más?

Tere: Sí, faltan los cubiertos: las cucharas, los tenedores, los cuchillos y también las servilletas, los vasos, y los platos . . .

Mamá: Ya, Tere.

9

Mamá: Mira, hasta el desayuno para mañana está listo: el pan, la mantequilla, la mermelada . . .

Marta: ¡Mamá! ¡Tengo que irme!

10

Marta: ¡Tere! ¿Qué quieres? ¡Tengo prisa!

Tere: Quiero decirte que no hay fiesta.

Marta: ¿Cómo? ¿No hay fiesta?

Tere: No. La madre de Inés llamó y dijo que Inés está enferma y que no hay fiesta esta tarde.

¿QUÉ DECIMOS...?

Al describir la rutina diaria

1 *Un día muy especial.*

ESTA MAÑANA, COMO TODAS LAS MAÑANAS, ANDRÉS MOLINA SE DESPIERTA MUY TEMPRANO...

... Y SE LEVANTA INMEDIATAMENTE.

SE LAVA LOS DIENTES...

SE VISTE RÁPIDAMENTE.

... SE PONE EL RELOJ...

...Y SALE A CORRER.

PERO HOY NO ES UN DÍA TÍPICO. HOY LA FAMILIA MOLINA PIENSA HACER UNA EXCURSIÓN A SEGOVIA.

ENTONCES, ¿DÓNDE ESTÁN LOS OTROS? ¿TODAVÍA ESTÁN DURMIENDO?

2 Ya me levanto.

3 Pásame el pan.

4 *Corta el chorizo.*

CHARLEMOS UN POCO

A. ¿Qué hacen primero?   ¿Cómo se preparan los miembros de la familia Molina para hacer una excursión? Pon en orden cronológico esta lista de actividades.

1. Se lavan los dientes después de comer.
2. Se sientan a la mesa para desayunar.
3. Se visten.
4. Preparan el almuerzo.
5. Se despiertan temprano
6. Empacan los cubiertos.
7. Todos toman pan y chocolate o café.
8. Se levantan y se bañan.

B. Primero me pongo...   Pregúntale a un(a) compañero(a) qué ropa se pone primero.

 MODELO   Tú: **¿Qué te pones primero, los zapatos o los calcetines?**

Compañero(a): **Primero, me pongo los calcetines.**

C. ¿Qué me pongo?   Según María, ¿qué se ponen ella y su familia para pasar la tarde en el parque?

MODELO   hermano: ¿una camisa o una camiseta?
Mi hermano se pone una camiseta.

1. mamá: ¿un vestido elegante o pantalones?
2. papá: ¿pantalones cortos o pantalones largos?
3. hermanos: ¿sandalias o zapatos elegantes?
4. yo: ¿pantalones cortos o un vestido?
5. mamá y papá: ¿gafas de leer o gafas de sol?
6. mi hermana y yo: ¿vestidos o pantalones cortos?
7. hermana: ¿zapatos deportivos o sandalias?
8. todos: ¿suéteres o impermeables?

Reflexive Pronouns

me pongo	nos ponemos
te pones	
se pone	se ponen
se pone	se ponen

See **¿Por qué se dice así?,**
page G110, section 8.1.

CH. ¡Buenos días!   La familia de Carlos sigue la misma rutina todos los días. Según Carlos, ¿qué hacen todos?

MODELO   papá / despertarse a las 6:00
Papá se despierta a las seis.

1. nosotros / levantarse temprano
2. yo / ponerse / pantalones cortos
3. tú / vestirse antes de comer
4. mi hermana / bañarse primero y / luego lavarse los dientes
5. papá / afeitarse primero y / luego lavarse el pelo
6. mamá y papá / sentarse a tomar el café
7. Roberto / acostarse temprano
8. por la noche, todos / dormirse inmediatamente

See ¿**Por qué se dice así?**, page G110, section 8.1.

Reflexive pronouns: Placement

Like object pronouns, reflexive pronouns may follow and be attached to an infinitive, an affirmative command, or the **-ndo** form of a verb.

¿Qué van a poner**se** ustedes?
Acuésta**te** temprano.
Estamos durmiéndo**nos** aquí.

See ¿**Por qué se dice así?**, page G110, section 8.1.

Adverbs

Adverbs answer the questions *how*, *when*, and *where* about the verb. Most adverbs that tell *how* an action is done are formed by adding **-mente** to the end of the feminine form of an adjective.

rápida + **-mente**   rápidamente
alegre + **-mente**   alegremente

See ¿**Por qué se dice así?**, page G113, section 8.2.

D. ¡Mando yo! Tus papás no están en casa y por un día mandas tú. ¿Qué le dices a tú hermanito(a)?

MODELO   6:30 despertarse
Despiértate. Ya son las seis y media.

1. 6:45 levantarse
2. 6:50 vestirse
3. 7:00 sentarse a la mesa
4. 7:15 lavarse los dientes
5. 7:25 ponerse el abrigo
6. 4:00 hacer la tarea
7. 9:15 quitarse la ropa y bañarse
8. 9:30 acostarse y dormirse

E. ¿Y tú? Pregúntale a tu compañero(a) acerca de su rutina de ayer.

MODELO   despertarse
Tú: **¿A qué hora te despertaste ayer?**
Compañero(a): **Me desperté a . . .**

1. levantarse
2. bañarse
3. peinarse
4. desayunar
5. salir para la escuela
6. sentarse en su primera clase
7. regresar a casa
8. acostarse

F. Ve a la tienda. La mamá de Angelita quiere preparar una tortilla española pero no hay huevos. ¿Qué le dice a Angelita?

MODELO   rápido
Ven acá **rápidamente.**

1. inmediato   3. sólo   5. cortés   7. lento
2. directo   4. paciente 6. cuidadoso

Sal de la casa _1_ y ve _2_ a la tienda. _3_ necesito media docena de huevos. Espera _4_ hasta que te puedan atender. Saluda _5_ al dependiente y despídete antes de salir. Ah, y por favor, cruza la calle _6_ . No corras. Camina _7_ .

G. Rutina diaria. Pregúntale a tu compañero(a) cómo hace estas actividades diarias.

EJEMPLO   bañarse rápida o lentamente
Tú: **¿Te bañas rápida o lentamente?**
Compañero(a): **Me baño rápidamente.** o
               Me baño lentamente.

1. peinarse frecuente o infrecuentemente
2. despertarse fácil o difícilmente
3. arreglarse cuidadosa o rápidamente
4. peinarse rápida o lentamente
5. levantarse alegre o tristemente
6. vestirse informal o formalmente
7. hacer la tarea paciente o impacientemente

H. Somos diferentes. Describe la rutina diaria de tu familia.

EJEMPLO   hermana / arreglarse
Mi hermana se arregla lenta y cuidadosamente.

VOCABULARIO ÚTIL:

rápido	lento
frecuente	infrecuente
cuidadoso	descuidado
informal	formal
elegante	normal
alegre	triste
¿ . . . ?	

1. yo / despertarse
2. hermana / lavarse los dientes
3. mamá / levantarse
4. hermano / bañarse
5. hermana / vestirse
6. hermanito / acostarse
7. papá / afeitarse
8. hermanos / peinarse

I. Pon la mesa.   Marta le está enseñando a Tere a poner la mesa. ¿Qué le dice?

MODELO   a la derecha de la cuchara
Pon la taza a la derecha de la cuchara.

1. a la izquierda del plato
2. cerca del cuchillo
3. debajo del tenedor
4. a la derecha del plato

5. debajo de la taza
6. al lado del cuchillo
7. entre los cubiertos
8. encima del platillo

Adverbs in a series

When two or more adverbs are used together in a sentence, only the last one ends in **-mente**. The others end in the feminine form of the adjective.

Ella habla **cuidadosa, lenta** y **constantemente.**

See **¿Por qué se dice así?,** *page G113, section 8.2.*

Al poner la mesa

tenedor   cuchillo

cuchara

servilleta   plato

taza y platillo

copa

vaso

CHARLEMOS UN POCO MÁS

A. Mi rutina diaria. For your health class, you are supposed to keep a record of your daily activities from the time you get up in the morning until you go to school and then from the time school is over until bedtime. Write down everything you do and indicate the time. Then ask your partner about his or her daily routine. Put an asterisk on your schedule anytime both of you do the same thing at the same time.

B. El fin de semana. With a partner, take turns telling what is happening in each drawing of the International Club's camping trip.

MODELO **Andrea**
Andrea se está lavando los dientes. o
Andrea está lavándose los dientes.

1. Pedro **2. Ana** **3. Alma y Berta** **4. Jorge** **5. tú**

6. Javier **7. Sr. Ortega** **8. Marta y yo** **9. Julio y Paco** **10. Srta. Montalvo**

C. Crucigrama. Your teacher will give to you and to your partner a cooperative crossword puzzle. You complete the vertical clues and then ask your partner for the horizontal clues. Your partner will ask you for the vertical clues. By cooperating, you will be able to solve the complete puzzle. Do not look at each other's puzzles. Ask each other definitions of the missing words.

EJEMPLO Tú: **¿Cuál es el número cuatro horizontal?**
Compañero(a): **Dijo "adiós" de una manera triste.**
Answer: *tristemente*

CH. ¡Bocadillos!   Your Spanish class has decided to have a picnic. Your teacher has asked each group to select and prepare one Spanish bocadillo from the choices below. Find out what your group members would prefer to eat. Decide if you will prepare it just as pictured or if you wish to doctor yours up with any of the following condiments.

VOCABULARIO ÚTIL:

tomate	mantequilla	mayonesa
mostaza	cebolla	sal o pimienta
lechuga	salsa de tomate	

chorizo

tortilla de patatas

jamón

jamón y queso

anchoas

tortilla francesa

salchichas fritas

atún

queso

perrito

D. ¿Tú también?   Find out how many things you and your partner do every day at the same time. Using the schedules your teacher provides, ask your partner questions until you know exactly what he or she does and answer all of your partner's questions. Don't look at each other's schedules until you have finished.

E. ¡Qué creatividad!   Your mother has asked you to set the table, and you are feeling very creative. Decide how you would set the table using the items pictured below. Draw a sketch, but do not show it to anyone. As you describe your table setting to your partner, he or she will draw it. Then, you draw as your partner describes his or her place setting to you. When you have finished, compare each drawing to your originals.

Dramatizaciones

A. ¡Ya es hora!   You can't seem to get your brother or sister to move quickly this morning. Role-play this situation with your partner.

Tú	**Compañero(a)**
■ Tell your partner to wake up, that it is already 7:00.	■ Say that you are getting up.
■ Tell your partner to get dressed.	■ Tell what clothes you are putting on.
■ Tell your partner to come to breakfast.	■ Say that you are washing your face.
■ Say that you are leaving in five minutes.	■ Say that you are coming and that you are putting on your shoes. Ask what the weather is like.
■ Say it's cool out and add that it is 7:45.	■ Say that you are coming but that you are going to take off your sweater and wear your jacket.
	■ Say that you are coming now.

B. El sábado.   You and your partner are discussing what you did last Saturday and how you did it. Role-play the situation as you go over all of that day's activities.

¡No metas la pata!

¡Es una tortilla! Luisa is an exchange student from Guadalajara, Mexico. On her second day in Madrid, she and a Spanish friend are having lunch out.

Julia: *(Al camarero)* **Una tortilla, por favor.** *(A Luisa)* **Está bien contigo, ¿no? Las tortillas son riquísimas aquí.**

Luisa: **Me gustan las tortillas, pero . . . ¿no vamos a pedir algo más? Yo tengo bastante hambre.**

Julia: **Sí, no te preocupes. Las tortillas son bien grandes aquí.**

(El camarero sirve la tortilla.)

Julia: **Aquí está. Buen provecho, Luisa.**

Luisa: **Pero, ¿qué es esto? ¡Nosotras no pedimos un omelete!**

▶ Why is Luisa surprised when the waiter brings the Spanish **tortilla?**

1. She's very hungry and just doesn't think one omelet will be enough for the two of them.
2. She doesn't like omelets.
3. She doesn't really know what a Spanish tortilla is like.

❏ Check your answer on page 418.

Y ahora, ¡a leer!

Antes de empezar

In the United States, people in different regions have different names for the submarine sandwich—hoagy, grinder, garibaldi, etc. When people in different countries use the same language, such differences become even more noticeable. Look at the lists below and try matching each American English term with its British English equivalent.

American English	British English
1. cookies	**a.** lift
2. bell pepper	**b.** mince
3. elevator	**c.** crisps
4. ground round	**ch.** gammon
5. toilet	**d.** boot
6. molasses	**e.** bangers
7. trunk of a car	**f.** biscuits
8. (potato) chips	**g.** treacle
9. sausages	**h.** w. c. (water closet)
10. smoked ham	**i.** capsicum

Verifiquemos

After you have read the selection about food names, make a chart similar to the one below and give the appropriate name for each fruit or vegetable listed in the various Spanish-speaking regions.

Frutas y verduras			
EE.UU.	**México**	**Argentina**	**España**
avocado			aguacate
beans			
chili pepper			
corn on the cob			maíz en su mazorca
peach			
pineapple			
potato			

¿Durazno o melocotón?

Los nombres de muchos comestibles varían de país a país y aun de región a región. Estas variaciones pueden causar gran confusión para el turista, ¡especialmente en restaurantes! Es interesante observar estas diferencias en los nombres de varias comidas en los países de habla española.

En algunos casos, la misma palabra se refiere a diferentes cosas, como en el caso de la tortilla en México y la tortilla en España. Otro ejemplo es el taco. Para el mexicano un taco es un tipo de

¿Durazno o
melocotón?

tiene diferentes nombres en diferentes países. El español dice patata cuando el mexicano y el argentino dicen papa. Lo que el español conoce como melocotón, el

mexicano y el argentino conocen como durazno. La palta del argentino es el aguacate del mexicano.

Hay muchos ejemplos más de este tipo de variación. En México sirven frijoles, en Argentina porotos y en España fríjoles (con el acento en la

primera sílaba), habichuelas y judías. Si quiere darle un sabor picante a una comida, el mexicano le añade chile, mientras el argentino le añade ají y el español, pimiento picante. Si quiere comer maíz tierno en su mazorca, el argentino pide choclo y el mexicano pide elote. La fruta que llaman piña en México, en Argentina es ananá. Y en España, le dicen piña americana.

¿Aguacate
o palta?

¿Cómo sabemos qué nos van a servir cuando viajamos a distintos países? No hay una respuesta fácil a esta pregunta. Uno simplemente tiene que ser un poco aventurero y reconocer que viajamos a otros países, no porque son idénticos al nuestro, sino precisamente porque son diferentes.

¿Elote o
choclo?

bocadillo hecho de una tortilla mexicana. Para el sudamericano, un taco es ¡el tacón de un zapato! Y un español dice ¡pero qué tacos! cuando oye a alguien decir malas palabras.

En otros casos, la misma fruta o verdura

¿Piña o
ananá?

¡La vista es bellísima !

¿Qué piensas tú?

1. ¿Qué diferencias hay entre las casas en las fotos de esta página?

2. ¿Qué diferencias crees que hay en el interior de estas casas?

3. ¿Qué tipo de casa se ve en la página anterior? Se llama el Alcázar. ¿Quién crees que vive allí? ¿Cuándo crees que se construyó el Alcázar? ¿Por qué?

4. ¿Hay algo similar al Alcázar en tu estado? Si hay, descríbelo.

5. ¿Cómo crees que son las salas en el Alcázar—normales, grandes o grandísimas? ¿Y los muebles? ¿Los patios?

6. ¿De qué vas a poder hablar al final de la lección?

**Esta noche la familia Molina va a quedarse
en el Hotel Infanta Isabel en Segovia.**

1

Es la primera vez que Tere y sus hermanos se quedan
en un hotel. Mientras sus padres se registran,

Tere, curiosísima, empieza a explorar.
"Hmmm . . . ¡qué interesante!" piensa Tere.

2

En el salón de entrada hay sillas, un sofá,
un espejo grandísimo, mesas y lámparas.
Tere está impresionada.

Se sienta en una silla elegante. Pero decide que
no le gusta porque es demasiado dura.

El sofá es más blando. Todos los muebles son
elegantísimos. Unos parecen más cómodos, otros
menos cómodos, pero todos son impresionantes.
No puede resistir tocar los otros muebles.
"¡Qué bonitos!"

Tere se divierte tanto que olvida a su familia completamente . . .

. . . y ellos la olvidan a ella. Suben a su cuarto a dejar las maletas, pero nadie se da cuenta que Tere no está con ellos.

"¡Es precioso!"

Tere no puede evitar la tentación de explorar el hotel un poco más. Sigue por un pasillo que da al comedor.

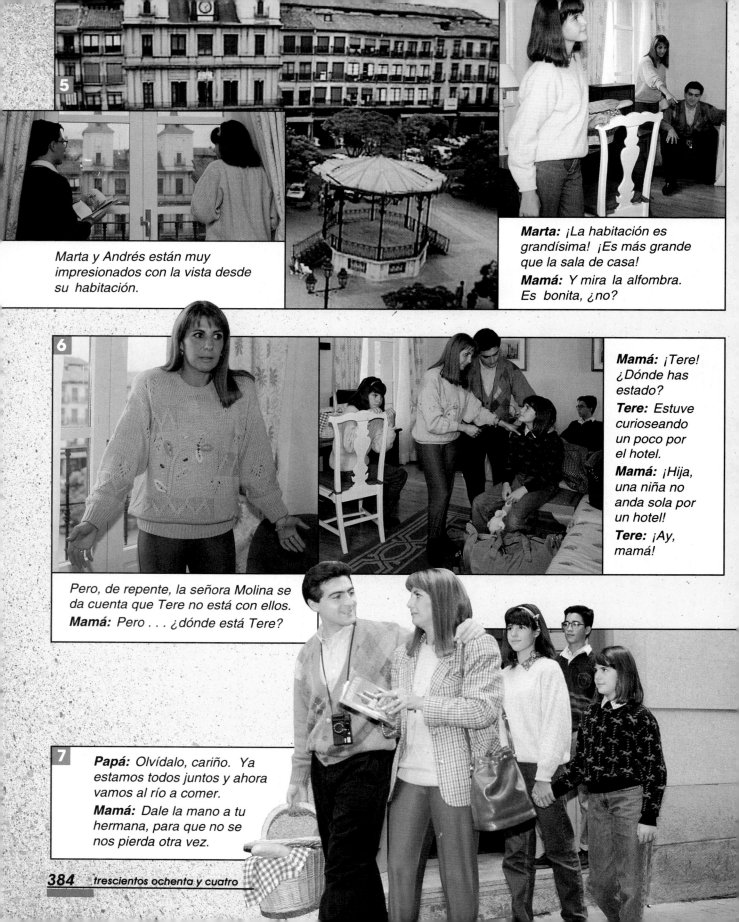

5

Marta y Andrés están muy impresionados con la vista desde su habitación.

Marta: ¡La habitación es grandísima! ¡Es más grande que la sala de casa!
Mamá: Y mira la alfombra. Es bonita, ¿no?

6

Mamá: ¡Tere! ¿Dónde has estado?
Tere: Estuve curioseando un poco por el hotel.
Mamá: ¡Hija, una niña no anda sola por un hotel!
Tere: ¡Ay, mamá!

Pero, de repente, la señora Molina se da cuenta que Tere no está con ellos.
Mamá: Pero . . . ¿dónde está Tere?

7

Papá: Olvídalo, cariño. Ya estamos todos juntos y ahora vamos al río a comer.
Mamá: Dale la mano a tu hermana, para que no se nos pierda otra vez.

¿QUÉ DECIMOS...?

Al hacer una excursión

1 *¡Estuvo riquísima!*

2 ¡Son viejísimos!

3 *A ver si es más blanda que la mía.*

4 *¡Qué vista!*

CHARLEMOS UN POCO

A. De viaje. Los Molina están en Segovia. Según su conversación, qué están haciendo: ¿visitando el Alcázar o comiendo al aire libre?

1. ¿Dónde están los muebles?
2. ¿Prefieres una manzana o una naranja?
3. ¿Qué hay de postre?
4. Nadie vive aquí ahora.
5. A ver si son tan cómodos como nuestros sillones.
6. Creo que voy a ponerme enfermo.
7. ¡Subimos muchos escalones!
8. Ésta se llama la Sala de la Galera.
9. ¿Te gustó la ensaladilla?
10. Esta cama es más blanda que la mía.
11. Los bocadillos estuvieron excelentes.
12. Se puede ver la catedral y toda la ciudad.

B. En camino. ¿Cuántas horas estuvieron los miembros de la familia Molina haciendo estas actividades?

MODELO mamá: preparándose para el viaje (3 horas)
Mamá estuvo tres horas preparándose para el viaje.

1. Andrés: corriendo por la mañana (20 minutos)
2. Marta: peinándose y arreglándose (45 minutos)
3. yo: viajando en coche a Segovia (1 hora y media)
4. Tere: subiendo a la torre del Alcázar (10 minutos)
5. nosotros: comiendo al aire libre (2 horas y media)
6. mamá y Marta: mirando el dormitorio del rey (15 minutos)
7. todos: observando los tronos (30 minutos)

C. ¿Dónde? ¿En qué cuarto haces las siguientes actividades?

MODELO ¿Dónde te vistes?
Me visto en la alcoba. o
Me visto en el baño.

1. ¿Dónde te bañas?
2. ¿Dónde te pones los zapatos?
3. ¿Dónde recibes a los invitados?
4. ¿Dónde ves televisión?
5. ¿Dónde desayunas?
6. ¿Dónde haces la tarea?
7. ¿Dónde almuerzas?
8. ¿Dónde te acuestas?
9. ¿Dónde te peinas?
10. ¿Dónde pones el coche?
11. ¿Dónde duermes?
12. ¿Dónde te lavas los dientes?
13. ¿Dónde arreglas la bicicleta?
14. ¿Dónde haces gimnasia?
15. ¿Dónde preparas la comida?

Preterite of *estar*

estuve	estuvimos
estuviste	
estuvo	estuvieron
estuvo	estuvieron

See **¿Por qué se dice así?,**
page G114, section 8.3.

La casa

CH. ¡Qué exagerado! ¿Qué dicen tus amigos cuando vienen a visitarte a tu nueva casa?

MODELO   sala / cómodo
La sala es comodísima.

1. cocina / moderno
2. alcoba / lindo
3. comedor / pequeño
4. pasillo / largo

5. baño / feo
6. sala / elegante
7. garaje / grande
8. patio / cómodo

Exagerating physical qualities: -ísimo superlatives

Remove the **-o** ending of an adjective and add **-ísimo** (-a, -os, -as).

bueno   buen**ísimo** (-a, -os, -as)
alto   alt**ísimo** (-a, -os, -as)
largo   *larg**uísimo** (-a, -os, -as)
rico   *riq**uísimo** (-a, -os, -as)

Note the **g → gu** and **c → qu** spelling changes.

See **¿Por qué se dice así?,**
page G115, section 8.4.

D. ¡Estuvo rico!   Tú y tus amigos fueron a comer a un restaurante anoche. ¿Cómo describen la comida?

MODELO   ensalada (bueno)
La ensalada estuvo buenísima.

1. fresas (rico)
2. pan (bueno)
3. tortilla (malo)
4. chorizo (sabroso)

5. jamón (bueno)
6. papas (malo)
7. café (rico)
8. quesos (sabroso)

E. ¡Es feísimo!   Tú y tu amigo(a) van con tus padres a comprar muebles. ¿Qué comentarios hacen ustedes?

 MODELO   Tú: **¿Qué piensas de este sofá?**
Compañero(a): **¿Ése? Es feísimo.**

VOCABULARIO ÚTIL:

elegante	feo	bello	lindo	moderno
caro	pequeño	largo	grande	precioso

MODELO   **1.**   **2.**   **3.**   **4.**

5.   **6.**   **7.**   **8.**

LECCIÓN 2

F. ¡Qué feos! Pregúntale a tu compañero(a) cómo se comparan el monstruo e Igor.

 MODELO   manos más grandes

Tú:	**¿Quién tiene las manos más grandes?**
Compañero(a):	**El monstruo tiene las manos más grandes.**

1. pies más grandes
2. cara menos simpática
3. dedos más largos
4. cabeza más pequeña
5. piernas menos flacas
6. ojos más grandes
7. pelo menos corto
8. nariz menos larga

G. ¡Se vende! Héctor está hablando por teléfono con una persona interesada en comprar su casa. ¿Qué cuarto está describiendo?

MODELO
Héctor (Tú):	**Es más pequeño que el otro baño, pero es útil.**
Compañero(a):	**El baño de los padres**

1. Está cerca de la cocina y es tan grande como la sala de familia.
2. Es tan grande como la alcoba de la hija.
3. Es más grande que la sala de familia y es perfecto para recibir a las visitas.

4. Es casi tan largo como la casa y hay espacio para dos coches.
5. Es menos grande que la alcoba de los padres y tan grande como la alcoba del hijo.
6. Es casi tan grande como la cocina y es perfecta para la computadora.
7. Es más grande que la cocina y es donde servimos comidas especiales.
8. Es menos grande y menos formal que la sala y es ideal para el televisor.

H. **¡Es mucho mejor!** ¿Cómo se compara tu escuela con la escuela de estos estudiantes?

 MODELO Mi escuela tiene oficinas lujosas.

Tú:	**Mi escuela tiene oficinas lujosas.**
Compañero(a):	**Es mejor que nuestra escuela.** o
	Es peor que nuestra escuela. o
	Es tan buena como nuestra escuela.

1. En mi escuela, la cafetería sirve comida buenísima.
2. Mi escuela no tiene gimnasio.
3. En mi escuela, hay un teatro enorme.
4. Mi escuela no tiene clases de computación.
5. En mi escuela, todos los estudiantes sacan "A".
6. En mi escuela, no hay tarea.
7. Mi escuela tiene un equipo de fútbol muy bueno.
8. En mi escuela, no hay recreo.

I. **¡Marcianos!** Dos familias de extraterrestres acaban de llegar a tu patio. ¿Cómo los comparas?

MODELO activo
> **Los Rotunis son más activos que los Vertundos.** o
> **Los Vertundos son menos activos que los Rotunis.**

Los Vertundos

Los Rotunis

1. feliz	3. alto	5. grande	7. serio
2. tímido	4. atlético	6. organizado	8. divertido

CHARLEMOS UN POCO MÁS

A. ¿Dónde estuviste?   Find classmates who match the description in each square on the grid that your teacher will provide. When you find a classmate who matches a description, write his or her name in the box. The goal is to have a name in every square. But remember, the same name may not appear more than once on your grid.

B. ¡Casas imaginativas!   Draw a diagram of the house where your favorite fairy tale or cartoon characters might live. Then draw the same diagram but show only where the kitchen is located. Give it to your partner. Describe the rest of the house to your partner so that he or she will be able to diagram it. Compare your diagrams when you finish.

C. ¡Es comodísima!   Look at the sketches below. With your partner share your opinions of each item.

MODELO   Tú: **¿Qué opinas del sillón?**
　　　　　Compañero(a):   **¡Parece comodísimo!**

CH. Un palacio real. Below is a diagram of a royal palace. With your partner, decide in what rooms the furniture around the diagram should be placed and how it should be arranged.

D. ¡Ay, la memoria! Your teacher will provide you and your partner with drawings of eight people you met at a party last weekend. You are both having difficulty remembering the names of all these people. Help each other identify each person by describing and comparing him or her with the others. You may ask each other questions, but do not look at each other's drawings until all eight persons have been identified.

EJEMPLO **Alicia no es muy alta pero es más alta que . . .**

Dramatizaciones

A. Mansiones y palacios. You are telling your partner about the governor's house that you saw yesterday. Role-play this situation.

Tú

- Tell your partner that the house is huge.
- Answer the question. Add that the piano in the living room is very ugly.
- Answer that there are only two and that the TV set in the bedroom is bigger than the one in the living room.
- Answer and then say what you liked most.

Compañero(a)

- Ask if it is also elegant.
- Ask how many TV sets there are in the house.
- Ask if the furniture is modern or old.
- Say that it's obviously a very interesting house.

¡No me digas!

Una invitación a cenar. Claudia arrived this morning in Barcelona from the United States. Her Spanish friend Silvia just picked her up at her hotel and is expaining what she has planned for the day. Read their conversation and then answer the question that follows.

Silvia: **¡Te va a encantar Barcelona! Esta mañana vamos a visitar el Museo de Picasso. ¡Es increíble! De allí vamos a las Ramblas a caminar un rato. Es hermoso caminar allí. Allí también podemos almorzar, si quieres.**

Claudia: **Bien. ¿Por qué no? ¿Y por la tarde? ¿Qué vamos a hacer?**

Silvia: **Bueno, debemos regresar a tu hotel a descansar un rato. Pero a eso de las cinco y media vamos a visitar a mi amiga Pilar. Sé que te va a gustar. Es muy simpática. Ella va a acompañarnos al Pueblo Español. Es un barrio muy especial con casas representativas de toda España. Podemos pasar horas y horas allí.**

Claudia: **¡Qué bien! Podemos cenar allí.**

Silvia: **No, porque mamá insiste en que regresemos a casa a las diez. Va a prepararte una zarzuela de mariscos riquísima.**

Claudia: **Ay, ya la puedo saborear. Pero, ¿a las diez de la noche?**

▶ Why does Claudia seem dismayed by the dinner hour?

1. She thinks that Silvia is deliberately planning a late dinner to see how late she can stay up.
2. She thinks that Silvia's family is strange because they eat so late.
3. She thinks that Silvia made so many plans for the day that they won't be able to eat earlier.

❏ Check your answer on page 418.

Y ahora, ¡a leer!

Antes de empezar

1. When someone is invited to dinnner at 6:00 P.M., how late may he or she arrive and still be "on time"?
2. What do you think of a person who agrees to meet you for lunch at noon and then shows up at 12:45 P.M.?
3. What would you do if you had agreed to babysit your next-door neighbor's child and then received an invitation to a good friend's birthday party on the same evening?

¿Hora latina u hora americana?

La hora para levantarse, desayunar, almorzar, cenar, salir del trabajo, ir al teatro o llegar a una fiesta depende totalmente de la cultura. Tal vez por eso los alemanes al hablar de la hora dicen que el reloj vuela, los norteamericanos dicen que el reloj corre y los españoles que el reloj anda.

Desde el punto de vista de un hispano, en Estados Unidos almorzamos y cenamos demasiado temprano. ¿Por qué? Porque en la cultura hispana, el almuerzo simplemente no se sirve antes de la 1:30 o las 2:00 de la tarde, y la cena puede ser tan tarde como las 9:00 o 10:00 de la noche. Con frecuencia, al viajar en países hispanos, los norteamericanos se sorprenden al entrar en un restaurante al mediodía o a las seis de la tarde y encontrarlo casi vacío. Lo que no saben es que los camareros probablemente están pensando que los norteamericanos son un poco raros por querer almorzar o cenar tan temprano.

A propósito, el concepto de **mediodía** es también distinto. Generalmente en Estados Unidos cuando decimos "Te veo al mediodía" quiere decir que las dos personas

Verifiquemos

¿Sí o no? After you read the article below, indicate whether or not the following behavior would be appropriate if you were living in a Spanish-speaking country or Hispanic community. Explain your answer.

1. llegar media hora tarde a una cena
2. aceptar una invitación a una fiesta y luego llegar dos horas tarde
3. hacer una cita al mediodía para estudiar para un examen
4. invitar a un amigo a almorzar contigo a las 12:30
5. hacer una reservación para cenar a las 10:00 de la noche
6. llegar una hora tarde a almorzar con un(a) amigo(a)
7. no aceptar una invitación a una fiesta porque vas a tener que llegar dos horas tarde
8. llegar tres minutos temprano a una cena

se van a ver a las doce en punto. Cuando dos hispanos dicen esto, es que piensan verse entre las 12:00 y las 2:00 de la tarde. Para el hispano el mediodía consiste en un par de horas y no en las doce en punto.

El norteamericano es muy puntual desde el punto de vista de un hispano—quizás demasiado puntual. ¿Por qué? Porque el norteamericano casi siempre se presenta a la hora indicada cuando recibe una invitación a cenar o a una fiesta. Para el hispano es natural y hasta apropiado llegar media hora o hasta una hora tarde a una función social.

El llegar a la hora exacta es para el hispano llegar a la "hora americana". Si se llega a la hora indicada, lo más probable es que las personas que lo invitaron todavía no estén listos.

Cuando un hispano recibe una invitación a una fiesta, lo más importante es presentarse a celebrar con los amigos que lo invitaron. Por eso, si uno tiene otro compromiso, es preferible llegar tarde a la fiesta después de cumplir con el otro compromiso, que rechazar la invitación y no presentarse.

¡ El cochinillo asado, por favor !

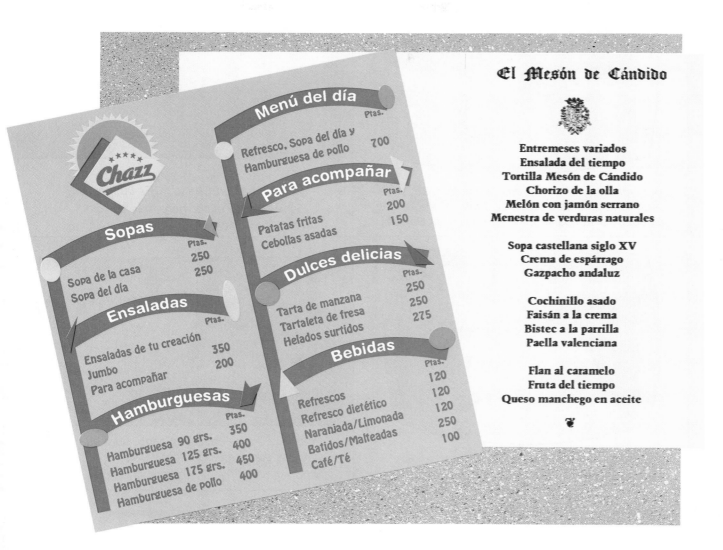

Chazz

Menú del día
Ptas.
Refresco, Sopa del día y
Hamburguesa de pollo ... 700

Para acompañar
Ptas.
Patatas fritas ... 200
Cebollas asadas ... 150

Sopas
Ptas.
Sopa de la casa ... 250
Sopa del día ... 250

Dulces delicias
Ptas.
Tarta de manzana ... 250
Tartaleta de fresa ... 250
Helados surtidos ... 275

Ensaladas
Ptas.
Ensaladas de tu creación ... 350
Jumbo ... 200
Para acompañar

Bebidas
Ptas.
Refrescos ... 120
Refresco dietético ... 120
Naranjada/Limonada ... 120
Batidos/Malteadas ... 250
Café/Té ... 100

Hamburguesas
Ptas.
Hamburguesa 90 grs. ... 350
Hamburguesa 125 grs. ... 400
Hamburguesa 175 grs. ... 450
Hamburguesa de pollo ... 400

El Mesón de Cándido

Entremeses variados
Ensalada del tiempo
Tortilla Mesón de Cándido
Chorizo de la olla
Melón con jamón serrano
Menestra de verduras naturales

Sopa castellana siglo XV
Crema de espárrago
Gazpacho andaluz

Cochinillo asado
Faisán a la crema
Bistec a la parrilla
Paella valenciana

Flan al caramelo
Fruta del tiempo
Queso manchego en aceite

¿Qué piensas tú?

1. ¿Qué tipo de comida ofrecen los dos menús? ¿Cómo son diferentes los dos restaurantes que tienen estos menús? ¿Cómo lo sabes tú?

2. ¿Has comido cochinillo asado alguna vez? Si no, ¿crees que te gustaría? ¿Por qué?

3. ¿Qué tipo de comida crees que sirven en el restaurante en la foto? ¿Por qué crees eso?

4. En tu opinión, ¿cómo es la comida típica de España? ¿Por qué crees eso?

5. ¿De qué vas a poder hablar al final de la lección?

1

Bienvenidos a "Cocinando con Carlos", el programa favorito de toda España. Y ahora con ustedes, el famosísimo cocinero Carlos Sartén.

Tere: Ven, mamá. Mira, ya empezó "Cocinando con Carlos". ¡Es tan cómico! Tiene que ser el cocinero más cómico del mundo. ¿No crees, mamá?

2

Hoy vamos a preparar dos tapas, esos aperitivos tan típicamente españoles.

Mamá: Es algo desorganizado, pero sus recetas son realmente fabulosas. Ahora cállate, hija. Vamos a ver lo que hace.

3

Freí tres patatas cortadas así, una cebolla picada, seis huevos. Luego lo mezclo todo con los huevos, sal . . . al gusto. ¡Y nada de pimienta!

Tengo ya en marcha una riquísima tortilla española.

Luego se deja freír lentamente . . . y mientras tanto, preparamos la otra tapa.

¿Ya están listos? Bueno. ¡Sigamos con las albondiguitas!

Primero se corta la carne. Con cuidado, por favor.

¡No se corten!

Luego se pica la carne.

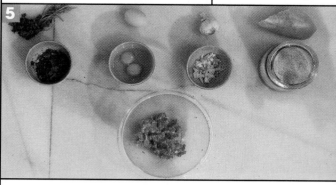

Ahora bien, se mezcla la carne con el pan, los huevos, el ajo y el perijil.

Todo bien mezclado, ¿eh?

Ahora se hacen bolitas con la mezcla.

Veinte a treinta bolitas. ¡Bolita!

Todas del mismo tamaño, ¿eh?

Ahora en una sartén se fríen lentamente las albóndigas con aceite de oliva.

Pero, ¡con cuidado! ¡Que no se queme la cocina!

8

¡Con calma, con calma! ¡Ay, la tortilla! Es importante no dejar freír la tortilla demasiado.

Cuando ya está hecha, se quita del fuego. Hay que darle la vuelta.

Finalmente, hay que pasarla a la sartén y luego al fuego unos minutos más.

9

¡Caramba! ¡Tengan cuidado de no quemar las albóndigas!

Y ahora la salsa, ¡y ya está!

Qué fácil es, ¿verdad?

10

Miren este plato y esta tortilla. ¡Qué maravilla! Claro, preparados con cuidado, tendrán una tortilla exquisita y unas albondiguitas fenomenales.

11

Bueno, hasta la próxima semana, Carlos Sartén les desea "¡Buen apetito!"

Tere: *¡Qué cómico! ¿verdad, mamá?*

Mamá: *Sí, es muy cómico, hija, pero qué desastre. Hoy todo le salió mal.*

¿QUÉ DECIMOS...?

Al pedir la comida

1 *Así trajeron el agua.*

2 *¿Tienen una mesa reservada?*

3 Cochinillo asado para todos.

A VER, QUEREMOS COCHINILLO ASADO, ¿NO?

SÍ, SÍ.

¿CÓMO SABES SI TE GUSTA, HIJA, SI NUNCA LO HAS PROBADO?

ANDRÉS Y MARTA ME DIJERON QUE ME VA A GUSTAR.

BIEN. ¿QUEREMOS ALGO MÁS? ¿ALGUNOS ENTREMESES?

YO QUIERO JAMÓN SERRANO.

YO PREFIERO TORTILLA. ME ENCANTA LA TORTILLA.

MIRA, PAPÁ, TIENEN ALBÓNDIGAS. ¡MI PLATO FAVORITO!

MEJOR PEDIMOS LOS ENTREMESES VARIADOS, ANDRÉS. TIENEN DE TODO: ALBÓNDIGAS, TORTILLA ESPAÑOLA Y JAMÓN SERRANO. DESPUÉS, CON EL COCHINILLO ASADO, ES SUFICIENTE.

BIEN, FRANCISCO, PERO PODEMOS PEDIR UNA ENSALADA, ¿EH?

¿ESTÁN LISTOS PARA PEDIR?

SÍ, PARA EMPEZAR, LOS ENTREMESES VARIADOS Y UNA ENSALADA.

COCHINILLO ASADO PARA TODOS, POR FAVOR.

MUY BIEN. Y DE SEGUNDO PLATO, ¿QUÉ DESEAN?

MUCHAS GRACIAS.

4 *Me está sonriendo.*

CHARLEMOS UN POCO

A. En Segovia. Di si son ciertos o falsos estos comentarios sobre la excursión de la familia Molina a Segovia. Si son falsos, corrígelos.

1. El acueducto de Segovia es muy pequeño.
2. Los romanos construyeron el acueducto.
3. El acueducto sigue funcionando ahora.
4. La familia Molina no pudo comer en el Mesón de Cándido.
5. La familia no encontró mesa en el mesón.
6. La familia Molina pidió el cochinillo asado.
7. A Tere le encanta el jamón serrano.
8. Papá pidió los entremeses variados.
9. A papá más que nada le gustaron las tapas.
10. Tere quiere comer el cochinillo porque le está sonriendo.

B. ¿Te gusta? Pregúntale a tu compañero(a) si le gusta estas cosas.

MODELO Tú: **¿Te gustan los bocadillos?**
Compañero(a): **Me encantan.** o
Sí, me gustan. o
No, no los como nunca.

MODELO

1.

2.

3.

4.

5.

6.

7.

8.

9.

C. Mesón. Acabas de entrar en el Mesón de Cándido. Completa la conversación con el camarero usando las siguientes frases.

Gracias, es perfecta la mesa.
Mélon y queso, por favor.
Sí, por favor. No conozco la comida aquí.
Sí, a nombre de . . .
Me trae la carne con patatas fritas, por favor.
¿Qué hay de postre?
Agua mineral, por favor.
Sí. La cuenta, por favor.
Sí, para empezar, el gazpacho y una ensalada mixta.
Buenas tardes.

Camarero: Buenas tardes, señor (señora, señorita).
Tú: . . .
Camarero: ¿Tiene una mesa reservada?
Tú: . . .
Camarero: Por aquí, por favor.
Tú: . . .
Camarero: ¿Desea ver la carta?
Tú: . . .
Camarero: ¿Está listo(a) para pedir?
Tú: . . .
Camarero: ¿Y de segundo plato?
Tú: . . .
Camarero: ¿Y para beber?
Tú: . . .
Camarero: ¿Quiere algo más?
Tú: . . .
Camarero: Fruta y queso o bizcocho.
Tú: . . .
Camarero: (*Más tarde.*) ¿Es todo?
Tú: . . .

CH. En el restaurante. Cuando tú y tu familia van a un restaurante elegante, ¿qué pasa?

EJEMPLO   **Papá pide la sopa de ajo.**

papá	comer	restaurante
la camarera	pedir	comida
mis hermanos	servir	entremeses
yo	beber	mesa
el cocinero	entrar	ensalada
todos	traer	café
los camareros	buscar	postre
mamá	preparar	frutas
	recomendar	refrescos
		sopa de ajo

En un restaurante

Requesting a table:
Una mesa para tres personas, por favor.
Tenemos una reservación a nombre de . . . .

Taking an order:
¿Desean ver la carta?
¿Está listo(a) para pedir?

Ordering a meal:
Para ella, la paella.
Quiero el gazpacho, por favor.
¿Tienen queso manchego?

Present tense
A summary

There are three types of regular verbs: **-ar, -er, -ir.**

Some verbs undergo a change in the stem vowel:

e → ie	empezar	Ya **empieza** el partido.
o → ue	poder	Roberto no **puede** ir.
e → i	pedir	Papá **pide** un postre.

Some verbs have irregular **yo**-forms:

Salgo de casa a las siete. *(salir)*
Voy a levantarme tarde mañana. *(ir)*

See **¿Por qué se dice así?**, *page G119, section 8.6.*

Present progressive
A summary

Estar + -ndo form of the verb:

Carla **está estudiando** ahora.
No **estamos comiendo** en este momento.

Some verbs undergo a vowel spelling change in the **-ndo** form.

dormir: **durmiendo**
leer: **leyendo**

See **¿Por qué se dice así?**, *page G122, section 8.7.*

D. En el extranjero. ¿Qué contesta tu amigo(a) español(a) cuando le preguntas sobre su rutina diaria en España?

MODELO levantarse: 7:00 A.M.
           Tú: **¿A qué hora te levantas?**
           Compañero(a): **Me levanto a las siete de la mañana.**

1. desayunar: 7:30 A.M.
2. irse a la escuela: 7:45 A.M.
3. tener el recreo: 11:00 A.M.
4. volver a casa: 1:30 P.M.
5. comer: 2:00 P.M.
6. descansar: 3:00 P.M.
7. salir con amigos: 4:15 P.M.
8. tomar un café: 5:30 P.M.
9. hacer la tarea: 6:30 P.M.
10. cenar: 9:00 P.M.
11. ver televisión: 10:00 P.M.
12. acostarse: 11:00 P.M.

E. Ocupados. La familia Soler está muy ocupada esta tarde. ¿Qué están haciendo en cada cuarto?

MODELO **La hija está viendo televisión en la sala.**

F. El verano pasado. ¿Con qué frecuencia hicieron ustedes estas actividades durante las vacaciones de verano? Pregúntale a tu compañero(a) y luego él o ella te lo va a preguntar a ti.

MODELO   ir de compras

Tú: **¿Con qué frecuencia fuiste de compras el verano pasado?**

Compañero(a): **Fui de compras todos los días.** o
                No fui de compras nunca.

todos los días	mucho	pocas veces	nunca

1. jugar tenis
2. tocar la guitarra
3. almorzar en el parque
4. dormir hasta mediodía
5. leer novelas
6. hacer la tarea
7. ir al cine
8. practicar deportes
9. tener una fiesta en casa
10. comer pizza

Preterite tense
A summary

There are two sets of endings for regular verbs, one for **-ar** verbs and one for **-er** and **-ir** verbs.

There are many irregular verbs in the preterite, such as **ir (fui), ser (fui),** and **dar (di);** and **tener (tuv-), poner (pus-),** etc.

Some verbs undergo spelling changes in the preterite:

c → qu   buscar: **busqu-**
g → gu   llegar: **llegu-**
z → c   comenzar: **comenc-**

See **¿Por qué se dice así?,**
page G123, section 8.8.

G. ¿Qué hicieron? Tú conoces bien a estas personas. ¿Qué hicieron durante el año?

MODELO   soñar con el cochinillo asado
            Tere soñó con el cochinillo asado.

1. hacer una excursión a Tlaquepaque
2. casarse en la iglesia de San Antonio de Padua
3. no poder entender su horario
4. tomar muchos helados
5. romperse la pierna
6. correr detrás del autobús
7. decir "¡Tere, tengo mucha prisa!"
8. hacer un video de Montebello High
9. ponerse el reloj antes de ir a correr
10. tener que trabajar en el restaurante de su padre
11. pedir direcciones a la oficina de correos
12. ir de compras a Plaza Universidad
13. encantarle su profesor de historia
14. no poder bailar con Julio

Tere

Pilar

Carlos

Carmen

Sara

Alicia y Kati

Riqui

Rafael y Betty

Leslie

Manolo

Mónica y Lilia

Óscar

José Luis

Marta

Andrés

CHARLEMOS UN POCO MÁS

A. ¿Te gusta . . . ?   Discover what your classmates' food tastes are like by finding someone who fits each description in the grid your instructor gives you. Have each person fitting a description sign the appropriate box. Remember that each person's signature may only appear once on the grid.

EJEMPLO   **¿Te gusta la tortilla española?** o
          ¿Te gustan las hamburguesas?

B. ¿Los reconoces?   Pictured below are places you will recognize in Spanish-speaking countries. With your partner, prepare a list of what these places are, where they are, and everything you can recall about them without going back to the units where they are presented.

C. ¿Quién? ¿Qué?   You and your partner are editors of the school yearbook. Using the list your teacher provides, write captions telling which activity each person did, for each person whose name appears. Your partner will be able to describe the pictures missing on your page, and you should be able to describe the pictures missing on your partner's page. Ask each other questions but don't look at each other's yearbook pages until you have written all your captions.

CH. ¡Riesgo!   In groups of three or four, prepare to play **Riesgo** *(Jeopardy)* by writing five questions and answers for each of the categories listed below. Then play **Riesgo** with another group. They will select a category and point value, and you will give them the answer to the question you had written for that slot. They, in turn, must respond with the correct question in order to receive the points. Then repeat the process by having your group select a category and point value from their gameboard. Keep alternating until your teacher calls time.

Deportes	Cultura	Profesores	Salud	Rutina diaria
20	20	20	20	20
40	40	40	40	40
60	60	60	60	60
80	80	80	80	80
100	100	100	100	100

Dramatizaciones

A. ¡A cenar!   You are traveling in Spain with several students from your Spanish class. This evening you are on your own for dinner. You and two friends decide to try a restaurant across the street from your hotel. With three classmates, role-play this situation from the moment you arrive at the restaurant until you pay the bill. One of you will play the role of the waiter.

B. ¡Premios!   It is the end of the school year. The principal, a teacher, and two students are discussing the year's events and trying to decide who should receive the following awards. With three classmates, role-play this situation.

el premio deportivo　　**el premio dramático**
el premio escolástico　**el premio cómico**
el premio de español　　**el premio de ciencias**

C. ¡No metas la pata!   With three classmates, create a skit in Spanish that shows a cultural misunderstanding or resolves a problem.

LEAMOS AHORA

Reading strategy:
Reading for detailed information

A. Anticipemos.   ¿Qué comen ustedes en sus fiestas?

1. Haz una lista de los ingredientes que necesitas para preparar tu entremés favorito.

2. ¿Crees que ese entremés es popular en España también? ¿Por qué?

B. Detalles importantes. Certain types of readings require the reader to focus on the details. When reading for detailed information, you will need to read the selection more than once and pay close attention to the procedure being described, and perhaps make notes of details that you must remember. In the Spanish recipes that follow, for example, you cannot skim over the information. You must understand each step and follow it carefully to end up with a delicious dish instead of a disaster!

Look at the following recipes carefully and answer these questions.

1. ¿Qué ingredientes ya tienes en casa y qué necesitas comprar para el gazpacho? ¿Y para la tortilla española?

2. ¿Cuántos pasos requiere cada receta? Descríbelos.

C. ¡Vamos a cocinar!   Read the authentic Spanish recipes on the next page, then answer the questions that follow. The **gazpacho,** which originated in southern Spain, is typically served during the summer months. The **tortilla** is usually served as a first course or an appetizer, throughout Spain.

Verifiquemos

1. El gazpacho es . . .
   a. una sopa.
   b. una ensalada.
   c. una bebida.
   ch. una caserola.

2. El ingrediente principal del gazpacho es . . .
   a. el aceite de oliva.
   b. el vinagre.
   c. el tomate.
   ch. el ajo.

3. El gazpacho se sirve . . .
   a. frío.
   b. con cebolla picada.
   c. con vegetales picados.
   ch. Todas estas respuestas.

Gazpacho andaluz

Ingredientes

12	tomates
1	lata grande de jugo de tomate
1	pimiento verde
1	cebolla
1	pepino
4	dientes de ajo

1/2 taza de aceite de oliva

6 cucharadas de vinagre

4 cucharitas de sal pimienta al gusto

Preparación

En una licuadora se hace un puré con los tomates, el jugo, el pimiento, la cebolla, el pepino y los dientes de ajo.

Se combinan el aceite, el vinagre, la sal y la pimienta. Se agrega a la sopa y se pone en la nevera por 24 horas. Se sirve frío. Se acostumbra servirlo con cebolla, tomate, pimiento y pepino picados. Sirve a 20 personas, aproximadamente.

Tortilla española

Ingredientes

3-4 papas
5 huevos
1 cebolla

aceite de oliva
sal y pimienta al gusto

Preparación

Se pelan y se pican las papas y se fríen en aceite de oliva hasta quedar doradas. Se agrega la cebolla picada por un minuto. En otro recipiente se baten los huevos y, poco a poco, se agregan las papas doradas. Se agregan sal y pimienta al gusto. Se fríe, muy despacio, con un poquito de aceite de oliva en una sartén. Cuando está bien firme, se quita del fuego y se le da la vuelta. Luego se pasa a la sartén de nuevo y se dora unos minutos más. Se sirve en un plato grande con ensalada y pan francés. Sirve de 3 a 5 personas.

4. Los ingredientes principales de la tortilla española son . . .

   a. papas y cebolla.
   b. aceite de oliva y huevos.
   c. cebolla y aceite de oliva.
   ch. huevos, papas y cebollas.

5. La preparación de la tortilla española requiere freír . . .

   a. todos los ingredientes.
   b. los huevos solamente.
   c. las papas solamente.
   ch. la cebolla y las papas solamente.

ESCRIBAMOS UN POCO

Writing strategy:
Retelling a story

A. Empezando. On the next page is a story from the American Hispanic Southwest. Read it and then discuss it. Does it remind you of other stories you have read? What do you think is the purpose of such stories? Describe the "form" of this story. How does the drawing enhance it?

B. Planeando. Now you will write a short story in the style of *El hombre, el burro y el perro.* You can retell a story such as the fable of the ant and the grasshopper, why the elephant has a trunk or how humans learned about fire. Or you may invent your own explanation for one of nature's mysteries. Possible beginning statements are:

"Cuando el mundo era muy joven . . ."
"En el momento en que nació el sol . . ."
"Cuando Dios se sentó a inventar el mundo, pensó . . ."

Decide what characters your story needs and how you will "set up" your surprise ending. Consider using dialog between the characters and a "twist" such as the repeated lines about *"días buenos y días malos."* Your ending should summarize the central idea:

"Y por eso, el sol sale todos los días".
"Y por eso, los pájaros pueden volar y los humanos no".
"Y por eso, los árboles son mucho más altos que el hombre".
"Y por eso, el hombre camina recto".

C. Organizando y escribiendo. Brainstorm vocabulary you may need to write your story. Then make a cluster diagram or an outline before you write. Identify the characters and their relationship to each other, and decide on the sequence of events or dialog exchanges. Now write your first draft!

CH. Compartiendo y revisando. Share your draft with two or three classmates. Is there anything they don't understand? Is there anything you need to add or change? Based on their suggestions, revise your story. Then share it with two other classmates and ask them to edit for grammar, spelling, and punctuation.

D. La versión final. Now write the final version. If you like, illustrate it with drawings or pictures cut out of magazines. Then turn it in for grading.

E. Publicación. When your stories have been returned, share them at an authors' reading and reception. Can you speak in Spanish the whole time?

El hombre, el burro y el perro

Cuando Dios creó la tierra, creó también al hombre, y le hizo dueño de la tierra. Luego Dios decidió darle unos compañeros al hombre, y creó un burro y un perro.

Dios le dijo al hombre: "Tú te llamas hombre. Eres dueño de la tierra y vas a vivir sesenta años. Vas a tener días buenos y días malos, pero vas a tener más días buenos que malos".

El hombre pensó: "Sesenta años no es mucho tiempo".

Luego Dios le dijo al burro: "Tú te llamas burro. El hombre es tu dueño. Tú vas a vivir treinta años. Vas a tener días buenos y días malos, pero vas a tener más días malos que buenos".

Y el burro le contestó a Dios: "Si mi vida va a ser tan difícil, no quiero vivir tantos años. No quiero vivir más de veinte años".

Entonces el hombre le dijo: "Dios, dame los diez años que el burro rechaza" y Dios le dio diez años más al hombre.

Al perro Dios le dijo: "Tú te llamas perro, y el hombre es tu dueño. Vas a vivir veinte años. Vas a tener días buenos y días malos, pero vas a tener más días malos que buenos".

El perro dijo: "Dios, si mi vida va a ser tan difícil, no quiero vivir tantos años. No quiero vivir más de diez años".

El hombre vio otra oportunidad para alargar su vida y dijo: "Dios, dame los diez años que el perro rechaza". Y Dios le dio diez años más.

Y por eso, los primeros sesenta años el hombre tiene una vida decente. De sesenta a setenta es vida de burro; y de setenta para arriba ya es vida de perro.

Adaptado de: **El hombre, el burro y el perro**
Anaya, Rodolfo A. and Maestas, José Gregoria
Museum of New Mexico Press, Santa Fe, 1980

IMPACTO
CULTURAL
ANSWERS

Did you spot all the errors? Check your answers below. If you missed something, go back to the correct page to make sure you understand the answers.

¡A RECORDAR! Lección 1   ¡No es posible!, página A21

1. Larry makes a mistake when he uses the **tú** form in addressing Lucho's father. He should have used the **usted** form: **¿Cómo está?**
2. Larry describes himself as **confundida**, the feminine form of the adjective. He should have used the masculine form, **confundido**.
3. Larry is confused by his class schedule; he makes a mistake in assuming that a class schedule in Caracas would be the same as one in Cincinnati.

¡A RECORDAR! Lección 2   ¿Cómo?, página A45

1. Ann is surprised to learn that Lilia's mother goes food shopping every day.
2. Lilia is surprised that Ann prepares dinner. Lilia is used to her mother and grandmother cooking for the family.
3. Ann is surprised that Lilia's brother works in the garden.
4. Lilia is surprised that Ann's mother likes to garden. Lilia thinks of gardening as work that men and boys do.

UNIDAD 5: Lección 1   Madrid de noche, página 219

1. Tom doesn't realize that an evening stroll (**un paseo**) is customary in many Hispanic cities. Entire families can be seen on the streets, even late into the evening. This is the correct answer.
2. Nothing in the dialogue indicates that Tom is unaware that large families live in that part of town. Consider another answer.
3. Tom may consider the streets unsafe, but the dialogue gives no indication that this is why he is surprised. Try again.

UNIDAD 5: Lección 2   La planta baja, página 236

1. Rick may well think that Betty is trying to distract him, since he is confused about what floor he is on. Actually, Betty knows that they are on the wrong floor. Try another answer.

2. In Spain, as in all Spanish-speaking countries, the ground floor of multi-story buildings is the **planta baja.** On elevators, the button for the ground floor is marked **PB. La primera planta** is the first floor above the ground floor. This is why Betty suggests they have to go up one floor.

3. The shoes are on sale according to the advertisement in the window. This is not the cause for the confusion.

UNIDAD 6: Lección 1   Te invito al ballet, página 270

1. It is true that Javier knows that the **ballet folklórico** is famous; he says so himself. However, this does not guarantee that Paul will like it. Reread the conversation.

2. There is no indication that Paul has never seen a good ballet company, only that he hasn't enjoyed the ballet performances that he has seen. This is incorrect.

3. Javier understands that Paul doesn't like classical ballet. However, the **ballet folklórico** presents colorful and lively folk dances from all regions of Mexico and Javier feels quite certain that Paul will enjoy it. This is the correct answer.

UNIDAD 6: Lección 2   ¡Huy, qué caro!, página 285

1. It is possible that Javier didn't like the cat. But if he didn't, he did not express this at all. He actually says he likes it. Try another response.

2. Paul feels that he got a bargain when he paid 30 pesos less than the vendor originally wanted. Javier, on the other hand, thinks that 60 pesos is too much to pay for a papier-mâché figurine. He obviously thinks Paul should have offered less than he did. This is the correct answer.

3. There is no indication that Javier even thought about Paul buying him a gift. This is not the correct answer.

UNIDAD 7: Lección 1   ¿Béisbol en Latinoamérica?, página 321

1. Cliff may consider baseball unsafe for children, but nothing in the dialogue indicates this. On the contrary, he congratulates Pepe for being the best batter among his friends. Try another answer.

2. Cliff never says this nor does he give any indication that he thinks this. He actually seems quite pleased that Pepe plays so well. This is not the correct answer.

3. Cliff is clearly surprised to see that both parent and child are interested in baseball. He seems to be unaware that baseball is rivaling soccer in popularity in several Latin American countries, particularly in the Dominican Republic, Cuba, and Puerto Rico.

UNIDAD 7: Lección 2   ¿Cómo vamos?, página 337

1. Gabriel may notice some differences between his own pronunciation and that of Pedro's, but he doesn't say anything about it in the dialogue. Pronunciation differences occur as much in Spanish as they do in English and are all equally valid. This is not the correct answer. Try another response.

2. Just as pronunciation will vary from country to country or region to region, so will certain vocabulary items. A **guagua** is a *bus* in Caribbean countries and a *baby* in some South American countries. Gabriel did not recognize the word because it is not commonly used in Mexico. This is the reason for his comment. This is the correct answer.

3. All of us tend to think that the way we speak is the norm, since that is what we have heard most often. Gabriel most certainly has noted differences between his Spanish and Pedro's, but he probably accepts them readily. There certainly is no indication in the dialogue that he feels that his Spanish is superior. Try another answer.

UNIDAD 8: Lección 1   ¡Es una tortilla!, página 377

1. Luisa did say that she was very hungry, but she seemed to accept Julia's comment that the **tortillas** are nice and big. Her reaction does not seem to refer to the size of the omelet, but to the idea of the waiter's having brought an omelet. Try another response.

2. There is no indication that she doesn't like omelets. Try again.

3. She says that she likes **tortillas** which indicates that she does know what they are. However, Luisa is from Mexico, where **tortillas** are pancake-thin corn flour or wheat flour breads. In Spain, a **tortilla** is an omelet. A **tortilla española** is made of eggs, sliced potatoes, and onions. This is the correct answer.

UNIDAD 8: Lección 2   Una invitación a cenar, página 395

1. Claudia may think this, particularly if she is tired, but she doesn't say so. Try again.

2. Claudia is evidently unfamiliar with Spanish mealtimes. It is not unusual for a family to dine at 10:00 or 11:00 o'clock at night. Lunch is the main meal of the day and is usually eaten about 1:30 or 2:00. Although customs are changing in the larger cities, many businesses and schools still close for two or three hours for lunch and reopen about 5:00 for three or four more hours. Consequently, dinner is eaten late. The evening meal is usually lighter than the midday meal. This is the correct answer.

3. Claudia gives no evidence that she thinks this. Try another answer.

¿POR QUÉ SE DICE ASÍ?

Manual de gramática

L E C C I Ó N 1

5.1 AFFIRMATIVE TÚ COMMANDS: REGULAR FORMS
Used When Giving Directions or Ordering People to Do Something

To tell someone to do something, we use commands. Spanish uses special verb endings to give affirmative commands to anyone you would address as **tú.**

Affirmative *Tú* Commands		
estudi**ar**	**-a**	estudi**a**
com**er**	**-e**	com**e**
escrib**ir**	**-e**	escrib**e**

Escribe la carta.　　*Write the letter.*
Cruza la calle allí.　　*Cross the street there.*
¡Corre!　　*Run!*

- Note that the affirmative **tú** command form is the same as the present-tense form for **usted, él, ella.**

usted / él / ella form:　　Ella **trabaja** muy poco.
affirmative **tú** command:　　**¡Trabaja** más!

Vamos a practicar

a. ¡Qué mandón!　¿Qué le dice Esteban a su hermanita?

MODELO　(tomar) el metro
　　　　Toma el metro.

1. (escribir) una carta
2. (leer) el mapa
3. (limpiar) tu cuarto
4. (preguntar) dónde podemos comprar sellos
5. (regresar) antes de las cinco
6. (cambiar) un cheque de viajero
7. (escribir) "correo aéreo" en las cartas
8. (comprar) las tarjetas

b. ¡Atención, por favor!　¿Qué mandatos te dan tus profesores?

1. (abrir) el libro
2. (sacar) un lápiz
3. (escribir) con cuidado
4. (llegar) a clase temprano
5. (trabajar) más
6. (pasar) a la pizarra
7. (escuchar) por favor
8. (estudiar) para el examen

c. ¿Adónde?   Lorenzo quiere saber cómo llegar a la casa de Carlota. ¿Qué le dice Carlota?

1. cruzar	**3.** doblar	**5.** caminar	**7.** doblar	**9.** abrir
2. caminar	**4.** pasar	**6.** cruzar	**8.** caminar	

Primero _1_ la Avenida Méndez y _2_ una cuadra hasta llegar a la biblioteca. _3_ a la izquierda en la Avenida Ibarra. _4_ la iglesia y _5_ media cuadra más. _6_ la Calle Sotelo. _7_ a la derecha y _8_ media cuadra más. _9_ la puerta y ¡estás en mi casa!

5.2 NUMBERS: 100–1,000,000
Counting

Números: 100–1.000.000

100	cien
101	ciento uno
102	ciento dos
200	doscientos
300	trescientos
400	cuatrocientos
500	quinientos
600	seiscientos
700	setecientos
800	ochocientos
900	novecientos
1.000	mil
2.001	dos mil uno
3.020	tres mil veinte
4.300	cuatro mil trescientos
5.400	cinco mil cuatrocientos
10.600	diez mil seiscientos
50.700	cincuenta mil setecientos
75.800	setenta y cinco mil ochocientos
100.999	cien mil novecientos noventa y nueve
1.000.000	un millón

■ The use of the comma and the period in Spanish numbers is exactly the opposite of their use in English numbers. In Spanish, a period is used to separate hundreds, thousands, and millions. A comma divides whole numbers from decimals.

106	ciento seis
1.998	mil novecientos noventa y ocho
1.600.500	un millón seiscientos mil quinientos
510,25 ptas.	quinientas diez pesetas y veinticinco céntimos
6.320,80 ptas.	seis mil trescientas veinte pesetas y ochenta céntimos

- The numbers between 200 and 900 agree in gender with the noun they modify.

205 mesas   doscient**as** cinco mes**as**
1.700 pesos   mil setecient**os** pesos

- When speaking of 1,000, the article **un** is never used.

Gasté **mil doscientos** dólares.   *I spent one thousand two hundred dollars.*

- When **millón** is used before a noun, **de** precedes the noun.

Un millón de personas.   *A million people.*
En la aduana, declaré **dos**   *In customs, I declared two*
   millones de pesos.   *million pesos.*

Vamos a practicar _____

a. Orden cronológico.   Pon los exploradores en orden cronológico.

Hernán Cortés .... mil cuatrocientos ochenta y cinco
Vasco Núñez de Balboa .... mil cuatrocientos setenta y cinco
Juan Ponce de León .... mil cuatrocientos sesenta
Francisco Vásquez de Coronado........ mil quinientos diez
Hernando de Soto .... mil cuatrocientos noventa y seis
Francisco de Orellana .... mil cuatrocientos noventa
Francisco Pizarro .... mil cuatrocientos setenta y cinco

b. ¿Cuánto gastaron?   Las siguientes personas tienen que declarar sus gastos en la aduana. ¿Qué dicen?

MODELO   Manuel Ledesma   7.500 ptas.
           Yo gasté siete mil quinientas pesetas.

1. Amalia Acuña	29.645 ptas.	**5.** Isabel Valenzuela	17.415 ptas.
2. Santiago Gallegos	9.235 ptas.	**6.** Jorge Ledesma	64.525 ptas.
3. Dolores Pérez	44.815 ptas.	**7.** Evita Ramírez	15.110 ptas.
4. Cecilia Torres	31.975 ptas.	**8.** Mario Cabezas	52.700 ptas.

c. ¡Lotería!   ¿Cuánto ganaron estas personas en la lotería nacional de España?

MODELO   María Huerta   65.000 ptas.
           María Huerta ganó sesenta y cinco mil pesetas.

1. Pancho Gómez   7.500 ptas.
2. Lucila Rey   14.750 ptas.
3. Tomás Leñero   823.000 ptas.
4. Victoria Covarrubias   950.250 ptas.
5. Demetrio de la Arena   1.475.335 ptas.
6. Sara Pacheco   10.645.475 ptas.
7. Miguel Suárez   15.000 ptas.
8. Pilar Fuentes   250.000 ptas.

5.3 THE VERBS SABER, SALIR, AND DAR

Some Spanish verbs are regular in all but the **yo** form of the present tense. Three common verbs that fit this category are **saber** (*to know facts* or *to know how to do something*), **salir** (*to go out*), and **dar** (*to give*).

Saber		Salir		Dar	
sé	sabemos	**salgo**	salimos	**doy**	damos
sabes	sabéis	sales	salís	das	dais
sabe	saben	sale	salen	da	dan
sabe	saben	sale	salen	da	dan

No **sé** dónde está.	*I don't know where it is.*
¿**Salgo** por esta puerta?	*Do I go out this door?*
¿Cuánto le **doy**?	*How much do I give him?*

- Other verbs with an irregular **yo** form include:

hacer	**hago**	*I do, make*
traer	**traigo**	*I bring*
poner	**pongo**	*I put*

- **Saber** followed by an infinitive means *to know how to do something.*

¿**Sabes hablar** español?	*Do you know how to speak Spanish?*
José **sabe bailar** muy bien.	*José knows how to dance very well.*

Vamos a practicar

a. Sabemos mucho. ¿Qué saben estos estudiantes de los hispanos en Estados Unidos?

MODELO Elena: Hay mucha influencia hispana en todo el país.
Elena sabe que hay mucha influencia hispana en todo el país.

1. Roberto y Carlos: El inglés incorpora muchas palabras directamente del español.
2. nosotros: Los hispanos en Estados Unidos viven en California, Texas y Florida y muchos otros estados.
3. yo: Muchos hispanos vienen de México pero muchos vienen de otros países.
4. Beto: Hay siete estados que llevan nombres hispanos.
5. Mariela y yo: La mayoría de los hispanos en Estados Unidos viven en el suroeste del país.

b. ¡Qué talento!   La profesora quiere saber qué talento tienen sus estudiantes. ¿Qué dicen los estudiantes que saben hacer?

MODELO   Antonia / tocar / piano
Antonia sabe tocar el piano.

1. Ernesto y yo / hacer / tortillas españolas
2. tú y ella / bailar / tango
3. Román / dibujar / bien
4. Laura y su hermana / preparar / pastel
5. yo / tocar / guitarra
6. Enrique y Teresa / cantar / bien
7. tú / sacar / fotos
8. nosotros / leer / español
9. Conchita / hablar / francés
10. ustedes / jugar fútbol / bien

c. ¿Vamos a salir?   Hoy es el último día de clases para unos estudiantes de intercambio en Madrid.   ¿Cuándo salen para Estados Unidos?

MODELO   Norberto / viernes / 20:30
Norberto sale el viernes a las ocho y media de la noche.

1. yo / sábado / 15:00
2. Ricardo y Patricio / viernes / 7:00
3. Humberto / miércoles / 8:15
4. tú / martes / 5:30
5. Verónica y Hugo / jueves / 18:30
6. Rosa María / domingo / 2:00
7. nosotros / viernes / 7:45
8. ustedes / lunes / 14:15
9. ellos / sábado / 9:00
10. Bárbara / martes / 20:30

ch. Perdón . . .   Paco necesita instrucciones para ir a la Puerta del Sol. Completa sus conversaciones con la forma apropiada de los verbos **dar, estar, hacer, saber** o **salir.** Recuerda que tienes que hacer dos cosas: 1) seleccionar el verbo apropiado y 2) decidir cuál es la forma correcta del verbo.

Paco: ¿Cómo llego a la Puerta del Sol?
Luis: No __(1)__ . Pregunta en la recepción y allí te
                  __(2)__ instrucciones.

En la recepción
Paco: ¿Puede explicarme cómo llegar a la Puerta del Sol?
Recepcionista: Bueno, ¿tú __(3)__ dónde está el metro? Pues, entra en el
                  metro y toma el tren hacia la estación Puerta del Sol y allí
                  mismo bajas.
Paco: __(4)__ del metro y luego ¿qué __(5)__ ?
Recepcionista: Nada. Al salir, allí __(6)__ en la Puerta del Sol.

LECCIÓN 2

5.4 THE VERBS *GUSTAR* AND *ENCANTAR*: A SUMMARY

You already know that the verb **gustar** is used to express likes and dislikes and that the verb **encantar** is used to talk about things you really like or love. Remember that both verbs are preceded by **me, te,** or **le** when stating that *I, you,* or *he or she* likes something.

> **Me** gusta correr.
> **Me encanta** el helado.
> **¿Te gusta?**
> **Le gustan** las camisetas.
> **¿Le encanta** la ciudad?

When stating that *we, you* (plural), or *they* like something, **gustar** and **encantar** are preceded by **nos, os,** or **les.**

Gustar	Encantar
If one thing is liked: me te le nos os les } gusta	*If one thing is really liked:* me te le nos os les } encanta
If more than one thing is liked: me te le nos os les } gust**an**	*If more than one thing is really liked:* me te le nos os les } encanta**n**

Nos encanta bailar.	*We love to dance.*
Les encanta el tenis.	*They love tennis.*
Les gustan estas camisetas.	*They like these T-shirts.*
No **nos** gustan los calcetines.	*We don't like the socks.*

a. ¡Qué exageradas!   A Bárbara y a Susana siempre les encanta todo. ¿Cómo contestan estas preguntas?

MODELO   ¿Les gusta ver televisión?
¡Nos encanta ver televisión!

1. ¿Les gusta comer pizza?
2. ¿Les gusta correr?
3. ¿Les gusta leer el periódico?

4. ¿Les gusta pasear en bicicleta?
5. ¿Les gusta bailar?
6. ¿Les gusta beber limonada?

b. Encuesta.   Contesten estas preguntas sobre los gustos culinarios.

MODELO   ¿Les gusta el helado a tus padres?
No, no les gusta. o **Les gusta mucho.** o **¡Les encanta!**

1. ¿Le gusta el pastel de chocolate a tu papá?
2. ¿Les gustan los refrescos a ti y a tus amigos?
3. ¿Te gusta la pizza?
4. ¿Le gusta el chocolate a tu madre?
5. ¿Les gusta el café a los profesores?
6. ¿Les gustan las hamburguesas a tus amigos?

5.5   STEM-CHANGING VERBS: E → IE AND O → UE

Some verbs in Spanish have an irregular stem. (The stem is the infinitive minus the **-ar, -er,** or **-ir** ending.) In these verbs, the final vowel of the stem changes from **e** to **ie** or from **o** to **ue** in all forms except **nosotros** and **vosotros.** You should learn which verbs are stem-changing verbs.

Stem-Changing Verbs			
e → ie **recomendar** (*to recommend*)		**o → ue** **poder** (*to be able, can*)	
recom**ie**ndo	recomendamos	p**ue**do	podemos
recom**ie**ndas	recomendáis	p**ue**des	podéis
recom**ie**nda	recom**ie**ndan	p**ue**de	p**ue**den
recom**ie**nda	recom**ie**ndan	p**ue**de	p**ue**den

¿Qué me recom**ie**nda usted?   *What do you recommend?*
¿Qué p**ie**nsas de él?   *What do you think of him?*
¿Cuánto c**ue**sta?   *How much does it cost?*
¿En qué p**ue**do servirles?   *How can I help you?*

Note that in many dictionaries and in the Spanish-English glossary at the end of this book, stem-changing verbs are listed with their vowel change in parentheses: **recomendar (ie), poder (ue).**

■ The following is a list of some commonly used **e → ie** and **o → ue** stem-changing verbs.

e → ie		**o → ue**	
comenzar (ie)	*to begin*	contar (ue)	*to count*
empezar (ie)	*to begin*	costar (ue)	*to cost*
entender (ie)	*to understand*	encontrar (ue)	*to find*
pensar (ie)	*to think*	poder (ue)	*to be able, can*
preferir (ie)	*to prefer*	recordar (ue)	*to remember*
querer (ie)	*to want*		
recomendar (ie)	*to recommend*		

u → ue	
jugar* (ue)	*to play*

■ The affirmative **tú** command form also undergoes this stem change.

Cuenta el dinero, por favor.   *Count the money, please.*
Rec**ue**rda la dirección.   *Remember the address.*

Vamos a practicar

a. ¿Qué quieres tú?   Tú y tus amigos van de compras hoy. ¿Qué quieren comprar?

MODELO   Gregorio **quiere** una camiseta.

1. Lisa __ unos lápices.
2. Mario y Hugo __ camisetas moradas.
3. Daniela y yo __ sudaderas anaranjadas.
4. Todos nosotros __ helado de chocolate.

5. Yo __ un teléfono negro.
6. Tú __ unos pantalones nuevos.
7. David __ zapatos.
8. Tú y Alejandra __ blusas bonitas.

b. ¿Qué prefieren?   Según Jorge, ¿cómo prefieren vestirse estas personas durante el fin de semana?

MODELO   mi hermano / camisa / rojo
         Mi hermano prefiere llevar una camisa roja.

1. mamá / pantalones / negro
2. mis hermanas / camisetas / amarillo
3. mi padre / camisa / blanco
4. tú / camiseta / rojo

5. yo / jeans / azul
6. tú y yo / sudaderas / anaranjado
7. mi abuelo / suéter / negro
8. mi tía Evita / vestido / verde

*Like the stem change **o → ue,** the stem vowel **u** of the verb **jugar** changes to **ue.**

c. **¡Qué familia!**   La familia de Hugo tiene mucho talento. ¿Qué pueden hacer?

> MODELO   escribir en italiano: abuela
> **Su abuela puede escribir en italiano.**

1. bailar el tango: hermanas
2. preparar la comida: todos nosotros
3. correr tres millas: papá
4. usar la computadora: hermano
5. cantar en italiano: mamá
6. hacer pizza: mamá y papá
7. tocar el piano: yo
8. hablar italiano: abuelos y mamá

ch. **¿Qué juegas?**   Di qué deportes juegan tú y tus amigos todos los domingos en el parque.

> MODELO   Isabel / volibol
> **Isabel juega volibol.**

1. yo / tenis
2. Arcelia / béisbol
3. Armando y Lucía / fútbol
4. tú / básquetbol
5. mis primos y yo / volibol

d. **De compras.**   Para descubrir qué están haciendo Andrea y Verónica, 1) selecciona el verbo apropiado y 2) decide cuál es la forma correcta del verbo.

En una tienda

Andrea:	Yo no (1) nada, ¿y tú? ¿Ves algo que te gusta?	**1.** poder	encontrar	contar
Verónica:	No, nada. (2) comprarle algo especial a Silvia pero todo (3) demasiado.	**2.** Querer	Entender	Comenzar
		3. costar	querer	pensar
Andrea:	Sí, tú (4) razón. Y nosotras no (5) mucho dinero. ¿Adónde vamos ahora?	**4.** contar	recomendar	tener
		5. poder	tener	entender
Verónica:	Yo (6) ir a la sección de mujeres.	**6.** comenzar	querer	recordar
Andrea:	¡Qué buena idea!			

Más tarde

Verónica:	Ay, Andrea, mira. Yo (7) esos pantalones verdes.	**7.** costar	pensar	querer
Andrea:	¿Por qué no te los (8)?	**8.** probar	preferir	pensar
Dependiente:	¿En qué (9) servirles, señoritas?	**9.** poner	poder	preferir
Verónica:	¿ (10) decirme cuánto (11) estos pantalones?	**10.** Poner	Poder	Preferir
		11. contar	comenzar	costar
Dependiente:	Cuestan 8.500 pesetas.			
Verónica:	¡Ay, Andrea! Hay bastante dinero. ¡Yo (12) comprar los pantalones!	**12.** poder	encontrar	entender

5.6 ORDINAL NUMBERS
Used to Establish Order

Ordinal numbers specify the order of things in a series. In Spanish, the most frequently used ordinal numbers are those between one and ten.

Ordinal Numbers	
primero(a)	*first*
segundo(a)	*second*
tercero(a)	*third*
cuarto(a)	*fourth*
quinto(a)	*fifth*
sexto(a)	*sixth*
séptimo(a)	*seventh*
octavo(a)	*eighth*
noveno(a)	*ninth*
décimo(a)	*tenth*

Primero, deben ir a correos.   *First, you should go to the post office.*
Está en el **segundo** piso.   *It is on the second floor.*

- Ordinal numbers agree in number and gender with the nouns they modify.

los **primeros** tres meses   *the first three months*
la **séptima** semana   *the seventh week*
el **cuarto** capítulo   *the fourth chapter*

- **Primero** and **tercero** are shortened to **primer** and **tercer** before masculine singular nouns.

Está en el **tercer** piso   *It's on the third floor*
del nuevo edificio.   *of the new building.*
Es el **primer** presidente   *He's the first Hispanic*
hispano.   *president.*

Vamos a practicar

a. **¿Qué grado?**   ¿En qué grado están estos estudiantes?

MODELO   Federico (4)
Federico está en el cuarto grado.

1. Gloria (6)
2. Lupe (10)
3. Timoteo (3)
4. Rolando (7)
5. Roberto (5)

6. Héctor (9)
7. Juanita (1)
8. Pepe (2)
9. Luisa (8)
10. Carlos (4)

b. Familia numerosa. Tere es la hija más pequeña de una familia muy grande. ¿Cómo se llaman sus hermanos?

MODELO Tere (10)
La décima hija se llama Tere.

Julio (5)
El quinto hijo se llama Julio.

| **Paco** (1) | **Benita** (2) | **Daniela** (3) | **Carmen** (4) | **Julio** (5) | **Pepe** (6) | **Alicia** (7) | **Beto** (8) | **Nena** (9) | **Tere** (10) |

a. Daniela

b. Nena

c. Paco

ch. Tere

d. Carmen

e. Julio

f. Benita

g. Pepe

h. Alicia

i. Beto

L E C C I Ó N 3

5.7 STEM-CHANGING VERBS: E → I

Besides the stem-changing verbs you know, there is another group of stem-changing **-ir** verbs. In this group, the final vowel of the stem changes from **e** to **i** in all forms except **nosotros** and **vosotros**. Learn which **-ir** verbs have this stem change.

Stem-Changing Verbs: e → i			
pedir (*to order, ask for*)	**servir** (*to serve*)	**decir** (*to say, tell*)	**seguir** (*to follow, continue*)
pido	sirvo	digo	sigo
pides	sirves	dices	sigues
pide	sirve	dice	sigue
pedimos	servimos	decimos	seguimos
pedís	servís	decís	seguís
piden	sirven	dicen	siguen

¿Qué fruta fresca sirven? *What fresh fruit do you serve?*

Yo siempre pido melón. *I always order melon.*

- The verbs **decir** and **seguir** also have an irregular ending in the **yo** form: **digo** and **sigo.**

Siempre **digo** la verdad. *I always tell the truth.*

Sigo derecho, ¿verdad? *I continue straight ahead, right?*

■ Here are some frequently used **e → i** stem-changing verbs. Note that they are listed with the vowel change in parentheses.

conseguir (i)	*to get, obtain*
decir (i)	*to say, tell*
pedir (i)	*to order, ask for*
repetir (i)	*to repeat*
seguir (i)	*to continue, follow*
servir (i)	*to serve*
vestir (i)	*to dress*

■ The affirmative **tú** command form and the present participle also undergo this stem change.

Pide algo para beber.	*Ask for something to drink.*
Sigue media cuadra más.	*Go another half block.*
Te estoy **diciendo** la verdad.	*I am telling you the truth.*
Ya están **sirviendo** el almuerzo.	*They are already serving lunch.*

Vamos a practicar

a. ¿Que sí o que no?   ¿Qué dicen los miembros de la familia Quiroga? ¿Quieren ir al cine o no?

MODELO   Mamá **dice** que no.

1. Yo __ que sí.
2. Alicia y yo __ que sí también.
3. Pues, yo __ que no.
4. Y tú, mamá, ¿qué __?
5. Los niños __ que sí.
6. Papá __ que sí.
7. Yo también __ que sí.
8. ¿Tú también __ que sí?

b. ¿Qué pedir?   Completa la conversación de Conchita y Lupita en el restaurante.

1. pedir	3. pedir	5. pedir	7. pedir
2. servir	4. pedir	6. pedir	8. pedir

Conchita: ¿Qué vas a __1__ ?

Lupita: No sé. ¿Qué me recomiendas?

Conchita: __2__ muy buenos sándwiches aquí. Yo siempre __3__ el de jamón y queso.

Lupita: ¿Cómo puedes decir que tú siempre __4__ jamón y queso? Cuando salimos, tú y yo siempre __5__ hamburguesas.

Conchita: No tienes razón. Tú y Ramón siempre __6__ hamburguesas. Yo __7__ papas fritas. Pero aquí yo siempre __8__ el sándwich de jamón y queso.

c. ¡Al hacer cola!   ¿Quién sigue a quién al subir al autobús escolar?

MODELO   Mariela
Mariela sigue a José.

| José | Carmen | tú | Esteban | yo | Inés | Silvia |

| | Mariela | María | Mateo | Luis | Isabel | Roberto |

1. tú
2. yo
3. María y tú
4. Luis y yo
5. Esteban
6. Isabel y yo
7. Roberto y Silvia
8. Carmen

ch. ¡Voy a cambiar!   Rubén López y su hermana Raquel están en un café.
Completa su conversación.

1. servir (ellos)
2. servir
3. pedir
4. decir
5. pedir
6. pedir
7. pedir
8. decir
9. pedir

Al entrar

Rubén: ¿Qué __1__ aquí, Raquel?

Raquel: __2__ unas papas fritas fantásticas. Yo siempre __3__ las papas
y un refresco.

Rubén: Mamá __4__ que los sándwiches son muy ricos aquí.

Raquel: Pues, ¿por qué no __5__ tú por mí?

Rubén: Bueno. Si yo __6__ un sándwich y tú __7__ las papas fritas,
puedo probar de todo.

Raquel: Sí, pero creo que hoy prefiero un bizcocho.

Rubén: Pero . . . ¿no __8__ que siempre __9__ las papas fritas?

Raquel: Sí, pero hoy voy a cambiar.

d. ¡Casa Botín!   Para descubrir algo de este famoso restaurante madrileño, completa
el párrafo con la forma correcta de los verbos **decir, pedir, seguir** y **servir.** Recuerda
que tienes que hacer dos cosas: 1) seleccionar el verbo apropiado y 2) decidir cuál es
la forma correcta del verbo.

Mis amigos __(1)__ que uno de los restaurantes más populares de Madrid es la Casa
Botín. Está en la calle de Cuchilleros. __(2)__ de todo allí pero la especialidad de la casa
es el cochinillo asado.° Ellos siempre lo __(3)__ cuando van allí. Mi amiga
Teresa __(4)__ que ella nunca __(5)__ el cochinillo. ¿Por qué no? Porque __(6)__ que allí
también __(7)__ un cordero° asado muy sabroso. Yo pienso comer en Casa Botín esta
tarde. Me dicen que es fácil llegar allí si yo __(8)__ por esta calle hasta la Plaza Mayor.
De la Plaza Mayor yo __(9)__ por el Arco de Cuchilleros, y ¡allí está!

cochinillo asado *roast suckling pig*   **cordero** *lamb*

An idiom is an expression that makes sense in one language but does not make sense when translated word for word into another language. The verb **tener** is used in several idiomatic expressions.

Tener Idioms	
tener hambre	*to be hungry*
tener sed	*to be thirsty*
tener calor	*to be hot*
tener frío	*to be cold*
tener prisa	*to be in a hurry*
tener razón	*to be right*

Tengo hambre pero no **tengo sed.**	*I am hungry but I am not thirsty.*
¿Tienes frío?	*Are you cold?*
Al contrario, **tengo calor.**	*On the contrary, I'm hot.*
Tienes razón, no **tenemos prisa.**	*You are right, we are not in a hurry.*

- To express *very,* use **mucho(a).** Note that **hambre, sed, razón,** and **prisa** are all feminine. **Calor** and **frío** are masculine.

Tengo **mucha** hambre.	*I'm very hungry.*
Tenemos **mucha** prisa hoy.	*We are in a big hurry today.*
Dicen que tienen **mucho** frío.	*They say they are very cold.*

Vamos a practicar

a. ¿Qué tienes?   Completa estas oraciones con una expresión idiomática.

MODELO   Cuando tengo **prisa**, camino muy rápido.

1. Cuando tengo __, voy a la cafetería.
2. Los profesores creen que siempre tienen __.
3. Perdón, tengo __. Mi clase empieza en dos minutos.
4. Tú no tienes __; 4 + 44 no son 49.
5. En julio y agosto todos tenemos __.
6. Voy a comer algo. Tengo mucha __.
7. Cuando tengo __, bebo agua.
8. Con permiso, tengo mucha __. Mi autobús llega en dos minutos.
9. Tienes __. No todos los hispanos en Estados Unidos son de México.
10. En invierno, tengo __.

b. ¿Qué les pasa? ¿Por qué estas personas dicen esto?

MODELO   Elena: 10 + 11 son 22.
            Porque no tiene razón.

1. Juanito: Quiero comer.
2. Norman: Quiero un refresco grande.
3. Anita: Son las nueve menos dos y mi clase
   es a las nueve.
4. Tomás: Quiero un sándwich de jamón y un sándwich
   de queso y patatas fritas.
5. Diana: Primero quiero dos vasos de agua y luego
   un café con leche.
6. Raúl: ¡Adiós! ¡Adiós! Ya viene mi autobús.
7. Joaquín: 5 + 6 son 11.
8. Amanda: Necesito mi chaqueta.
9. Carlos: No necesito toda esta ropa.
10. Bárbara: Granada es la capital de España.

5.9 INDIRECT OBJECT PRONOUNS

Indirect object nouns and pronouns answer the questions *to whom?* or *for whom?*
something is done. Note in the following examples that *to* and *for* are often omitted
in English.

What are you going to buy *David?*
Give *us* the money. We'll get it *for him.*
Don't forget to write *me.*

Object pronouns, like subject pronouns, are words that allow you to identify people
without using or repeating their names. You are already familiar with the Spanish
forms of indirect object pronouns from using the verbs **gustar** and **encantar.**

Indirect Object Pronouns			
a mí	**me**	**nos**	a nosotros(as)
a ti	**te**	**os**	a vosotros(as)
a usted	**le**	**les**	a ustedes
a él, a ella	**le**	**les**	a ellos, a ellas

Abuelita **nos** escribe mucho.   *Grandmother writes us a lot.*
¿**Te** sirvo más café?   *May I serve you more coffee?*
¿**Le** compro este disco?   *Shall I buy you this record?*
¿**Les** doy el dinero a ellos?   *Do I give them the money?*

■ Indirect object pronouns can be *clarified* or *emphasized* by using
a + [a name or pronoun].

To clarify:

¿Les escribes **a Mónica** y **a Alicia** con frecuencia?	*Do you write Mónica and Alicia often?*
Yo voy a decirles **a ellos** la verdad.	*I am going to tell them the truth.*

To emphasize:

¡El problema es que **a mí** no me gustan las papas!	*The problem is that <u>I</u> don't like potatoes!*
Pues, ¡**a nosotros** nos encantan!	*Well, <u>we</u> love them!*

■ Usually the indirect object pronoun comes before the verb.

A ver si **le** encontramos una camiseta.	*Let's see if we can find him a T-shirt.*
¿**Te** traigo un café?	*Shall I bring you a cup of coffee?*
Me gustan mucho las películas de aventuras.	*I like adventure movies a lot.*

■ In sentences where there is an infinitive or **-ndo** form, the indirect object pronoun
may be placed either before the conjugated verb *or* after and attached to the infinitive
or **-ndo** verb form.

Te voy a traer el periódico. Voy a traer**te** el periódico. ⎫	*I'm going to bring you the newspaper.*
Le estoy escribiendo una carta. Estoy escribiéndo**le** una carta. ⎫	*I'm writing her a letter.*

■ With an affirmative command, the indirect object pronoun is always placed after and
attached to the command form.

Sírve**me** el melón primero.	*Serve me the melon first.*
Carmen, tráe**me** el periódico, por favor.	*Carmen, bring me the newspaper, please.*
Silvia, cuénta**nos** de tu viaje por Europa.	*Silvia, tell us about your trip around Europe.*

■ In writing, when a pronoun is attached to the **-ndo** verb form or to command forms
with two or more syllables, a written accent is always required.

Estamos **preparándole** una comida especial.	*We're preparing her a special meal.*
¡**Escríbeme** pronto!	*Write me soon!*
¡**Dímelo** ahora!	*Tell it to me now!*

a. ¿Les gusta o no?   ¿Qué les gusta o no les gusta a estas personas?

MODELO   **Les encantan las papas fritas a mis hermanos.**

1. A ella _____ encantan los centros comerciales.
2. ¿A ti _____ gustan los almacenes grandes?
3. No _____ gusta ir de compras a mamá.
4. No _____ gusta a mí tampoco.
5. A mis hermanos _____ gusta escuchar la radio.
6. Las tiendas de discos _____ encantan a nosotros.
7. ¿Qué pasa? ¿No _____ gusta a usted la música?
8. A nadie _____ gusta.

b. ¿Qué les sirvo?   Dile al camarero qué debe servirles a estas personas.

MODELO   leche / a mí
         Sírveme leche, por favor.

1. un bizcocho / a él
2. unas hamburguesas / a ellos
3. un refresco / al Sr. Duarte
4. helado / a ellas y a mí
5. leche de chocolate / a los niños
6. un sándwich de queso / a la Sra. Duarte
7. papas fritas / a nosotros
8. un café / a mí

c. ¡Llegan pronto!   Los abuelos van a visitar a sus nietos en una semana.
¿Qué preguntas les hacen sus nietos cuando les hablan por teléfono?

MODELO   traer regalos
         ¿Van a traernos regalos? o
         ¿Nos van a traer regalos?

1. comprar ropa nueva
2. dar dinero
3. preparar comida especial
4. cantar algo todos los días
5. dar bizcocho
6. traer fotos
7. leer un libro
8. traer papas fritas
9. comprar videos
10. dar dulces

ch. ¿Qué están haciendo?   Es sábado por la tarde y todos están ocupados en la familia de Alberto. ¿Qué están haciendo?

MODELO   Juanita / servir / café / a sus abuelos
Juanita está sirviéndoles café a sus abuelos. o
Juanita les está sirviendo café a sus abuelos.

1. papá / leer / el periódico / a Paquito
2. yo / preparar / la comida / a todos
3. Anita / pedir / un disco / a mí
4. mis primos / servir / un refresco / a los invitados
5. Julio y Cruz / dar / clases de baile / a los niños
6. mamá / escribir / cartas / a sus amigos
7. Paquito / decir / algo interesante / a nosotros
8. mi tío / dar / dinero / a mi prima

d. ¡Qué familia!   ¿Qué hace esta familia durante la Navidad (*Christmas*)? Para saberlo, completa este párrafo con los complementos indirectos apropiados.

Mis padres siempre (1) dan un regalo interesante y especial para la Navidad. Generalmente, yo (2) compro una cosa a mi padre y otra a mi madre. Pero si no tengo mucho dinero, (3) doy algo a los dos. También (4) compro algo a mis abuelos. Ellos siempre (5) traen regalos a todos nosotros. Mis padres (6) dan dinero a mis abuelos. A mí (7) gusta eso mucho porque con frecuencia mis abuelos usan el dinero para comprar (8) más regalos a mí y a mis hermanos. ¿Y tú? ¿ (9) compras regalos a todos tus parientes? Y ellos, ¿ (10) dan muchos regalos a ti?

LECCIÓN 1

6.1 PRETERITE TENSE: REGULAR VERBS
Describing What You Did

Up until now, you have been talking in Spanish about events happening in the present. In this unit, you will learn to use the preterite tense to talk about events that happened in the past.

Preterite-Tense Verb Endings		
Subject	**-ar** verbs	**-er** and **-ir** verbs
yo	**-é**	**-í**
tú	**-aste**	**-iste**
usted	**-ó**	**-ió**
él / ella	**-ó**	**-ió**
nosotros(as)	**-amos**	**-imos**
vosotros(as)	**-asteis**	**-isteis**
ustedes	**-aron**	**-ieron**
ellos / ellas	**-aron**	**-ieron**

Below are examples of the three kinds of verbs in the preterite tense.

Bailar (-ar)	Correr (-er)	Salir (-ir)
bail**é**	corr**í**	sal**í**
bail**aste**	corr**iste**	sal**iste**
bail**ó**	corr**ió**	sal**ió**
bail**amos**	corr**imos**	sal**imos**
bail**asteis**	corr**isteis**	sal**isteis**
bail**aron**	corr**ieron**	sal**ieron**

Bailamos y **bailamos.**   *We danced and danced.*
Salí de la casa y **corrí**   *I left the house and ran*
   tras el autobús.   *after the bus.*

■ Note that the preterite tense has two sets of endings: one for **-ar** verbs and the other for **-er** and **-ir** verbs.

■ Also notice that the **yo** form and the **usted / él / ella** forms require a written accent.

Adela **salió** primero.   *Adela left first.*
Yo no **estudié** anoche.   *I didn't study last night.*

■ The **nosotros** form of **-ar** and **-ir** verbs is the same in the present and preterite tenses. The context will help you decide which meaning is intended.

Cantamos todos los días.   *We sing every day.*
Cantamos mucho ayer.   *We sang a lot yesterday.*

Vivimos en Texas ahora.   *We live in Texas now.*
Vivimos allí tres años.   *We lived there three years.*

Vamos a practicar

a. ¡Qué horario!   Leticia siempre está muy ocupada. Completa su carta a Amalia. ¿Qué le dice que hizo ayer?

1. preparar	**4.** recibir	**7.** ayudar	**10.** salir
2. comer	**5.** decidir	**8.** estudiar	**11.** correr
3. descansar	**6.** escribir	**9.** preparar	**12.** regresar

Querida Amalia,

¡Qué día pasé ayer! A las doce le __1__ un sándwich a Pepita. Ella y yo __2__ en casa. Después yo __3__ por media hora. A las dos __4__ una carta de mi tía Julia. Después de leerla, __5__ contestar su carta inmediatamente. Le __6__ más de tres páginas. Después __7__ a mi mamá a limpiar la casa. Luego __8__ por dos horas. __9__ todas mis clases para el lunes. Entonces __10__ a correr. __11__ una milla. __12__ a casa a la hora de comer. ¡Uf! ¡Qué día!

Un abrazo fuerte de
Leticia

b. ¡Fuiste a México!   Un(a) amigo(a) pasó sus vacaciones en México. ¿Qué le preguntas cuando regresa?

MODELO   visitar muchos museos
          ¿Visitaste muchos museos?

1. cambiar mucho dinero
2. mandar tarjetas postales
3. escribir cartas
4. comer mucho
5. escuchar música

6. comprar regalos
7. caminar mucho
8. recibir muchos regalos
9. conocer a muchas personas
10. regresar ayer

c. ¿Quién lo hizo?   Identifica a las personas que hicieron las cosas mencionadas. (Todas las personas están en tu libro de español.)

Manolo y Víctor	el papá de Manolo y Víctor
Carlos y Raúl	Víctor, Manolo y sus padres
Mónica	Lupe y su abuelo
Pedro Solís	Martín, Daniel y Riqui
Rafael y Betty	David, Martín, Kati y Alicia
Srta. Rivera	

MODELO   dejar una propina
El papá de Manolo y Víctor dejó una propina.

1. celebrar sus cumpleaños
2. cambiar un cheque de viajero
3. calificar exámenes
4. estudiar computación
5. pasar el verano en México
6. comer pizza en la Zona Rosa
7. hablar con la gente en Chapultepec
8. subir a los juegos en el parque de diversiones
9. comer en un restaurante en Madrid
10. bailar en su boda

ch. Línea ocupada.   Todos hablaron mucho por teléfono anoche. ¿Cuánto tiempo hablaron?

MODELO   Paquita **habló** media hora.

1. Juan y yo __ 45 minutos.
2. Mi mamá y mi tía __ 15 minutos.
3. Tú __ una hora.
4. Manuel __ 10 minutos.
5. Yo __ una hora y 15 minutos.
6. Tú y Anita __ 20 minutos.
7. Mi papá __ 50 minutos.
8. Mario y yo __ más de media hora.

d. Vivieron en México.   Esperanza y muchos de sus amigos vivieron en México por un tiempo. ¿Cuánto tiempo vivieron allí?

MODELO   Jorge: 2 años
Jorge vivió en México dos años.

1. Andrés y Matilde: 1 año
2. tú: 6 meses
3. Lidia: 5 años
4. yo: 3 años
5. mi prima: 2 años
6. ustedes: 7 años
7. Eduardo: 10 años
8. mi familia y yo: 3 años

e. Mucha hambre.   Ayer después de jugar fútbol, todos decidieron ir a comer algo. ¿Qué comieron y qué bebieron?

MODELO   Ángel: pizza   Tina y yo: leche
Ángel comió pizza.   **Tina y yo bebimos leche.**

1. Martina y yo: hamburguesas
2. Esteban y Roberto: mucha agua
3. tú: dos refrescos
4. Roberto y Tina: pastel
5. yo: limonada
6. Esteban: melón
7. tú y Tina: papas fritas
8. Martina y Tina: mucha leche

f. ¡Noticias!   Luisa está de vacaciones en Guadalajara. Ahora le escribe una carta a su amiga Natacha. ¿Qué le dice?

1. visitar
2. pasar
3. prepararnos
4. comer
5. beber
6. beber

7. salir
8. llevar
9. escuchar
10. mirar
11. decidir

¡Hola, Natacha!

¿Cómo estás? Nosotros estamos muy contentos aquí. Ayer mamá y yo _1_ el Parque Agua Azul. ¡Es hermoso y tan tranquilo! _2_ toda la tarde allí. Para el almuerzo, el hotel _3_ unos sándwiches muy ricos. Pero mamá sólo _4_ fruta. Yo _5_ limonada, mamá no _6_ nada. Por la noche mi hermano Pascual y yo _7_ a pasear por el centro. Él me _8_ a la Plaza de los Mariachis donde _9_ la música alegre y _10_ a la gente pasar. Mis padres _11_ ir a un espectáculo de ballet folklórico. Todo fue muy divertido.

Tu amiga
Luisa

6.2   PRETERITE OF IR

Some verbs, like **ir**, have irregular preterite forms.

Ir	
fui	fuimos
fuiste	fuisteis
fue	fueron
fue	fueron

Fuimos al Patio Iglesias.   *We went to the Patio Iglesias.*
¿**Fuiste** al concierto?   *Did you go to the concert?*
Fueron a Madrid.   *They went to Madrid.*
No **fui** a la biblioteca.   *I didn't go to the library.*

Vamos a practicar

a. ¡Vacaciones! Ayer empezaron las vacaciones y muchas personas ya salieron de la ciudad. ¿Adónde fueron?

EJEMPLO **Anita fue a San Antonio, Texas.**

Anita	fuiste a Los Ángeles
José y Pedro	fue a Las Vegas, Nevada
ustedes	fuimos a Miami, Florida
yo	fui a Chicago, Illinois
el profesor García	fueron a Boston, Massachusetts
tú	fueron a Nueva York, Nueva York
Martín y yo	fue a San Antonio, Texas

b. Un día típico. Ayer fue un día típico en el Colegio Dos Robles. ¿Adónde fueron estos estudiantes a las 11:10?

MODELO José: la biblioteca
José fue a la biblioteca.

1. Sara y Maité: cafetería
2. tú y tu hermana: gimnasio
3. yo: sala de música
4. mi amigo Pepe: clase de francés

5. Martín: laboratorio de química
6. Carmen y yo: patio
7. Marcos y Ana: sala de computación
8. ellas: clase de español

L E C C I Ó N 2

6.3 PRETERITE OF HACER, SER, DAR, AND VER

The verbs **hacer, ser, dar,** and **ver** are irregular in the preterite tense.

Hacer	Ser	Dar	Ver
hice	fui	di	vi
hiciste	fuiste	diste	viste
hizo	fue	dio	vio
hicimos	fuimos	dimos	vimos
hicisteis	fuisteis	disteis	visteis
hicieron	fueron	dieron	vieron

¿Qué **hiciste** ayer?
Fui el primero en llegar.
Me **dieron** un regalo muy caro.
Isabel no **vio** a Marcos.

What did you do yesterday?
I was the first to arrive.
They gave me a very expensive gift.
Isabel didn't see Marcos.

■ Note that unlike regular verbs, irregular verbs in the preterite do not have written accents.

Yo no **hice** nada anoche.	*I didn't do anything last night.*
¿Usted **fue** estudiante allí?	*You were a student there?*
¿Cuánto te **dio?**	*How much did he give you?*
Vi tres películas.	*I saw three movies.*

■ The preterite forms of the verb **ser** are identical to the preterite forms of the verb **ir.** The context will help you decide which verb is being used.

Él **fue** presidente por ocho años.	*He was president for eight years.*
No **fue** a la fiesta.	*He didn't go to the party.*

Vamos a practicar

a. La tarea.   ¿Quiénes hicieron la tarea anoche?

MODELO   Carlos y Ramona (sí)
Carlos y Ramona hicieron la tarea.

Carmen y Arturo (no)
Carmen y Arturo no hicieron la tarea.

1. los estudiantes buenos (sí)
2. la profesora (no)
3. nosotros (sí)
4. tú (sí)
5. María y Timoteo (no)
6. yo (sí)
7. el estudiante enfermo (no)
8. los estudiantes malos (no)

b. ¡Un pastel!   Alguien hizo un pastel para la profesora. ¿Quién fue?

MODELO   Elena: estudiar toda la noche
Elena no hizo el pastel porque estudió toda la noche.

1. Estela y Norma: ir a una fiesta
2. Paco: trabajar en el restaurante con su padre
3. nosotros: hablar por teléfono toda la tarde
4. tú: limpiar la casa
5. Beatriz y Ernesto: escribir una composición
6. Ramiro y yo: salir a comer
7. ustedes: escuchar música toda la noche
8. Marta y Rolando: hacer el pastel

c. ¿Quién fue?   Unos estudiantes limpiaron la clase de español pero la profesora Alarcón no sabe quién lo hizo. ¿Qué le pregunta la profesora a la clase?

MODELO   Margarita
¿Fue Margarita?

1. Cristina y Esteban
2. tú
3. Micaela
4. ustedes
5. David
6. Elena y tú

ch. **¡Mucho talento!**   ¿Qué dice Laura del drama que su clase presentó anoche?

MODELO   Nicolás: fantástico
   Nicolás fue fantástico.

1. Laura: estupendo
2. Julio y Tomasita: magnífico
3. tú: fenomenal

4. nosotros: muy bueno
5. Rebeca y Ada: especial
6. yo: excelente

d. **¡Ay, pobre!**   El perro está enfermo porque alguien le dio algo malo de comer. ¿Quién fue?

MODELO   ¿Fue Enrique?
   No, Enrique no le dio nada.

1. ¿Fue Sara?
2. ¿Fueron Hugo y Paco?
3. ¿Fueron tú y Tomás?
4. ¿Fuimos Víctor y yo?

5. ¿Fue Laura?
6. ¿Fueron ustedes?
7. ¿Fue Paquito?
8. ¿Fui yo?

e. **Estampillas.**   Carlitos tiene una colección de estampillas (*stamps*) de muchos países. ¿Qué tipo de estampillas le dieron estas personas?

MODELO   Su abuelo vive en Caracas.
   Su abuelo le dio estampillas de Venezuela.

1. Yo vivo en Buenos Aires.
2. Bárbara vive en Asunción.
3. Sus primos viven en Lima.
4. Su mamá vive en Bogotá.

5. Tú vives en Madrid.
6. Luis y yo vivimos en Tegucigalpa.
7. Su amigo José vive en La Habana.
8. Tú y Luisa viven en La Paz.

f. **Yo te vi.**   Muchas personas fueron al concierto anoche. ¿A quiénes vieron allí?

MODELO   Nosotros **vimos** a los señores Ramírez.

1. Yo __ a tu prima.
2. Carlota __ a la profesora de inglés.
3. Ustedes __ a los músicos.
4. Josefina y yo __ a la familia Sánchez.

5. Tú __ al padrastro de Lilia.
6. Abel y Bernardo __ a mis abuelos.
7. Norberto __ a su amigo Rubén.
8. Ellos __ a los hermanos Gómez.

g. **¿Ya la viste?**   ¿Cuándo vieron estas personas la mejor película del año?

MODELO   Román: anoche
   Román la vio anoche.

1. Federico: la semana pasada
2. tú: en octubre
3. Amalia: anoche
4. Samuel y Gloria: en abril

5. Patricio y yo: en agosto
6. ustedes: en otoño
7. yo: el verano pasado
8. Doroteo y Emilio: ayer

h. **¿Héroe o asesino?**   Completa estos párrafos con el pretérito de los verbos indicados y luego decide si, en tu opinión, Hernán Cortés fue un héroe o un asesino.

1. ser		**8.** decidir	
2. ser		**9.** ser	
3. ser		**10.** matar	
4. hacer		**11.** volver	
5. recibir		**12.** conquistar	
6. dar		**13.** tomar	
7. ver		**14.** ser	

Mucha gente cree que Hernán Cortés __1__ un gran hombre. Otros dicen que él simplemente __2__ un conquistador en busca de oro. Él __3__ la persona responsable por la conquista de Tenochtitlán, la antigua capital de los aztecas.

Cortés __4__ dos viajes a la capital. En su primer viaje, Moctezuma, el rey de los aztecas, __5__ a Cortés y a sus soldados como sus invitados. Él les __6__ muchos regalos de oro. Cuando Cortés y sus soldados __7__ todo el oro de Moctezuma, ellos __8__ tomar prisionero a Moctezuma. Entonces los soldados aztecas

atacaron a los españoles y los españoles __9__ forzados a salir de Tenochtitlán. Pero antes de salir, los españoles __10__ a Moctezuma. Muchos soldados aztecas y españoles murieron en esa batalla.

Cortés y sus soldados __11__ una segunda vez a Tenochtitlán. Esta vez ellos __12__ a los aztecas y __13__ control de su capital. Miles de soldados aztecas murieron defendiendo su capital.

Ahora, ¿qué crees tú? ¿__14__ Cortés y sus soldados grandes hombres o simplemente conquistadores en busca de oro?

LECCIÓN 3

6.4 PRETERITE OF PODER, TENER, VENIR, AND DECIR

Four more irregular verbs in the preterite are **poder, tener, venir,** and **decir.** Note that these verbs share the same verb endings (except for **dijeron**) and that there are no written accents.

Poder	Tener	Venir	Decir
pude	tuve	vine	dije
pudiste	tuviste	viniste	dijiste
pudo	tuvo	vino	dijo
pudimos	tuvimos	vinimos	dijimos
pudisteis	tuvisteis	vinisteis	dijisteis
pudieron	tuvieron	vinieron	dijeron

No **pudimos** hacerlo.   *We couldn't do it.*
Tuve que subir al camión.   *I had to get on the bus.*
¿**Viniste** sola?   *Did you come alone?*
Sí, nos **dijo** la verdad.   *Yes, he told us the truth.*

- Note that the **ustedes / ellos / ellas** verb endings of **decir** are **-eron,** not **-ieron.**

  No le **dijeron** nada a Javier.   *They didn't say anything to Javier.*

Vamos a practicar

a. **¡Qué desastre!** La semana pasada fue el cumpleaños de mi abuelo pero no lo celebramos. ¿Por qué?

MODELO   primo Enrique: comprarle un regalo
     Mi primo Enrique no pudo comprarle un regalo.

1. tío Rumaldo: venir de Guadalajara
2. tíos Javier y Josefa: prepararle una comida elegante
3. mamá y yo: hacerle un pastel
4. abuela: comprarle un traje nuevo
5. yo: darle nada
6. tú: traerle un libro interesante
7. tía Teresa: tomar el avión
8. primo Esteban: presentarle un regalo especial

b. **¿Qué pudiste hacer?** Antonio y sus hermanos pasaron el fin de semana con sus primos. ¿Qué dice Antonio cuando sus padres le preguntan qué hicieron él y sus hermanos?

MODELO Sara: escribir tarjeta postal, no carta
Sara pudo escribir una tarjeta postal; no pudo escribir una carta.

1. Mariano: limpiar cuarto, no casa
2. Sara y yo: comprar platos, no ropa
3. Sara y Mariano: estudiar español, no inglés
4. Mariano: ir al cine, no a cenar
5. Mariano y yo: practicar piano, no fútbol
6. Mariano: hacer comida, no pastel
7. yo: ver programa en la tele, no película
8. Sara: salir con Cristina, no con Toni

c. **Obligaciones.** ¿Quiénes en tu familia tuvieron que hacer estas cosas la semana pasada?

MODELO papá y yo: ir al supermercado
Papá y yo tuvimos que ir al supermercado.

1. papá y yo: preparar la comida
2. yo: hacer la tarea para mañana
3. papá: lavar el perro
4. mamá: ir al banco
5. hermano y yo: limpiar la casa
6. hermanas: hacer un pastel
7. mamá: escribir cartas
8. mamá y papá: trabajar el sábado

ch. **No sonó el teléfono.** A Carlota le encanta hablar por teléfono. Pero no le llamó nadie a Carlota anoche. ¿Por qué?

MODELO Mónica: estudiar
Mónica dijo que no pudo llamar porque tuvo que estudiar.

1. su mamá: trabajar
2. yo: escribir muchas cartas
3. sus abuelos: ir al teatro
4. Verónica: dormir
5. tú y Paco: practicar con la banda
6. Hugo: descansar
7. sus primos: estudiar para un examen
8. su amigo Pablo: leer un libro
9. ustedes: ver un programa en la tele
10. todos nosotros: hacer otras cosas

d. **¡Fama internacional!** En los conciertos de música latina en Miami, siempre hay personas de todas partes del mundo. ¿De dónde vinieron estas personas?

MODELO el señor Valdez: Cuba
El señor Valdez vino de La Habana.

1. Gabriel: Perú
2. la familia Romero: Honduras
3. tú: Uruguay
4. Ramón y Lidia: Ecuador
5. Memo: Argentina
6. Lourdes y sus padres: El Salvador
7. yo: Estados Unidos
8. el pianista: Bolivia

e. **¡Es hora de salir!** Al final de un día en Guadalajara, todos los turistas regresaron tarde al autobús. ¿De dónde vinieron?

MODELO Raúl y Lola: Teatro Degollado
Raúl y Lola vinieron del Teatro Degollado.

1. Alejandra y sus padres:
   Mercado Libertad
2. Daniel: Parque Agua Azul
3. yo: centro
4. nosotros: Palacio Municipal
5. Delia: Casa de Artesanías
6. los señores Bermúdez: Plaza de los
   Mariachis
7. mis hermanos y yo: Tlaquepaque
8. la familia Angulo: Museo de Orozco

f. **¡Por fin!** Todos regresaron muy tarde al hotel anoche. ¿A qué hora regresaron?

MODELO Mario: 11:00
Mario dijo que regresó a las once de la noche.

1. Hortensia: 12:45
2. Benjamín y Rosa: 11:35
3. el director de la escuela: 1:10
4. tú: 1:45
5. Laura y yo: 12:15
6. yo: 11:15
7. tú y Andrés: 2:05
8. la profesora de francés: 2:50

g. **¡Hasta pronto!** ¿Qué le dijo Ramona a su amiga Virginia? Para contestar, completa la carta con las formas correctas de **decir** en el pretérito.

Querida Virginia,

   ¿Qué tal? Espero que todo esté bien en Guadalajara.

   ¡No sabes lo que pasó en la clase de español ayer! La profesora nos (1) que, si queremos, podemos hacer un viaje a Guadalajara al final del año. Todos nosotros (2) que sí excepto Tomás. Cuando la profesora le preguntó por qué, Tomás le (3) que a él no le gustan los viajes.

   Entonces, Rodolfo y Susana le (4), "Tomás, estás loco" y yo le (5) lo mismo. La profesora se enojó con nosotros y nos (6), "Ustedes no deben hablar así. Tomás no tiene que ir si no quiere". Yo (7), "Usted tiene razón, profesora. Perdón".

   Todos los otros estudiantes (8) que sí, quieren ir. La profesora (9), "Tomás, tú no tienes que ir con nosotros si no quieres".

   Pero ¡lo importante es que voy a verte muy pronto!

                              Un abrazo,
                              Ramona

LECCIÓN 1

7.1 DEMONSTRATIVES
Used to Point Out Things and People

Demonstratives tell where objects or people are in relation to the person speaking:
This *book is mine.* *Do you want* **that** *blouse or* **that one over there?**

Spanish has three sets of demonstratives: one to point out someone or something *near the speaker*, another to point out someone or something *farther away*, and a third one used to refer to someone or something *a considerable distance* from both the speaker and the listener.

Demonstratives						
	CERCA		LEJOS		MÁS LEJOS	
	m.	f.	m.	f.	m.	f.
singular	este	esta	ese	esa	aquel	aquella
plural	estos	estas	esos	esas	aquellos	aquellas

■ Demonstratives may be used as adjectives or as pronouns. As adjectives, they agree in number and gender with the noun they modify and always go before the noun.

Esta semana no hay clases.	*This week there are no classes.*
¿Quién es **ese** señor?	*Who is that man?*
¡**Aquellas** chicas son gran deportistas!	*Those girls (over there) are great athletes.*

■ When demonstratives are used as pronouns, they reflect the number and gender of the noun they replace and require a written accent.

No me gustan esos pantalones. Prefiero **éstos.**	*I don't like those pants. I prefer these.*
Estas blusas son bonitas, pero creo que **ésas** son más bonitas.	*These blouses are pretty, but I believe those are prettier.*
Tienes razón, pero **aquéllas** no son tan caras.	*You're right, but those over there are not as expensive.*

■ **Esto** and **eso** are used to refer to concepts, ideas, and situations and to things unknown to the speaker. They never require a written accent.

Esto es imposible.	*This (situation) is impossible.*
¿Qué es **eso**?	*What is that?*

a. ¡Ropa nueva! Para su cumpleaños, la mamá de Alma la lleva a comprar ropa nueva. ¿Qué le pregunta la madre a su hija cada vez que ve algo interesante?

> MODELO   blusa
>
> **¿Te gusta esta blusa?**

1. pantalones	**3.** zapatos	**5.** camisetas	**7.** sombrero
2. falda	**4.** suéter	**6.** chaqueta	**8.** botas

b. ¿De quién son estos lápices? Tú y un amigo fueron de compras. La dependiente puso todas sus compras en una bolsa. Ahora están decidiendo quién compró qué. ¿Qué dices al separar las cosas?

> MODELO   **Éstos** son mis lápices.

1. _____ son mis carpetas.
2. _____ son tus cuadernos.
3. _____ es mi borrador.
4. _____ son mis libros.
5. _____ es tu regla.
6. _____ son tus bolígrafos.
7. _____ es mi diccionario.
8. _____ es mi mochila.

c. Mi familia. Invitaste a un amigo a una reunión familiar. ¿Qué le dices al identificar a los miembros de la familia?

> MODELO   mis tíos
>
> **Esos señores son mis tíos.**

1. mi tío	**5.** mis tías
2. mi mamá	**6.** mi tía de Nueva York
3. mis abuelos paternos	**7.** mi papá
4. mi primo cubano	**8.** mi abuela materna

ch. ¡Al agua! Diana invitó a algunos amigos a nadar en la piscina de su casa. Mientras todos nadaban, Pepito, el hermano menor de Diana, puso toda la ropa en un cuarto. Ahora Diana y su mamá les ayudan a todos a encontrar su ropa. ¿Qué dicen?

> MODELO   camisa / Mario
>
> Tú: **¿De quién es esta camisa?**
> Compañero(a):   **Ésa es de Mario.**

1. zapatos / Manuel	**5.** calcetines / Lorenzo
2. sombrero / Óscar	**6.** falda / Josefina
3. sudadera / Susana	**7.** camiseta / Gregorio
4. chaqueta / Enriqueta	**8.** pantalones / Patricio

d. ¡Me encantan! ¿Qué opinas de estas cosas?

MODELO **Me gustan esos zapatos negros pero me encantan aquéllos marrones.**

1.

2.

3.

4.

5.

6.

7.2 SPELLING CHANGES IN THE PRETERITE

Some verbs require a spelling change in the preterite. These verbs are *not* irregular. Spelling changes occur only to maintain pronunciation.

Spelling changes that occur in preterite tense verbs follow some very specific rules. The spelling change rules listed below apply at all times.

■ An unaccented **i** between two vowels changes to **y**.

Leer	Oír	Creer
leí	oí	creí
leíste	oíste	creíste
leyó	**oyó**	**creyó**
leímos	oímos	creímos
leísteis	oísteis	creísteis
leyeron	**oyeron**	**creyeron**
leyendo	**oyendo**	**creyendo**

Note that this rule affects the **usted / él / ella** and **ustedes / ellos / ellas** forms of the preterite as well as the **-ndo** form of the verb.

The following three rules affect the **yo** form of the preterite in certain verbs to preserve the consonant sound of their infinitive ending: **-car, -gar,** and **-zar.**

■ The letter **c** changes to **qu** before **e** or **i.**

bus**car:** bus**qué,** buscaste, buscó, buscamos . . .
to**car:** to**qué,** tocaste, tocó, tocamos . . .

Other verbs of this type are:

calificar	criticar	dedicar	practicar
comunicar	chocar (*to collide*)	explicar	sacar

- The letter **g** changes to **gu** before **e** or **i**.

  pa**gar:** pa**gué,** pagaste, pagó, pagamos . . .
  ju**gar:** ju**gué,** jugaste, jugó, jugamos . . .

  Other verbs of this type are:

  entregar (*to hand over, deliver*)
  llegar
  obligar
  pegar (*to beat, hit*)

- The letter **z** changes to **c** before **e** or **i**.

  empe**zar:** empe**cé,** empezaste, empezó, empezamos . . .
  comen**zar:** comen**cé,** comenzaste, comenzó, comenzamos . . .

  Other verbs of this type are:

  almorzar   especializar
  cruzar   utilizar

Vamos a practicar

a. ¡A leer!   En la familia de Alfonso, una noche por semana todos leen algo. ¿Qué leyeron anoche?

MODELO   Mamá **leyó** un artículo.

1. Mis hermanos _____ un libro nuevo.
2. Tú _____ el periódico.
3. Papá _____ una novela histórica.
4. Yo _____ una novela de horror.
5. Mi hermana _____ un artículo de deportes.
6. Todos nosotros _____ algo interesante.

b. ¿Cómo es?   Hay un nuevo estudiante en la escuela y la profesora de matemáticas quiere saber algo de él. ¿Qué le dice una muchacha de la clase?

MODELO   Rosa / canta bien
         Rosa oyó que canta bien.

1. Florencio / toma álgebra
2. Vicente y Rubén / es inteligente
3. yo / es deportista
4. ustedes / juega fútbol
5. Nena / es guapo
6. usted / le gusta la música
7. Alicia / no conoce a nadie
8. todos nosotros / es de Venezuela

c. ¿Cómo los ayudaste?   Tú y Elena son muy buenos(as) estudiantes y también son muy generosos(as). ¿Cómo ayudaron a sus amigos a sacar buenas notas?

MODELO   Antonio sacó una A– (A menos) en álgebra.   yo
Yo le expliqué las lecciones de álgebra todo el año.

1. Diana sacó una B+ (B más) en historia.   Elena
2. Hugo sacó una A– en drama.   yo
3. Carlota sacó una B+ en matemáticas.   Elena y yo
4. Paco sacó una C+ en física.   yo
5. Bárbara sacó una A en computación.   Elena y yo
6. Manuel sacó una A en español.   Elena
7. Mariela sacó una B– en inglés.   yo
8. José sacó una A en biología.   Elena y yo

ch. Instrumentos musicales.   Muchas personas participaron en un programa musical la semana pasada. ¿Qué hicieron?

MODELO   Antonio **tocó** el violín.

1. Inés _____ la trompeta.
2. Yo _____ el saxófono.
3. Hugo y Rodrigo _____ la guitarra.
4. Tú y yo _____ el clarinete.
5. Verónica _____ el oboe.
6. Tú _____ la flauta.
7. Roberta _____ el piano.
8. Federico y Clara _____ el violín.

d. Ayudé a todo el mundo.   ¿Qué hicieron estas personas y qué hiciste tú?

MODELO   Olga me **explicó** la lección de matemáticas y yo le **expliqué** la lección de español.

VOCABULARIO ÚTIL:

buscar	comunicar	explicar	sacar
calificar	criticar	practicar	tocar

1. Pedro y Alberta _____ el piano y yo _____ la guitarra.
2. La profesora _____ las partes difíciles de los exámenes y yo _____ las partes fáciles.
3. Mamá y papá _____ un regalo caro para ti y yo _____ un regalo barato.
4. Tú _____ el cabezazo ayer por la mañana y yo lo _____ ayer por la tarde.
5. Mis papás _____ fotos de los novios y yo _____ fotos de mis amigos.
6. Carla me _____ la información a mí y yo le _____ la información al director.
7. El profesor me _____ a mí y yo _____ a mi compañero.
8. Olga me _____ la lección de matemáticas y yo le _____ la lección de español.

¿POR QUÉ SE DICE ASÍ?

e. ¡Qué deportista!   Rosa y su hermana Margarita son muy deportistas. Según Rosa, ¿qué hicieron la semana pasada?

MODELO   lunes / mañana / yo / tenis
El lunes por la mañana jugué tenis.

1. lunes / tarde / Margarita y yo / volibol
2. martes / tarde / yo / golf
3. miércoles / mañana / yo / baloncesto
4. jueves / tarde / Margarita / tenis
5. viernes / tarde / Margarita / fútbol americano
6. sábado / mañana / yo / béisbol

f. Aeropuerto internacional.   Al aeropuerto de Miami llegan vuelos internacionales todo el día. ¿A qué hora llegaron estas personas?

MODELO   El señor Juan Uribe vino de Santo Domingo.
Él llegó de la República Dominicana a las siete y cinco de la tarde.

1. Horacio Tovares vino de Santiago.
2. Las hermanas Romano vinieron de la Ciudad de México.
3. Yo vine de Buenos Aires.
4. La familia Quiroga vino de San José.
5. Tú viniste de Bogotá.
6. El profesor Claudio Arabal vino de Madrid.
7. Julio Gómez vino de Tegucigalpa.
8. La doctora Josefina Clemente vino de Caracas.

LLEGADAS	
ORIGEN	HORA
San José	07,15
Bogotá	08,50
Madrid	10,10
Caracas	13,15
Tegucigalpa	14,45
México	15,45
Santo Domingo	19,05
Santiago	21,55
Buenos Aires	23,30

g. Algo nuevo.   Elisa y sus amigos practicaron deportes el domingo todo el día. ¿A qué hora empezaron?

MODELO   Armando (7:00 A.M.)
Armando empezó a jugar tenis a las siete de la mañana.

1. Arturo y yo (8:30 A.M.)   **2.** Tú (6:30 A.M.)   **3.** Juan (4:15 P.M.)

4. ustedes (2:00 P.M.)   **5.** yo (7:45 P.M.)

h. La primera vez.   Carolina está enseñándole un álbum de fotos a su mejor amiga. ¿Qué dice de cada foto?

MODELO: yo / andar
En esta foto comencé a andar.

1. yo / llorar
2. mi hermano Germán / correr
3. yo / el colegio
4. mi hermano / conducir el coche
5. yo / salir con mi novio Roberto
6. mi hermano / jugar fútbol
7. yo / la escuela secundaria
8. mi hermana / la universidad

i. De vacaciones.   Tú nunca haces lo que hacen las otras personas. ¿Qué hicieron tus amigos durante el verano y qué hiciste tú?

MODELO   Juan y Óscar **tocaron** la guitarra; yo no **toqué** nada. (tocar)

1. Rosana _____ muchas fotos; yo no _____ ninguna. (sacar)
2. Marcos y Luis Miguel _____ a estudiar baile; yo no _____ a estudiarlo porque no me gusta bailar. (empezar)
3. Los profesores _____ a los guías; yo no _____ a nadie. (criticar)
4. La directora _____ la cuenta del hotel; yo no _____ nada. (pagar)
5. Tú y Silvia _____ el océano Atlántico; yo no lo _____ porque no me gusta viajar en barco. (cruzar)
6. Eva y Alicia _____ fútbol todos los días; yo no _____ ni un solo día. (jugar)
7. Rosa y Lupe _____ karate; yo no _____ nada. (practicar)
8. Olivia y Fernando _____ una clase de arte; yo no _____ la clase porque ya tengo una clase de música. (empezar)

L E C C I Ó N 2

7.3 DIRECT OBJECT PRONOUNS

Direct objects answer the questions *what?* or *who(m)?* after the verb.

Ana María ve **la tele.**   *Ana María is watching TV.*
Escuchamos **música.**   *We listen to music.*
No conozco a **los profesores.**   *I don't know the teachers.*

Direct objects can be pronouns as well as nouns. Pronouns are used to avoid repetition of nouns.

Tocaron música clásica y **la**
  escuchamos en la radio.
¿Los Martín? No **los** conozco.
Llamé a papá. **Lo** llamé ayer.

They played classical music, and
  we listened to it on the radio.
The Martíns? I don't know them.
I called Dad. I called him yesterday.

The direct object pronouns in Spanish are given below.

Direct Object Pronouns			
me	**me**	**nos**	*us*
you (familiar)	**te**	**os**	*you* (familiar)
you (m. formal)	**lo**	**los**	*you* (m. formal)
you (f. formal)	**la**	**las**	*you* (f. formal)
him, it (m.)	**lo**	**los**	*them* (m.)
her, it (f.)	**la**	**las**	*them* (f.)

¿No **me** viste en el partido?
Los llevo al cine por la tarde.
Nos van a llamar esta noche.

Didn't you see me at the game?
I take them to the movies in the afternoon.
They are going to call us this evening.

- Like indirect object pronouns, direct object pronouns are placed before conjugated verbs.

Me ayudaron muchísimo.
Lo llevaron al hospital.

They really helped me a lot.
They took him to the hospital.

- In sentences where there is an infinitive or an **-ndo** verb form, the direct object pronoun may either come before the conjugated verb or it may come after and be attached to the infinitive or the **-ndo** verb form.

Estoy pagándo**la**.
La estoy pagando.

I'm paying for it.

Queremos observar**lo**.
Lo queremos observar.

We want to observe him.

- When telling someone to do something using a command, the object pronoun is always placed after and attached to the command form.

Levánta**los**. Bája**los**.
Lláma**me**.

Raise them. Lower them.
Call me.

- Remember that in writing, when a pronoun is attached to the **-ndo** verb form or to command forms with two or more syllables, a written accent is always required.

Estamos **mirándolo**.
Cómpralo aquí.

We're looking at it.
Buy it here.

Vamos a practicar

a. ¿Dónde?   Perdiste un lente de contacto en el partido de fútbol y ahora no puedes ver nada. ¿Qué contestas cuando tus amigos te dicen lo que está pasando?

MODELO   Allí están Pepe y Ana.
          ¿Dónde? No los veo.

1. Allí está Juanita.
2. Allí está nuestro equipo.
3. Allí está el árbitro.
4. Allí están los Jaguares.

5. Allí están María y Francisca.
6. Allí está Ricardo.
7. Allí está el entrenador.
8. Allí están tus primas.

b. Me duele todo.   Ayer jugaste fútbol todo el día y hoy te duele todo. Decidiste ir al médico. ¿Cómo le respondes al médico durante el examen?

MODELO   Compañero(a): Levanta los brazos.
          Tú: **No los puedo levantar.** o **No puedo levantarlos.**

1. Dobla el brazo izquierdo.
2. Levanta la pierna derecha.
3. Baja el brazo izquierdo.

4. Mueve los pies.
5. Abre los ojos.
6. Levanta los brazos.

7. Baja la cabeza.
8. Toca la nariz.
9. Mueve las piernas.

c. ¿Con qué frecuencia?   Tu hermanito está aprendiendo a hacer una encuesta. Te hace preguntas acerca de las actividades mensuales de tu familia y de tus amigos. Contéstalas.

MODELO   ¿Con qué frecuencia te visitan tus abuelos?   (3)
          Me visitan tres veces al mes.

1. ¿Con qué frecuencia te llaman tus tíos? (4)
2. ¿Con qué frecuencia te saludan tus amigos? (30)
3. ¿Con qué frecuencia te invita al cine un amigo? (2)
4. ¿Con qué frecuencia te acompaña una amiga a estudiar? (6)
5. ¿Con qué frecuencia te ayudan tus amigos? (4)
6. ¿Con qué frecuencia te busca una amiga antes de las clases? (4)
7. ¿Con qué frecuencia te visitan tus primos? (1)
8. ¿Con qué frecuencia te espera un amigo después de las clases? (8)

ch. Preguntas y más preguntas.   Tienes un(a) amigo(a) muy curioso(a). ¿Qué le contestas cuando quiere saber qué hiciste anoche?

MODELO   Compañero(a): ¿Leíste el periódico?
          Tú: **Sí, lo leí.** o **No, no lo leí.**

1. ¿Viste la tele?
2. ¿Preparaste la comida?
3. ¿Escuchaste tus discos compactos?
4. ¿Escribiste una carta?

5. ¿Limpiaste tu cuarto?
6. ¿Visitaste a tus abuelos?
7. ¿Ayudaste a tu mamá?
8. ¿Hiciste la tarea?

d. ¡Amor!   Anoche Diana llamó a su amiga Nora para hacerle preguntas sobre su nuevo novio. ¿Qué le preguntó Diana a Nora?

MODELO   ¿ . . . ? Sí, me invitó al cine.
   Diana: **¿Te invitó al cine?**

1. ¿ . . . ? Sí, me saludó esta mañana.
2. ¿ . . . ? No, no me llamó por teléfono anoche.
3. ¿ . . . ? No, no me buscó después de las clases el viernes.
4. ¿ . . . ? No, no me visitó en casa ayer.
5. ¿ . . . ? Sí, me ayudó con la tarea el lunes.
6. ¿ . . . ? Sí, me invitó a salir el viernes por la noche.
7. ¿ . . . ? Sí, me acompañó a un concierto de rock.
8. ¿ . . . ? Sí, me llevó a cenar la semana pasada.

e. Demasiado que hacer.   Después de las clases, unos estudiantes están hablando de lo que tienen que hacer esta noche. ¿Qué dicen?

MODELO   ¿Leíste el libro para la clase de geografía?
   No, voy a leerlo esta noche. o
   No, lo voy a leer esta noche.

1. ¿Escribiste la composición para la clase de inglés?
2. ¿Hiciste la tarea de español?
3. ¿Leíste los artículos para la clase de biología?
4. ¿Practicaste la música para la banda?
5. ¿Estudiaste la lección de francés?
6. ¿Practicaste el cabezazo?
7. ¿Hiciste los problemas de álgebra?
8. ¿Preparaste la tarea de física?
9. ¿Escribiste el artículo para la clase de historia?
10. ¿Estudiaste la lección de química?

7.4 STEM-CHANGING VERBS IN THE PRETERITE: E → I AND O → U

In **Unidad 5,** you learned about stem-changing verbs in the present tense. In the preterite, only **-ir** verbs undergo stem changes. Verbs that end in **-ar** and **-er** are regular and do not undergo stem changes in the preterite.

Nani **contó** todo el dinero.	*Nani counted all the money.*
No lo **entendí.**	*I didn't understand it.*
No **pensaron** en eso.	*They didn't think about that.*

■ In **-ir** stem-changing verbs, **e** becomes **i** and **o** becomes **u** in the **usted / él / ella** and the **ustedes / ellos / ellas** forms.

Pedir (e → i)	
pedí	pedimos
pediste	pedisteis
pidió	**pidieron**
pidió	**pidieron**

Dormir (o → u)	
dormí	dormimos
dormiste	dormisteis
durmió	**durmieron**
durmió	**durmieron**

Durmió muy poco anoche.   *He slept very little last night.*
Sintió un dolor en la pierna.   *He felt a pain in his leg.*
Me **pidieron** un favor.   *They asked me for a favor.*
Ya **sirvieron** la comida.   *They already served dinner.*

The following is a list of common stem-changing **-ir** verbs. Note that the letters in parentheses indicate stem changes in the present tense and in the preterite.

e → i (present and preterite)

conseguir (i, i)	*to get, obtain*
pedir (i, i)	*to ask for*
repetir (i, i)	*to repeat*
seguir (i, i)	*to follow*
vestirse (i, i)	*to get dressed*

e → ie (present) / e → i (preterite)

divertirse (ie, i)	*to have a good time*
preferir (ie, i)	*to prefer*
sentir (ie, i)	*to feel*

o → ue (present) / o → u (preterite)

dormir (ue, u)	*to sleep*
morir (ue, u)	*to die*

Vamos a practicar

a. ¡Ay, ay!   Ayer, después del partido más importante del año, todos los miembros del equipo de volibol empezaron a sentirse adoloridos. ¿Dónde sintieron el dolor?

MODELO   Mauricio
Mauricio sintió dolor en la pierna.

1. Arturo e Irene   **2.** yo   **3.** Horacio   **4.** Elena y Roberto

5. tú   **6.** Guillermo   **7.** Alma y yo   **8.** los hermanos Rey

b. ¡Qué confusión!   Ayer tú y unos amigos fueron a un restaurante. El servicio fue terrible. ¿Por qué?

MODELO   Marta: hamburguesa / pizza
Marta pidió una hamburguesa pero el camarero le sirvió pizza.

1. yo: bizcocho / sándwich
2. Paco y Luz: café con leche / leche
3. ustedes: pizza / hamburguesas
4. ellos: agua mineral / refrescos
5. Leonardo: melón / manzana
6. Armando y yo: leche / limonada
7. tú: sándwich mixto / sándwich de jamón
8. Ana María: fruta / bizcocho

c. Necesitan dormir más.   Di cuántas horas durmieron estas personas y qué notas sacaron en el último examen.

1. María (3 / B)
2. Alfredo y Tomás (7 / A)
3. yo (5 / C)
4. Federico y Alicia (6 / B)

ch. ¡Qué divertido!   La semana pasada Andrea salió con su amiga Luisa. Completa el párrafo con la forma correcta de los verbos **llegar, pedir, decir** y **seguir.** Recuerda que tienes que hacer dos cosas: 1) seleccionar el verbo apropiado y 2) decidir cuál es la forma correcta del verbo.

 (1) al restaurante un poco temprano. Cuando me llamó el camarero, lo (2) hasta una mesa cerca de la ventana. Como tenía mucha sed, le (3) una limonada. Un poco después, mi amiga Luisa (4) y (5) una limonada también. El camarero nos (6) los especiales del día pero nosotras (7) hamburguesas, papas y ensalada. Lo comimos todo y fuimos al cine. Nos divertimos mucho.

L E C C I Ó N   3

7.5   AFFIRMATIVE *TÚ* COMMANDS: IRREGULAR FORMS

In **Unidad 5,** you learned how to use regular affirmative **tú** commands.

Limpia tu cuarto.	*Clean your room.*
Bebe la leche.	*Drink the milk.*
Escríbeme pronto.	*Write to me soon.*

There are, in addition, eight irregular affirmative **tú** commands. Note how almost all are derived from the **yo** form of the present tense.

Affirmative Irregular *tú* Commands		
Infinitive	Present Tense **yo** Form	Command
decir	**di**go	**di**
poner	**pon**go	**pon**
salir	**sal**go	**sal**
tener	**ten**go	**ten**
venir	**ven**go	**ven**
hacer	**ha**go	**haz**
ir	voy	**ve**
ser	soy	**sé**

Ten paciencia.   *Be patient.*
Ven acá, mamá.   *Come here, Mom.*

■ Object pronouns always follow and are attached to affirmative commands. When one pronoun is attached, no written accent is required.

Hazlo tú.   *Do it yourself.*
Ponla en la mesa.   *Put it on the table.*

Vamos a practicar

a. ¡Mando yo! Los padres de Mariana están de vacaciones. ¿Qué mandatos le da Mariana a su hermano menor?

MODELO   hacer lo que te digo
           Haz lo que te digo.

1. poner tus cosas en su lugar
2. salir a tiempo para la escuela
3. tener cuidado al cruzar la calle
4. venir directamente a casa después de las clases
5. decirme todo lo que te pasó en la escuela
6. ir al patio a jugar
7. hacer la tarea
8. ser bueno siempre

b. ¿Aquí? Tu amigo(a) te ayuda a arreglar tu cuarto. Contesta sus preguntas.

MODELO   ¿Dónde pongo la mesita? (al lado de la cama)
           Ponla al lado de la cama.

1. ¿Dónde pongo las lámparas? (en las mesitas)
2. ¿Dónde pongo el televisor? (en el estante)
3. ¿Dónde pongo la cama? (debajo de la ventana)
4. ¿Dónde pongo el escritorio? (a la derecha del estante)
5. ¿Dónde pongo las sillas? (a la derecha y a la izquierda del escritorio)
6. ¿Dónde pongo el sillón? (enfrente del televisor)

c. Sí, mamá.
Hoy es sábado y los padres de Susana tienen que ir a la oficina a trabajar. ¿Qué le dice su madre antes de salir?

MODELO: **Escucha** lo que te digo.

VOCABULARIO ÚTIL:

ser	tener	volver	poner	decir	salir
jugar	ir	pedir	escuchar	limpiar	hacer

1. _____ tu cuarto antes de salir.
2. _____ tu ropa en el armario.
3. _____ cuidado con las fotos en la mesita.
4. _____ de la casa antes de las 10:00.
5. _____ al correo para enviar las cartas.
6. _____ "buenos días" y "adiós" a todos en el correo.
7. _____ a casa antes de las 11:00.
8. _____ buena con tu hermanita.
9. _____ con ella por una hora por la tarde.
10. _____ tu tarea antes de ver la tele.

7.6 PREPOSITIONS OF LOCATION

Prepositions show the relationship between things. Prepositions of location tell where things or people are located.

Prepositions of Location	
a la derecha de	*to the right of*
a la izquierda de	*to the left of*
al lado de	*beside, next to*
cerca de	*near (to)*
lejos de	*far from*
debajo de	*under*
encima de	*on top of, over*
sobre	*on, over*
delante de	*in front of*
enfrente de	*facing, in front of*
detrás de	*behind*
en	*on, in*
entre	*between, among*

Está demasiado **lejos de**l baño.	*It's too far from the bathroom.*
¿Lo pusiste **cerca de** la puerta?	*Did you put it near the door?*
Está **al lado de** la cama.	*It is beside the bed.*
Pon la lámpara **encima de** la mesa.	*Put the lamp on top of the table.*

Vamos a practicar

a. Vecinos. ¿Dónde están los apartamentos de estas personas?

EJEMPLO   Camúñez / Rodríguez
**El apartamento de los Camúñez está debajo
del apartamento de los Rodríguez.**

1. Pérez / Romero
2. Madrigal / Ledesma
3. Gómez / Camúñez
4. Cameno / Madrigal
5. Sarmiento / Cameno
6. Serrano / Bravo
7. Rodríguez / Valdez

b. ¿Dónde está el gato? El gato no quiere salir de la casa y corre por todas partes para escaparse. Di dónde está.

MODELO   **El gato está encima de la mesa.**

VOCABULARIO ÚTIL:

al lado de	cerca de	debajo de	delante de	detrás de
en	encima de	entre	lejos de	enfrente de

1.

2.

3.

4.

5.

6.

7.

8.

c. ¿Dónde lo pongo? Alma está ayudándote a arreglar tu cuarto. ¿Qué le dices?

MODELO   lámpara (en / debajo de) mesa
Ponla en esa mesa.

1. silla (al lado de / encima de) escritorio
2. televisor (detrás de / enfrente de) cama
3. suéteres (en / encima de) armario
4. cómoda (al lado de / debajo de) puerta
5. estante (encima de / al lado de) mesita
6. fotos (detrás de / encima de) estante
7. lámpara (en / al lado de) sillón
8. escritorio (encima de / debajo de) ventana

ch. ¡Identifícalos! Éstos son Lilia y sus mejores amigos. Están sentados en la clase de español. ¿Puedes identificarlos?

MODELO   Lilia está en el centro del grupo.
Lilia es la número cinco.

1.

2.

3.

4.

5.

6.

7.

8.

9.

a. Alfredo está a la derecha de Lilia.
b. Rosa está detrás de Alfredo.
c. Mariana está a la izquierda de Rosa.
ch. Esteban está a la izquierda de Mariana.
d. Martín está delante de Lilia.
e. Felipe está a la izquierda de Martín.
f. Julia está detrás de Felipe.
g. Rubén está delante de Alfredo.

LECCIÓN 1

8.1 REFLEXIVE PRONOUNS
Used in Talking about Daily Routine

Reflexive pronouns are used when the object and the subject are identical. In these instances, the subject is doing something to itself. The forms of the reflexive pronouns are given in the chart below.

Reflexive Pronouns: *levantarse*		
yo	**me** levanto	*I get up*
tú usted	**te** levantas **se** levanta	*you get up*
él / ella	**se** levanta	*he/she/it gets up*
nosotros(as)	**nos** levantamos	*we get up*
vosotros(as) ustedes	**os** levantáis **se** levantan	*you get up*
ellos / ellas	**se** levantan	*they get up*

Note the difference between these verbs when they are used with and without reflexive pronouns.

Se levanta inmediatamente.	*He gets up immediately.*
Levanta a los niños temprano.	*He gets the children up early.*
Papá **se afeita** en el baño.	*Dad shaves in the bathroom.*
Hoy el barbero **afeita** a papá.	*Today the barber shaves Dad.*
La mamá **se viste** rápidamente.	*The mother dresses quickly.*
La mamá **viste** a la niña.	*The mother dresses the little girl.*
Gloria **se despierta** a las siete.	*Gloria wakes up at seven.*
Despierta también a su hermanito.	*She also wakes up (wakens) her little brother.*

■ Like direct and indirect object pronouns, reflexive pronouns precede conjugated verbs and follow affirmative commands, infinitives, and the **-ndo** form of the verb.

¿Dónde **me siento**?	*Where shall I sit down?*
Marta, **levántate**.	*Marta, get up.*
Papá **está afeitándose**.	*Dad is shaving.*
Tengo que **lavarme** el pelo ahora.	*I have to wash my hair now.*

■ The following is a list of common reflexive verbs.

acostarse (ue)	*to go to bed*
afeitarse	*to shave*
arreglarse	*to get ready*
bañarse	*to bathe*
cepillarse (el pelo)	*to brush* (one's hair)
despertarse (ie)	*to wake up*
divertirse (ie, i)	*to have a good time*
dormirse (ue, u)	*to go to sleep, fall asleep*
irse	*to leave, go*
lavarse (los dientes)	*to wash up, brush* (one's teeth)
levantarse	*to get up*
peinarse	*to comb one's hair*
ponerse	*to put on* (clothes, makeup)
quitarse	*to take off* (clothes)
sentarse (ie)	*to sit down*
vestirse (i, i)	*to get dressed*

Most of the verbs have nonreflexive uses. Note, however, that some verbs change their meaning when the reflexive pronoun is added.

dormir	*to sleep*		**ir**	*to go*
dormirse	*to go to sleep, fall asleep*		**irse**	*to leave, go away*

Vamos a practicar

a. Primero me despierto. Horacio es un estudiante de intercambio en España. ¿Qué dice de su horario cuando le escribe una carta a su amigo Ramón?

despertarse	lavarse	sentarse	levantarse	ponerse
dormirse	bañarse	peinarse	irse	afeitarse

Querido Ramón,

   ¿Cómo estás? Aquí todo va muy bien, pero mi día comienza muy temprano. Primero (1) a las cinco y media de la mañana. (¡Sí, hombre!) (2) a las seis menos cuarto y (3) , (4) y (5) . Luego, a las seis, (6) la ropa. A las seis y media, (7) a la mesa a desayunar y a estudiar un poco para las clases. Después del desayuno, (8) los dientes y a las siete menos cuarto (9) a la escuela. ¡Imagínate! Yo. . . ¡esa hora! ¡Y nunca (10) en clase! Te escribo más tarde.

Tu amigo
Horacio

b. Mamá se levantó primero. Berta describe el horario diario de su familia.
¿Qué dice? Forma oraciones usando palabras y frases de las dos columnas.

EJEMPLO **Mamá se levanta a las seis menos cuarto de la mañana.**

tú
todos nosotros
yo
mamá
mis hermanos
mamá y papá

me acuesto a las 10:00
se afeitan a las 6:00
se levanta a las 6:15 y pone el café
se sientan a la mesa a las 6:30 y toman café
me levanto a las 7:00
se quitan la ropa para acostarse a las 9:30
te lavas los dientes a las 10:30
nos despertamos a las 5:45

c. ¡Que lo pases bien! Hoy Isabel se va para pasar el verano con sus abuelos.
¿Qué le dice su mamá?

MODELO acostarse temprano
Acuéstate temprano.

1. bañarse todos los días
2. despertarse temprano
3. lavarse el pelo frecuentemente
4. lavarse los dientes después de comer
5. lavarse las manos antes de comer
6. dormirse temprano
7. peinarse cada día
8. divertirse mucho

ch. Tan temprano. Son las seis de la mañana. ¿Qué están haciendo todos?

MODELO Elena / vestirse
Elena está vistiéndose. o Elena se está vistiendo.

1. Pablo / afeitarse
2. Gregorio / bañarse
3. mi madre y yo / sentarse a la mesa
4. Enrique / lavarse el pelo
5. tú / lavarse los dientes
6. Leticia / ponerse la ropa
7. Yolanda y Raquel / levantarse
8. ustedes / arreglarse

d. Todos los días. ¿Qué dice Julia de la rutina diaria de su familia?

MODELO Jorge
Jorge se despierta a las seis.

1. mamá y papá
2. papá
3. Jorge y Alberto

4. yo
5. Alberto
6. todos nosotros

7. mis hermanos y yo
8. Mariela
9. mamá

Adverbs answer the questions *how, when,* and *where* about the verb. You already know many adverbs that answer the questions *When?* and *Where?*

When?	**ahora, en seguida, pronto, tarde, temprano; antes, después; a veces, nunca, siempre; ayer, hoy, mañana**
Where?	**a la derecha, a la izquierda, al lado, debajo, delante, detrás, enfrente; allí, aquí; cerca, lejos**

Most adverbs that tell *how* an action is done are formed by adding **-mente** to the end of the feminine form of an adjective.

rápida + **-mente**	**rápidamente**
alegre + **-mente**	**alegremente**

Marta se levanta **rápidamente.**	*Marta gets up quickly.*
Se arregla **cuidadosamente.**	*She gets ready carefully.*
Generalmente, Andrés se despierta temprano.	*Generally Andrés wakes up early.*

■ When two or more of these adverbs are used together in a sentence, only the last one ends in **-mente.** The others end in the feminine form of the adjective.

Se arregla **lenta y cuidadosamente.**	*She gets ready slowly and carefully.*
Habla **modesta y tímidamente.**	*He talks modestly and shyly.*

■ An adjective that has a written accent keeps it when **-mente** is added.

Andrés corre **rápidamente.**	*Andrés runs quickly.*
Marta corta el chorizo **fácilmente.**	*Marta cuts the sausage easily.*

Vamos a practicar

a. Fantásticamente. No fuiste a clase ayer. ¿Cómo describe tu amiga Luisa lo que pasó?

MODELO señor García / cantar / estupendo
El señor García cantó estupendamente.

1. Tomasina y su hermana / bailar / fabuloso
2. el director / trabajar / alegre
3. Enriqueta / escribir una composición / tranquilo
4. Alonso y yo / contestar / correcto
5. la profesora / explicar la lección / fácil
6. Vicente y Victoria / hablar / inteligente
7. yo / correr / rápido
8. Hugo y Anita / estudiar / paciente

b. ¡Qué romántico! Samuel y Sara se casaron. Tu amiga no pudo ir a la boda. ¿Cómo contestas sus preguntas?

> MODELO   ¿Tocó un organista? (fabuloso y fuerte)
> **Sí, y tocó fabulosa y fuertemente.**

1. ¿Cantó un cantante? (profesional y fuerte)
2. ¿Leyó Ernesto? (romántico y triste)
3. ¿Habló la novia? (calmo y claro)
4. ¿Contestó el novio? (emocionado y contento)
5. ¿Escucharon los invitados? (cortés y paciente)
6. ¿Lloraron las madres? (fácil y frecuente)
7. ¿Bailó Rebeca? (nervioso y alegre)
8. ¿Salieron los novios? (rápido y cuidadoso)

c. Emociones. Generalmente, ¿cómo te sientes al hacer tu rutina diaria?

> EJEMPLO   **Me levanto alegremente.**

despertarse
bañarse
lavarse los dientes
ponerse la ropa
lavarse el pelo
sentarse en clase

nervioso
rápido
triste
alegre
tranquilo
cuidadoso
contento
tímido
furioso
lento

L E C C I Ó N   2

8.3   *PRETERITE OF ESTAR*

■ The verb **estar** is irregular in the preterite. Its forms are like those of **tener.**

Estar	
estuv**e**	estuv**imos**
estuv**iste**	estuv**isteis**
estuv**o**	estuv**ieron**
estuv**o**	estuv**ieron**

Los bocadillos **estuvieron** excelentes.
La ensalada **estuvo** riquísima.

The sandwiches were excellent.
The salad was delicious.

a. ¿Dónde?   Nadie se encontró en casa de Ana ayer. ¿Dónde estuvieron todos?

MODELO   mamá / estar / 2 horas / mercado
Mi mamá estuvo dos horas en el mercado.

1. hermana / estar / 1 hora / café
2. papá / estar / 10 horas / oficina
3. hermano / estar / 8 horas / colegio
4. padres / estar / 2 horas / biblioteca
5. yo / estar / 3 horas / partido de fútbol
6. prima y yo / estar / 2 horas / cine
7. hermanita / estar / 6 horas / escuela
8. todos / estar / poco tiempo / casa

b. Delicioso.   Joaquín y su familia tuvieron un picnic ayer. ¿Cómo describe Joaquín la comida?

MODELO   bocadillos (rico)
Los bocadillos estuvieron ricos.

1. ensaladas (delicioso)
2. queso (bueno)
3. pan (fresco)
4. manzanas (malo)
5. tortillas españolas (frío)
6. chorizo (sabroso)
7. bizcochos (excelente)
8. chocolate (rico)

8.4   ABSOLUTE SUPERLATIVES: *-ÍSIMO*
Used to Express Extremes

The **-ísimo (-a, -os, -as)** ending may be attached to an adjective to express an extremely high degree of the quality of the adjective. Note how English uses such expressions as *exceedingly, extremely,* or *really* to express the same idea.

Los chicos son **guapísimos.**   *The guys are really cute.*
La casa es **feísima.**   *The house is extremely ugly.*

■ These adjectives are formed by removing the **-o** from the masculine singular form of the adjective and adding **-ísimo (-a, -os, -as).** Note that the **-ísimo** ending always has a written accent.

Adjective	*-ísimo* **form**
alto	altísimo (-a, -os, -as)
bueno	buenísimo (-a, -os, -as)
difícil	dificilísimo (-a, -os, -as)
fácil	facilísimo (-a, -os, -as)
fuerte	fuertísimo (-a, -os, -as)
grande	grandísimo (-a, -os, -as)
malo	malísimo (-a, -os, -as)

■ Some spelling rules may affect these adjectives.

c → qu	z → c	g → gu
rico ri**quí**simo	feliz feli**cí**simo	largo lar**guí**simo

Vamos a practicar

a. ¡Una nueva vida! La familia de Gloria acaba de mudarse a otra ciudad. ¿Cómo describe Gloria su nueva vida?

MODELO clases / fácil
Mis clases son facilísimas.

1. casa / grande
2. escuela / moderno
3. profesores / guapo
4. profesoras / elegante
5. horario / bueno
6. amigas / inteligente
7. amigos / simpático
8. familia / contento
9. ciudad / hermoso

b. ¿Cómo son? ¿Cómo es la familia de Elvira?

MODELO papá
Su papá es altísimo.

hermoso   alto   bajo   guapo   flaco
fuerte   inteligente   feliz   gordo   grande

1. mamá   2. hermanos   3. Elvira   4. hermana

5. abuelos   6. tío Roberto   7. primos   8. todos nosotros

COMPARATIVES

When two qualities or quantities are compared, Spanish uses **más** and **menos**.

Este libro es **más** interesante.	*This book is more interesting.*
Me gusta éste **menos.**	*I like this one less.*
Está **más** cerca de la escuela.	*It's closer to the school.*
Ella es **menos** alta.	*She's shorter.*

■ When both things being compared are expressed, Spanish uses **más . . . que** to express *more . . . than.*

Es **más** alto **que** su padre.	*He's taller than his father.*

■ *Less . . . than* is expressed in Spanish by **menos . . . que.**

Esta cama es **menos** dura **que** la de abuelita.	*This bed is softer (less hard) than grandmother's.*

- When the things being compared are equal, Spanish uses the expression **tan . . . como.**

| Son **tan** cómodos **como** nuestros sillones. | *They are as comfortable as our chairs.* |
| Hablas **tan** bien **como** la profesora. | *You talk as well as the teacher.* |

- Like other adjectives, adjectives that are compared agree in number and gender with the nouns they modify.

Teres**a** es más alt**a** que Arturo.
Los profesor**es** están tan ocupad**os** como los estudiantes.

- The adjectives **bueno** and **malo** have special comparative forms: **mejor** and **peor.** Like other adjectives that end in consonants, the plural forms end in **-es: mejores, peores.**

Salió **mejor** que nunca la tortilla.	*The tortilla turned out better than ever.*
Este restaurante es **peor** que el otro.	*This restaurant is worse than the other one.*
Estos jugadores son **peores.**	*These players are worse.*
Estas alfombras son **mejores.**	*These carpets are better.*

Vamos a practicar

a. ¿Quién es más . . . ?   Di cómo se comparan estos individuos.

MODELO   ¿Quién es más alto?
La señora Delgado es más alta que Tomasito.

Señora Delgado   Tomasito

1. ¿Quién es más gordo?

Canela   Lobo

4. ¿Quién es más delgado?

Gonzalo   Teodoro

2. ¿Quién es más rubio?

Germán   Ana

5. ¿Quién es más bajo?

Golfo   Princesa

3. ¿Quién es más alto?

Marta   Esteban

6. ¿Quién es más guapo?

Arturo   Frankenstein

b. No son buenos. Los estudiantes de la escuela de Ricardo están hablando del equipo de fútbol de su escuela rival. ¿Qué dicen?

MODELO   equipo: organizado
Su equipo es menos organizado que nuestro equipo.

1. arquero: rápido
2. defensas: grande
3. jugadores: fuerte
4. aficionados: alegre
5. uniformes: atractivo
6. entrenador: inteligente
7. partidos: interesante
8. escuela: entusiasta

c. ¿Qué prefieres? Di cuál te gusta más o cuál te gusta menos.

MODELO   ¿Los bocadillos o las hamburguesas?
Me gustan más los bocadillos. o
Me gustan menos las hamburguesas.

1. ¿Las papas fritas o la fruta?
2. ¿El jamón o el chorizo?
3. ¿Las manzanas o las naranjas?
4. ¿La ensalada o el postre?
5. ¿El café o la leche?
6. ¿Las fresas o las cerezas?
7. ¿El almuerzo o el desayuno?
8. ¿La pizza o el cochinillo asado?

ch. Al contrario. Luci y Carlitos están hablando de sus papás. ¿Cómo le contesta Carlitos a Luci?

MODELO   Luci: Mi papá es más alto que tu papá.
Carlitos: **Al contrario, tu papá no es tan alto como mi papá.**

1. Mi papá es más fuerte que tu papá.
2. Mi papá es más guapo que tu papá.
3. Mi papá es más inteligente que tu papá.
4. Mi papá es más simpático que tu papá.
5. Mi papá es más valiente que tu papá.
6. Mi papá es más rico que tu papá.
7. Mi papá es más famoso que tu papá.
8. Mi papá es más popular que tu papá.

d. ¿Mejor o peor? ¿Cómo te comparas tú?

EJEMPLO   ¿Quién canta mejor que tú?
Mi mamá canta mejor que yo. o
Nadie canta mejor que yo. o
Todos cantan mejor que yo.

1. ¿Quién juega tenis mejor que tú?
2. ¿Quién nada peor que tú?
3. ¿Quién prepara la comida mejor que tú?
4. ¿Quién escribe peor que tú?
5. ¿Quién sabe geografía mejor que tú?
6. ¿Quién baila peor que tú?
7. ¿Quién pasea en bicicleta mejor que tú?
8. ¿Quién juega béisbol peor que tú?
9. ¿Quién habla español peor que tú?
10. ¿Quién toca la guitarra mejor que tú?

e. La mejor mueblería. Los muebles de la Tienda Plus son muy buenos, mientras que los muebles de la Tienda Cero son terribles. ¿Cómo se comparan estos muebles?

MODELO lámparas de la Tienda Plus
**Las lámparas de la Tienda Plus son mejores
que las lámparas de la Tienda Cero.**

mesitas de la Tienda Cero
**Las mesitas de la Tienda Cero son peores
que las mesitas de la Tienda Plus.**

1. sofás de la Tienda Cero
2. sillas de la Tienda Plus
3. muebles de la Tienda Cero
4. mesas de la Tienda Plus
5. televisores de la Tienda Cero
6. sillones de la Tienda Cero
7. neveras de la Tienda Plus
8. camas de la Tienda Plus

L E C C I Ó N 3

8.6 PRESENT TENSE: SUMMARY

The present tense is used to talk about what generally happens, what is happening now, or what does happen. There are three sets of endings for the three types of verbs.

Present Tense Verb Endings		
-ar	**-er**	**-ir**
-o	-o	-o
-as	-es	-es
-a	-e	-e
-amos	-emos	-imos
-áis	-éis	-ís
-an	-en	-en

Three sample regular verbs are:

Cant**ar**	Aprend**er**	Sub**ir**
cant**o**	aprend**o**	sub**o**
cant**as**	aprend**es**	sub**es**
cant**a**	aprend**e**	sub**e**
cant**amos**	aprend**emos**	sub**imos**
cant**áis**	aprend**éis**	sub**ís**
cant**an**	aprend**en**	sub**en**

- Some verbs in the present tense undergo a change in the stem vowel of all persons except the **nosotros(as)** and **vosotros(as)** forms.

Pensar	Poder	Pedir
e → ie	o → ue	e → i
pienso	puedo	pido
piensas	puedes	pides
piensa	puede	pide
pensamos	podemos	pedimos
pensáis	podéis	pedís
piensan	pueden	piden

- Some verbs in the present tense have irregular **yo** forms.

conocer:	**conozco**		traer:	**traigo**
dar:	**doy**		ver:	**veo**
hacer:	**hago**		decir:	**digo**
poner:	**pongo**		oír:	**oigo**
saber:	**sé**		tener:	**tengo**
salir:	**salgo**		venir:	**vengo**

- There are also verbs in the present tense that have irregular endings.

Estar	Ser	Ir
estoy	soy	voy
estás	eres	vas
está	es	va
estamos	somos	vamos
estáis	sois	vais
están	son	van

Vamos a practicar

a. ¡Dos semanas!   Celia está pasando dos semanas en un campamento. Para saber qué le escribe a su amiga, completa su carta con la forma apropiada de los verbos indicados.

1. estar	**6.** comer	**11.** ser	**16.** practicar	**21.** tener
2. estar	**7.** tener	**12.** almorzar	**17.** ser	**22.** querer
3. levantarse	**8.** hacer	**13.** dar	**18.** cantar	**23.** escribir
4. ir	**9.** ir	**14.** dormir	**19.** acostarse	**24.** poder
5. servir	**10.** nadar	**15.** preferir	**20.** encantar	**25.** decir

Querida Sonia,

¿Cómo _1_? Yo _2_ muy contenta aquí. Todos los días nosotros _3_ muy temprano. Luego _4_ al comedor donde nos _5_ el desayuno. Yo generalmente _6_ mucho.

Después del desayuno, _7_ una clase de artesanías. Nosotros _8_ cosas muy bonitas en esa clase. A las 10:30 yo _9_ a la clase de natación. Todos _10_ en un río muy grande. ¡_11_ muy divertido!

Nosotros _12_ al mediodía y luego nos _13_ tiempo para una siesta. Yo normalmente no _14_ porque _15_ escribir cartas o leer. Por la tarde nosotros _16_ varios deportes—tenis, volibol, béisbol. El entrenador _17_ muy simpático.

Por la noche _18_ y _19_ temprano. ¡Nos _20_ el campamento a todos! ¡Tú _21_ que venir el año que viene!

Escríbeme pronto. Yo _22_ recibir muchas cartas de ti. Si no me _23_, yo no _24_ saber lo que está pasando contigo y con todos nuestros amigos. Mis padres no me _25_ nada. ¡Escribe!

Recibe un abrazo de tu amiga
Celia

b. **¿Cuándo?**   Di cuándo haces estas cosas.

MODELO   estudiar mucho
Estudio mucho durante el año académico.

salir todas las noches
Salgo todas las noches durante las vacaciones.

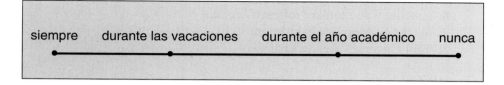

siempre   durante las vacaciones   durante el año académico   nunca

1. hacer la tarea
2. levantarse tarde
3. leer muchas revistas
4. ver televisión
5. ir al campo
6. jugar fútbol
7. oír muchos discos y casetes
8. hablar por teléfono por horas
9. pasear en bicicleta
10. acostarse temprano
11. practicar deportes
12. dormir muchas horas
13. salir mucho con los amigos
14. llevar ropa muy informal

8.7 PRESENT PROGRESSIVE: SUMMARY

The present progressive is used to tell what is happening at the moment of speaking. It is formed with the verb **estar** and the **-ndo** form of the verb.

No puedo ayudarte ahora porque **estoy** estudi**ando** español.
Estamos com**iendo** una tortilla española.
¿Qué **están** beb**iendo** los niños?

- Stem-changing **-ir** verbs undergo a vowel change in the **-ndo** form.

dormir	**durmiendo**
seguir	**siguiendo**
pedir	**pidiendo**
repetir	**repitiendo**
decir	**diciendo**

- When an unstressed **i** occurs between two vowels, the **-iendo** form becomes **-yendo**.

leer	**leyendo**
traer	**trayendo**
construir	**construyendo**

Vamos a practicar

a. ¿Tienen sueño?   Son las diez de la noche. Según Silvia, ¿qué están haciendo todos?

MODELO   Marta / escuchar / radio / dormitorio
Marta está escuchando la radio en el dormitorio.

1. mamá / leer / periódico / sala
2. Carlos y Elena / estudiar / dormitorio
3. yo / comer / sándwich / cocina
4. papá / ver / televisión / sala de familia
5. abuelita / escribir / carta / comedor
6. abuelita y yo / tomar / refresco / cocina
7. los bebés / dormir / habitación
8. Toni / lavarse / dientes / baño

b. ¡Vacaciones, por fin!   Es el primer día de las vacaciones de verano. ¿Qué están haciendo todos?

MODELO   Ángela

Ángela está visitando a sus abuelos.

1. Lisa y Rafael

2. Miguel

3. Los Tigres

4. David

5. la familia Garza

6. Marisela

7. Diana y Ofelia

8. Vicente y Leona

9. todos

8.8 PRETERITE: SUMMARY

The preterite is used to talk about what happened in the past. It has two sets of endings, one for **-ar** verbs and the other for **-er** and **-ir** verbs.

Preterite Regular Verb Endings	
-ar	**-er / -ir**
-é	**-í**
-aste	**-iste**
-ó	**-ió**
-amos	**-imos**
-asteis	**-isteis**
-aron	**-ieron**

Three sample verbs are:

Comprar	Romper	Salir
compr**é**	romp**í**	sal**í**
compr**aste**	romp**iste**	sal**iste**
compr**ó**	romp**ió**	sal**ió**
compr**amos**	romp**imos**	sal**imos**
compr**asteis**	romp**isteis**	sal**isteis**
compr**aron**	romp**ieron**	sal**ieron**

Many irregular verbs in the preterite have an irregular stem and use one set of endings for **-ar, -er** and **-ir** verbs.

Preterite Irregular Verb Endings
-ar /-er / -ir
-e
-iste
-o
-imos
-isteis
-ieron

Note that the **yo** and the **ustedes / él / ella** endings do not have a written accent.

The following are verbs in this category that you have studied.

estar:	**estuv-**	estuve, estuviste, estuvo, estuvimos, . . .
tener:	**tuv-**	tuve, tuviste, tuvo, tuvimos, . . .
poder:	**pud-**	pude, pudiste, pudo, pudimos, . . .
poner:	**pus-**	puse, pusiste, puso, pusimos, . . .
hacer:	**hic-**	hice, hiciste, **hizo,** hicimos, . . .
decir:	**dij-**	dije, dijiste, dijo, dijimos, dijisteis, **dijeron**
traer:	**traj-**	traje, trajiste, trajo, trajimos, trajisteis, **trajeron**

Note that there is a **c → z** spelling change in **hacer.** Also note that verbs with stems ending in **j** drop the **i** in the **ustedes / ellos / ellas** form: **dijeron, trajeron.**

- The following three irregular verbs follow a different pattern.

  ir: fui, fuiste, fue, fuimos, fuisteis, fueron
  ser: fui, fuiste, fue, fuimos, fuisteis, fueron
  dar: di, diste, dio, dimos, disteis, dieron

- Some verbs undergo spelling changes in the **yo** form of the preterite.

  c changes to **qu** before **e** or **i:** buscar → **busqué**
  g changes to **gu** before **e** or **i:** llegar → **llegué**
  z changes to **c** before **e** or **i:** comenzar → **comencé**

- In **-er** and **-ir** verbs whose stems end in a vowel, the unaccented **i** changes to **y** in the third person singular and plural forms.

Leer	
leí	leímos
leíste	leísteis
leyó	**leyeron**

Oír	
oí	oímos
oíste	oísteis
oyó	**oyeron**

a. Fuimos a España. Laura y Rubén están hablando de las vacaciones de su familia en España el verano pasado. ¿Qué dicen que hicieron?

EJEMPLO   **Tú y yo nos divertimos en Valencia.**

tú	subimos a la torre en Segovia
Tina y Marlena	durmieron muy poco en Toledo
yo	bailamos en una discoteca
papá	estuvo muy contento en Bilbao
tú y yo	fuiste de compras en Barcelona
todos	se compraron unas camisas rojas en Madrid
mamá	comió muy bien en Granada
	cambié dinero en Burgos
	vieron una película en Valencia

b. ¡Una fiesta! Ayer hubo una gran fiesta en casa de los Esparza. ¿Cómo ayudaron todos a hacer las preparaciones?

MODELO   papá / comprar / helado
         Papá compró el helado.

1. Alicia y Diana / escribir / invitaciones
2. padres / pedir / pastel
3. Martín / ir por / pastel
4. tú / enviar / invitaciones
5. todos nosotros / tener que / limpiar la casa
6. Julieta / conseguir / música
7. Carlitos / traer / refrescos
8. yo / buscar / música
9. Manuel y José / poner / mesa
10. mamá / hacer / comida

MATERIAS DE CONSULTA

E L   A B E C E D A R I O

Note that the Spanish alphabet has four additional letters: **ch, ll, ñ,** and **rr.*** When alphabetizing in Spanish, or when looking up words in a dictionary or names in a telephone directory, items beginning with **ch** or **ll** are listed separately after those beginning with **c** or **l**, respectively. Within a word, **ch** follows **c, ll** follows **l, ñ** follows **n,** and **rr** follows **r.**

a	*a*	n	*ene*
b	*be* (*be* grande, *be* larga, *be* de burro)	ñ	*eñe*
		o	*o*
c	*ce*	p	*pe*
ch	*che*	q	*cu*
d	*de*	r	*ere*
e	*e*	rr	*erre*
f	*efe*	s	*ese*
g	*ge*	t	*te*
h	*hache*	u	*u*
i	*i*	v	*ve, uve* (*ve* chica, *ve* corta, *ve* de vaca)
j	*jota*		
k	*ka*	w	*doble ve, doble uve*
l	*ele*	x	*equis*
ll	*elle*	y	*i griega, ye*
m	*eme*	z	*zeta*

* In 1994, the Association of Spanish Language Academies voted to remove **ch** and **ll** from alphabetical listings. However, students should be made aware of them as there is still an abundant number of resources alphabetized using these two letters. This change does not affect pronunciation, usage, or spelling.

PRONUNCIACIÓN

Las vocales

Spanish has five vowel sounds: **a, e, i, o,** and **u.** The pronunciation of these vowels is short, clear, and tense and does not vary. When speaking Spanish, avoid the tendency to lengthen the vowels or to vary their pronunciation, as in English. For pronunciation practice of the vowel sounds in Spanish, see the section titled **Pronunciación y ortografía** in the *Cuaderno de actividades.*

Las consonantes

For pronunciation practice of the consonant sounds in Spanish, see **Pronunciación y ortografía,** *Cuaderno de actividades.*

Acentuación

All Spanish words have one stressed syllable, which may or may not have a written accent.

A. Spanish words that end in a vowel, in **-n,** or in **-s** are regularly stressed on the next-to-the-last syllable.

arte　　　profe**so**ra　　　**lla**man　　　panta**lo**nes

B. Spanish words that end in a consonant other than **-n** or **-s** are regularly stressed on the last syllable.

us**ted**　　　varie**dad**　　　capi**tal**　　　direc**tor**

C. Words that do not follow the preceding rules require a written accent.

fan**tás**tico　　　**lás**tima　　　invita**ción**　　　in**glés**

VOCABULARIO

VOCABULARIO
español-inglés

This **Vocabulario** includes all active and most passive words and expressions in
¡DIME! (Exact cognates, conjugated verb forms, and proper nouns used as
passive vocabulary are generally omitted.) A number in parentheses follows all
entries. This number refers to the unit and lesson in which the word or phrase is
introduced (and, when there is more than one number, reentered). The number
(3.1), for example, refers to **Unidad 3, Lección 1.** The unit and lesson number of
active vocabulary—words and expressions students are expected to remember and
use—is given in boldface type: **(3.1).** The unit and lesson number of passive
vocabulary—words and expressions students are expected to recognize and
understand—is given in lightface type: (3.1). The abbreviation **LP** stands for
Lección Preliminar.

The gender of nouns is indicated as *m.* (masculine) or *f.* (feminine). When a
noun designates a person or an animal, both the masculine and feminine form is
given. Irregular plural forms of active nouns are indicated. Adjectives ending in **-o**
are given in the masculine singular with the feminine ending (**a**) in parentheses.
Verbs are listed in the infinitive form, except for a few irregular verb forms
presented early in the text. Stem-changing verbs appear with the change in parentheses after the infinitive.

All items are alphabetized in Spanish: **ch** follows **c, ll** follows **l, ñ**
follows **n,** and **rr** follows **r.** *

The following abbreviations are used:

adj.	adjective	*m.*	masculine
adv.	adverb	*pl.*	plural
art.	article	*poss.*	possessive
conj.	conjunction	*pres.*	present
dir. obj.	direct object	*pret.*	preterite
f.	feminine	*pron.*	pronoun
fam.	familiar	*refl.*	reflexive
form.	formal	*sing.*	singular
imper.	imperative	*subj.*	subject
indir. obj.	indirect object		
inf.	infinitive		

*See footnote on page C2.

A

a to **(3.1)**

  a *(personal)* **(4.2)**

  a continuación following, what follows

  a eso de around *(time)* (8.2)

  a la/las . . . at . . .*(time)* **(2.1)**

  a la parrilla grilled (8.3)

  a mí/ti/usted/él/ella to me/you *(fam. sing.)* / you *(form. sing.)*/ him/her **(3.1)**

  a pie walking, on foot **(3.3)**

  a propósito by the way **(7.3)**

  a veces sometimes **(3.3)**

abogado *m.*, **abogada** *f.* lawyer **(4.2)**

abril *m.* April **(4.1)**

abrir to open **(7.2)**

abuela *f.* grandmother **(4.1)**

abuelo *m.* grandfather **(4.1)**

  abuelos *m. pl.* grandparents **(4.1)**

aburrido(a) bored **(2.2)**

acá here, around here (7.3)

acabar de to have just (4.2)

académico(a) academic (7.1)

accidente *m.* accident **(7.3)**

aceite *m.* **de oliva** olive oil (8.3)

aceptar to accept **(6.2)**

acompañar to accompany **(7.2)**

acostarse (ue) to go to bed **(8.1)**

acostumbrarse a to become accustomed to (8.3)

actitud *f.* attitude (7.1)

actividad *f.* activity (3.1)

activo(a) active **(8.2)**

actor *m.* actor **(4.2)**

actriz *f.* actress **(4.2)**

acueducto *m.* aqueduct **(8.3)**

además besides, in addition (4.1)

adiós good-bye **(1.1)**

¿adónde? (to) where? **(3.1) (4.2)**

adorno *m.* decoration (8.3)

adulto *m.*, **adulta** *f.* adult (5.1)

afectar to affect **(7.1)**

afeitarse to shave **(8.1)**

aficionado *m.*, **aficionada** *f.* fan **(7.1)**

afiche *m.* poster (2.3)

agitado(a) agitated, upset (7.2)

agosto *m.* August **(4.1)**

agradable agreeable, nice **(6.2)**

agradado(a) pleased (7.3)

agregar to add (8.3)

agricultor *m.*, **agricultora** *f.* farmer **(4.2)**

agua *f.* water **(5.3)**

  agua mineral mineral water **(5.3)**

  agua mineral con gas carbonated mineral water (5.3)

  agua mineral sin gas noncarbonated mineral water (5.3)

¡ah! oh! (LP)

ahora now **(1.3)**

ahorro *m.* saving (LP)

¡ajá! aha! **(LP)**

ajo *m.* garlic **(8.3)**

al (a + el) to the + *m. sing. noun* **(3.1)**

  al aire libre outdoors **(3.1)**

  al contrario on the contrary **(1.3)**

  al cruzar upon crossing **(5.1)**

  al final at the end **(5.1)**

  al gusto to one's liking, to taste *(cooking)* **(8.3)**

  al lado de beside, next to **(5.1) (7.3)**

  al principio at first **(7.2)**

alameda *f.* tree-lined walk, park (3.1)

albóndiga *f.* meatball **(8.3)**

  albondiguitas *f. pl.* little meatballs (8.3)

alborotado(a) exciting, lively (6.1)

alcanzar to catch up, reach (6.3)

alcázar *m.* fortress, royal palace **(8.2)**

alcoba *f.* bedroom **(8.2)**

alegre happy, joyful (6.1)

alegremente gladly, joyfully **(8.1)**

alemán *m.* German *(language)* (3.1)

alfombra *f.* rug, carpet **(8.2)**

álgebra *m.* algebra **(2.1)**

algo something **(2.3) (3.3)**

  ¿algo más? anything else? **(8.1)**

alguien someone **(3.3)**

almacén (*pl.* **almacenes**) *m.* department store **(5.1)**

almohadilla (para el ratón) *f.* mouse pad **(2.1)**

almorzar **(ue)** to eat lunch **(5.3)**

almuerzo *m.* lunch **(2.1) (5.3) (6.3)**

alojamiento *m.* lodging, housing (6.3)

alquilar to rent **(2.3)**

alrededor **(de)** around (7.2)

¡alto! stop! (6.3)

alto(a) tall (1.3); high *(volume)* (7.2)

allá there, over there (6.1)

allí there, over there **(7.3)**

amarillo(a) yellow **(5.2)**

ambiente *m.* ambience (6.1)

americano(a) American **(1.2)**

amigo *m.*, **amiga** *f.* friend **(1.1)**

amistad *f.* friendship (2.3)

amor *m.* love (4.1)

anaranjado(a) orange **(5.2)**

ancho(a) wide (6.1)

andar to walk (7.2)

animal *m.* animal **(4.3)**

anoche last night **(6.1)**

antepasado(a) previous, before last **(7.1)**

anterior previous (7.2)

antes de before **(6.3)**

anticipemos let's anticipate (LP)

antiguo(a) ancient, old (3.2)

antipático(a) disagreeable **(2.2)**

antropología *f.* anthropology (3.2)

anuncio *m.* announcement, advertisement (4.1)

año *m.* year **(4.1)**

apagado(a) turned off *(equipment)* (7.2)

aparcamiento *m.* parking (5.2)

apariencia *f.* **física** physical appearance (5.1)

apellido *m.* last name, surname **(4.1)**

apenas scarcely, hardly **(7.2)**

aperitivo *m.* appetizer, hors d'oeuvres (8.3)

apetito *m.* appetite **(8.2)**

aplicado(a) applied (6.2)

aprender to learn **(6.2)**

apretado(a) tight (6.1)

aquel, aquella, aquellos, aquellas that, those *(over there)* **(7.1)**

aquí here **(3.1)**

árbitro *m. f.* umpire, referee **(7.1)**

Argentina *f.* Argentina **(1.2)**

argentino(a) Argentine, Argentinian (1.2)

armario *m.* closet **(7.3)**

arquero *m.*, **arquera** *f.* goalie, goalkeeper *(soccer)* **(7.3)**

arreglar to fix (7.3)

arreglarse to get ready **(8.1)**

arreglo *m.* arrangement (4.2)

arte *m. f.* art **(2.1)**

  bellas artes fine arts (3.1)

artesanía *f.* handicrafts (6.1)

artículo *m.* article **(4.3)**

artista *m. f.* artist, entertainer **(4.2)**

artístico (a) artistic

  gimnasia artística gymnastics (7.1)

  patinaje artístico figure skating (7.1)

ascensor *m.* elevator (5.2)

asesinar to assassinate (6.3)

asesinato *m.* assassination (3.3)

así so, thus (6.1)

aspirina *f.* aspirin **(7.2)**

Asunción Asunción *(capital of Paraguay)* **(1.2)**

atacar to attack **(6.3)**

atención *f.* attention (4.1)

aterrorizado(a) terrified (7.3)

atlético(a) athletic **(1.3)**

atletismo *m.* track and field **(7.1)**

atracción *f.* attraction (6.3)

audición *f.* audition (1.3); hearing (7.2)

audífonos *m. pl.* headphones **(2.1) (7.2)**

auditivo(a) auditory (7.2)

auditorio *m.* auditorium (1.3)

aun even (7.3)

aún   still, yet (7.3)

auto *m.*   auto, car **(6.3)**

autobús *m.* (*pl.* **autobuses**)   bus **(3.2)**

automovilismo *m.*   sports car racing (7.1)

autor *m.* **autora** *f.*   author **(4.2)**

aventura *f.*   adventure (6.2)

aventurero *m.,* **aventurera** *f.* adventurer (8.1)

avión *m.*   plane **(6.3)**

¡ay!   oh!; oh, no! **(LP) (1.1)** ouch! (7.1)

ayer   yesterday **(6.1)**

ayudar   to help **(6.2)**

ayuntamiento *m.*   city hall (7.3)

azteca *m. f.*   Aztec **(6.3)**

azul   blue **(5.2)**

～～ B ～～

bailar   to dance **(3.1)**

baile *m.*   dance **(2.3)**

bajar   lower **(7.2)**

bajarse   to get off, get down **(5.1)**

bajo(a)   short **(1.3)**

baloncesto *m.*   basketball **(7.1)**

ballet *m.* **folklórico**   ballet folklórico (*Mexican folk dance troupe*) **(6.1)**

banco *m.*   bank **(5.1)**

banda *f.*   band **(6.2)**

bañarse   to take a bath **(8.1)**

baño *m.*   bathroom **(2.2) (8.2)**

barco *m.*   boat (6.3)

barrio *m.*   neighborhood (7.3)

base *f.*   base **(7.1)**

bastante   enough (3.2)

bata *f.*   bathrobe **(7.3)**

bastar   to be enough (6.1)

batalla *f.*   battle **(6.3)**

bateador *m.,* **bateadora** *f.*   batter (*baseball*) **(7.1)**

batido *m.*   milkshake (8.3)

batir   to beat (8.3)

bautizo *m.*   baptism (6.1)

beber   to drink **(2.3)**

béisbol *m.*   baseball **(7.1)**

bello(a)   beautiful **(8.2)**

bellas artes   fine arts (3.1)

biblioteca *f.*   library **(2.2)**

bicicleta *f.*   bicycle **(2.3)**

bien   well, okay, fine **(1.1)**

bien, gracias   fine, thank you **(1.1)**

¡bien hecho!   well done! **(7.1)**

bien, ¿y tú?   fine, and you? (*fam. sing.*) **(1.1)**

bienvenido(a)   welcome **(7.3)**

bilingüe   bilingual (1.3)

billete *m.*   bill (*money*) (5.1)

biología   biology (2.2)

bizcocho *m.*   sponge cake **(5.3)**

blanco(a)   white **(5.2)**

bloquear   to block **(7.3)**

blusa *f.*   blouse **(5.2)**

boca *f.*   mouth **(7.2)**

bocadillo *m.*   sandwich **(8.1)**

boda *f.*   wedding **(4.2)**

Bogotá   Bogotá (*capital of Colombia*) **(1.2)**

boleta *f.*   report card **(2.1)**

boleto *m.*   ticket (6.2)

bolígrafo *m.*   ballpoint pen **(LP)**

bolita *f.*   little ball (8.3)

Bolivia *f.*   Bolivia **(1.2)**

boliviano(a)   Bolivian (1.2)

bombero *m.,* **bombera** *f.*   fire fighter **(4.2)**

bombón *m.*   chocolate covered candy, bonbon **(7.3)**

bonito(a)   pretty **(1.3)**

borrador *m.*   eraser **(LP)**

bosque *m.*   forest **(3.2)**

botas *f. pl.*   boots **(5.2)**

boxeo *m.*   boxing **(7.1)**

Brasil *m.*   Brazil **(2.1)**

Brasilia   Brasilia (*capital of Brazil*) **(2.1)**

¡bravo!   bravo!, hooray! **(4.1)**

brazo *m.*   arm **(7.2)**

brillante   brilliant (4.2)

broma *f.*   joke (7.3)

bruto *m.*   brute (7.1)

buen   good **(3.2)**

¡buen provecho! enjoy your meal! (8.1)

bueno(a) good **(2.2)**

buenas noches good evening, good night **(1.1)**

buenas tardes good afternoon **(1.1)**

buenos días good morning, good day **(1.1)**

Buenos Aires Buenos Aires *(capital of Argentina)* **(1.2)**

buscar to look for **(5.3)**

~~~ C ~~~

caballeros *m. pl.* gentlemen (5.2)

caballo *m.* horse (6.1)

cabeza *f.* head **(7.2)**

cabezazo *m.* header *(soccer shot)* **(7.1)**

cables *m. pl.* wires **(2.2)**

cacatúa cockatoo *(tropical bird)* (6.2)

cada every, each (4.1)

caerse to fall, fall down (7.2)

café *m.* café (3.1) coffee **(5.3)**

cafetería *f.* cafeteria **(2.2)**

caja *f.* cash register, cashier's station (5.2)

calandria *f.* horse-drawn carriage **(6.3)**

calcetines *m. pl.* socks **(5.2)**

par de calcetines pair of socks **(5.2)**

calcomanía *f.* decal, sticker (2.3)

calendario *m.* calendar (4.1)

caliente hot **(5.3)**

calificar to grade **(2.3) (3.2)**

calor *m.* heat **(3.2)**

hacer calor to be hot *(weather)* **(3.2)**

tener calor to be hot *(physical condition)* **(5.3)**

¡cállate! be quiet! **(8.1)**

calle *f.* street **(5.1)**

cama *f.* bed **(7.3)**

camarera *f.* waitress **(4.2)**

camarero *m.* waiter **(4.2)**

cambiar to change; to exchange *(money)* **(5.1)**

caminante *m. f.* walker, traveler (5.1)

caminar to walk **(3.2)**

camino *m.* road, way (4.1)

camión *m.* bus *(Mexico)*, truck **(6.3)**

camisa *f.* shirt **(5.2)**

camiseta *f.* T-shirt **(5.2)**

campamento *m.* camp (3.1)

campeonato championship (7.1)

campo *m.* field **(7.1)**; countryside (8.2)

campo de fútbol soccer (or football) field **(7.1)**

canadiense Canadian (1.2)

canastita *f.* little basket (7.3)

cancelar to cancel, call off **(8.1)**

canción *f.* song **(6.1)**

cansado(a) tired **(4.3)**

cantante *m. f.* singer **(4.2)**

capaz capable (6.1)

capital *f.* capital **(1.2)**

cara *f.* face **(7.2)**

Caracas Caracas *(capital of Venezuela)* **(1.2)**

característica *f.* characteristic (7.2)

¡caramba! wow! hey! what! **(LP)**

cariño dear (8.2)

carne *f.* meat (8.3)

caro(a) expensive **(5.2)**

carpeta *f.* folder **(LP)**

carpintero *m.,* **carpintera** *f.* carpenter (4.2)

carta *f.* letter **(2.3),** menu **(5.3)**

carro *m.* car **(6.3)**

carros chocones *m. pl.* bumper cars (3.2)

carrusel *m.* merry-go-round **(3.2)**

casa *f.* house **(2.3)**

casado(a) married **(4.2)**

casarse to get married (4.2)

caserola *f.* casserole (8.3)

casete *m.* cassette (3.3)

casi almost (2.3)

caso *m.* case (8.1)

castellano *m.* Spanish *(language)* (2.1)

castillo *m.* castle **(8.3)**

catedral *f.* cathedral (8.2)

causar to cause (8.1)

CD-ROM *see* **disco compacto**

cebolla *f.* onion **(8.1)**

celebrar to celebrate **(4.1)**

cemento *m.* cement (8.3)

cena *f.* dinner **(6.3)**

cenar to eat dinner, supper **(8.2)**

Cenicienta: La Cenicienta Cinderella **(6.2)**

centro *m.* downtown, center **(3.1)**

   centro comercial shopping center **(3.1)**

cerámica *f.* ceramics (6.2)

cerca de near **(5.1) (7.3)**

cerrado(a) closed (3.1)

cerrar(ie) to close **(7.2)**

ciclismo *m.* cycling **(7.1)**

ciencias *f. pl.* science **(2.1)**

   ciencias naturales natural sciences **(2.1)**

cine *m.* movie theater **(3.1)**

   ir al cine to go to the movies **(3.1)**

cinturón *m.* belt (6.1)

circo circus (3.1)

círculo *m.* circle, club, group (7.3)

circunstancia *f.* circumstance (6.3)

cita *f.* date, appointment (8.2)

ciudad *f.* city **(8.2)**

claro of course (2.1)

   ¡claro que sí! of course! **(2.2)**

   sí, claro yes, of course **(5.3)**

clase *f.* class **(LP)** type (3.1)

clavados diving (7.1)

cocina *f.* kitchen **(8.2)**

cocinero *m.*, **cocinera** *f.* cook **(4.2)**

coche *m.* car **(3.3)**

   en coche by car **(3.3)**

cochinillo *m.* suckling pig **(8.3)**

   cochinillo asado roast suckling pig **(8.2)**

coleccionista *f.* collector (3.1)

colegio *m.* school **(2.2)**

Colombia *f.* Colombia **(1.2)**

colombiano(a) Colombian (1.2)

combinar: no combina bien it doesn't match *(clothes)* **(5.3)**

comedia *f.* play *(theater)* **(6.1)**

comedor *m.* dining room **(8.2)**

comentar to comment (5.1)

comenzar(ie) to begin **(7.1)**

comer to eat **(2.3) (3.2)**

comestible *m.* food (8.1)

cómico(a) funny **(1.3)**

comida *f.* food, meal **(2.3)**

   comida chatarra fast food (3.1)

   hacer una comida to make dinner (2.3)

comienzo *m.* beginning (7.1)

como: como siempre as usual **(7.3)**

¿cómo? how? what? **(4.2)**

   ¿cómo está usted? how are you *(form. sing.)*? **(1.1)**

   ¿cómo estás? how are you *(fam. sing.)*? **(1.1)**

   ¿cómo no? why not? **(6.2)**

   ¿cómo se llama? what's your *(form. sing.)* name? **(1.2)**

   ¿cómo te llamas? what's your *(fam. sing.)* name? **(1.2)**

cómoda *f.* chest of drawers **(7.3)**

cómodo(a) comfortable **(8.2)**

competencia *f.* competition **(7.1)**

composición *f.* composition **(5.1)**

comprar to buy **(3.2)**

compromiso *m.* commitment (8.2)

computación (clase de) *f.* computer *(class)* **(2.1)**

computadora *f.* computer **(2.1)**

comunicarse to communicate **(7.3)**

comunidad *f.* community (3.2)

común common (4.1)

con with **(2.3)**

   con calma calmly **(8.3)**

   con cuidado carefully **(8.3)**

   con énfasis with emphasis **(5.3)**

   con permiso excuse me, with your permission **(4.2)**

concentrar to concentrate (7.2)

concierto *m.* **de rock** rock concert **(3.3)**

concluido(a) concluded (7.2)

condición *f.* condition (7.3)

confección *f.* ready-to-wear clothing (5.2)

conmigo with me **(6.2)**

conocer to know, be acquainted with **(4.2)**

conocimiento *m.* knowledge (1.3)

conquistar to conquer **(6.3)**

conseguir (i, i) to get, obtain **(5.3)**

consejo *m.* advice (7.2)

considerado(a) considered (6.2)

considerar to consider (7.1)

consistir to consist (8.2)

constantemente constantly **(8.1)**

construir to construct **(8.3)**

contacto *m.* contact (2.3)

  ponerse en contacto to contact (2.3)

contar (ue) to count **(5.2)**

contemporáneo(a) contemporary (6.2)

contento(a) happy **(4.3)**

contigo with you **(6.2)**

contra against (3.2)

contrastando contrasting (6.2)

conversación *f.* conversation (5.1)

conversar to converse (4.3)

convertir (ie, i) to convert (7.2)

copa *f.* tournament cup, trophy (3.1); goblet, wine glass **(8.1)**

corazón *m.* heart (7.1)

corbata *f.* necktie (6.1)

correos *m. pl.* post office **(5.1)**

  oficina *f.* **de correos** post office **(5.1)**

correr to run, to jog **(2.3) (3.2)**

corresponder to correspond (4.1)

cortado(a) cut (8.3)

cortar to cut **(4.3)**

corto(a) short **(8.1)**

cosa *f.* thing **(7.3)**

costar (ue) to cost **(5.2)**

costarricense Costa Rican (1.2)

crecimiento *m.* growth (4.3)

creer to believe (4.3) *pret.* **(7.1)**

criticar to criticize **(7.1)**

cruzar to cross **(5.1)**

cuaderno *m.* notebook **(LP)**

cuadra *f.* city block **(5.1)**

¿cuál(es)? what? which? which one(s)? **(2.1) (4.2)**

  ¿cuál es la fecha de hoy? what's today's date? **(4.1)**

cualquier(a) anyone, anything, whichever (6.1)

¿cuándo? when? **(2.1) (3.2) (4.2)**

¿cuánto(a)? ¿cuántos(as)? how much? how many? **(4.1) (4.2)**

cuarto *m.* room, bedroom **(2.3)**

cuarto(a) fourth (5.2)

  . . . menos cuarto quarter to/of . . . *(time)* **(2.1)**

  . . . y cuarto quarter past . . . *(time)* **(2.1)**

cuartos de final quarter finals (7.1)

cubano(a) Cuban (1.2)

cubierto(a) covered (7.3)

cubiertos *m. pl.* place settings **(8.1)**

cuchara *f.* spoon **(5.3) (8.1)**

cucharita *f.* teaspoon (8.3)

cuchillo *m.* knife **(8.1)**

cuello *m.* neck **(7.2)**

cuenta *f.* bill, check **(5.3)**

¡cuéntame! tell me! **(6.3)**

cuento *m.* story **(6.2)**

  cuento de hadas fairy tale

cuero *m.* leather (6.1)

¡cuidado con . . . ! look out for . . . !, beware of . . . ! **(1.2)**

cuidadosamente carefully **(8.1)**

cuidar to take care of (2.3)

cumpleaños *m.* birthday **(4.1)**

cumplir ___ años to be ___ years old **(4.1)**

curiosear to look around, snoop (8.2)

curioso(a) curious (8.2)

~~~~~~CH~~~~~~

champán *m.* champagne (7.3)

chaqueta *f.* jacket **(5.2)**

charlar to chat **(4.3)**

charro *m.* Mexican cowboy (6.1)

chatarra; comida chatarra fast food (3.1)

cheque *m.* check **(5.1)**

  cheque de viajero traveler's check **(5.1)**

chica *f.* girl **(1.1)**

chico *m.* boy **(1.1)**

Chile *m.* Chile **(1.2)**

chileno(a) Chilean (1.2)

chocar to collide, run into **(7.2)**

chofer *m. f.* driver **(6.3)**

chorizo *m.* sausage **(8.1)**

∼∼∼ D ∼∼∼

¡dale! hit it! (4.1); kick it! (7.1)

dama *f.* lady (3.3)

dar to give **(5.1)** *pret.* **(6.2)**

  dar un paseo to take a walk (5.1)

  darse cuenta to realize (8.2)

  darse prisa to hurry up (8.1)

    ¡date prisa! hurry up! (8.1)

dato *m.* fact (2.3)

de from **(1.2)**

  de acuerdo agreed (7.2)

  de acuerdo a according to (7.2)

  de compras shopping **(3.1)**

  ¿de dónde? from where? **(1.2)** **(4.2)**

  de etiqueta full dress, formal (7.3)

  de la mañana/tarde/noche in the morning/afternoon/evening *(specific time)* **(2.1)**

  de moda stylish (5.2)

  de primera first-class, first-rate (7.1)

  de repente suddenly **(8.2)**

  de todos modos anyway (7.2)

  de vacaciones on vacation (7.1)

  ¿de veras? really? **(3.1)**

debajo de under **(7.3)**

deber to be obliged, should, must **(5.1)**

decidir to decide **(7.3)**

décimo(a) tenth **(5.2)**

decir (i) to say, tell **(5.3)** *pret.* **(6.3)**

decoración *f.* decoration (4.2)

dedo *m.* finger **(7.2)**

  dedo del pie *m.* toe (7.2)

defender (ie) to defend (3.2)

defensor *m.,* **defensora** *f.* guard *(soccer)* **(7.1)**

dejar to leave behind (5.3)

del (de + el) from the + *m. sing. noun* **(4.2)**

delante de in front of **(7.3)**

delgado(a) thin **(1.3)**

delicioso(a) delicious **(4.3)**

demasiado(a) too, too much **(6.2)**

denunciar to denounce (6.2)

departamentos *m. pl.* departments *(in a department store, etc.)* **(5.2)**

  departamento de caballeros men's **(5.2)**

  departamento de deportes sports **(5.2)**

  departamento de electrónica electronics **(5.2)**

  departamento del hogar housewares **(5.2)**

  departamento de jóvenes teens', young people's **(5.2)**

  departamento de niños children's **(5.2)**

  departamento de señoras/mujeres women's **(5.2)**

dependiente *m. f.* salesclerk **(5.2)**

deporte *m.* sport **(3.3)**

deportista *m. f.* sportsman, sportswoman (3.1)

deportivo(a) athletic, sport, pertaining to sports (5.2)

derecha *f.* right, right side **(5.1)**

  a la derecha to/on the right **(5.1)** **(7.3)**

derecho straight ahead **(5.1)**

derivar to derive (4.1)

derrotar to defeat (7.1)

desafortunadamente unfortunately **(6.3)**

desastre *m.* disaster (8.3)

desayunar to have breakfast **(8.1)**

desayuno *m.* breakfast **(6.3)**

descansar to rest **(3.2)**

desconocido(a) unknown (6.2)

descubrimiento *m.* discovery (6.3)

descubrir to discover **(6.3)**

desear to desire, wish **(5.3)**

desesperadamente desperately (6.1)

desorganizado(a) disorganized **(1.3)**

despacio slow, slowly (8.3)

despedida *f.* farewell, good-bye, leave-taking **(1.1)**

despedirse (i, i) to say good-bye, take leave (8.1)

despertarse (ie) to wake up **(8.1)**

después afterwards

   después de after **(6.3)**

destruir to destroy (6.3)

detalle *m.* detail **(7.2)**

detective *m. f.* detective (LP)

detenerse to stop (7.3)

detrás de behind **(5.1) (7.3)**

di *imper.* tell, say **(7.3)**

día *m.* day (2.2)

   día del padre Father's Day (5.2)

   día del santo saint's day (4.1)

   día festivo holiday (5.1)

diariamente daily (5.1)

dibujo *m.* drawing **(4.3)**

   clase de dibujo art class **(2.1)**

   hacer dibujos to draw **(4.3)**

diccionario *m.* dictionary **(2.1)**

diciembre *m.* December **(4.1)**

diente *m.* tooth **(7.2)**

   diente de ajo clove of garlic (8.3)

   lavarse los dientes to brush one's teeth **(8.1)**

diferencia *f.* difference (5.1)

diferente different (5.3)

difícil difficult **(2.2)**

¡dígame! *form.* tell me! **(3.2)**

¡dime! *fam.* tell me! (1.1)

dinero *m.* money **(5.1)**

Dios *m. (pl.* dioses*)* God **(6.3)**

¡Dios mío! my gosh! my God! **(7.1)**

dirección *f.* address (2.3)

directo: en directo live *(radio or TV broadcast)* (7.1)

director *m.,* **directora** *f.* principal *(of a school)*, director, **(1.1)**

directorio *m.* directory (5.2)

dirigir to direct (6.3)

disco *m.* record **(3.1)**

   disco compacto compact disc **(2.2)** (3.3)

disco duro/rígido hard disk **(2.2)**

discoteca *f.* discotheque **(3.3)**

diseñador *m.,* **diseñadora** *f.* designer (7.3)

diseño *m.* design (7.3)

diskette *m.* diskette **(2.2)**

dispuesto(a) willing (6.1)

distinto(a) distinct, different (3.1)

diversión *f.* diversion, entertainment (3.2)

   parque de diversiones amusement park **(3.2)**

divertido(a) amusing, funny **(2.2)**

divertirse (ie, i) to have a good time **(8.1)**

divorciado(a) divorced **(4.2)**

doblar to turn **(5.1)**

docena *f.* dozen **(6.1)**

doctor (Dr.) *m.,* **doctora (Dra.)** *f.* doctor (1.1) **(4.2)**

dólar *m.* dollar **(5.1)**

doler (ue, o) to hurt **(7.2)**

dolor *m.* pain **(7.2)**

   dolor de cabeza headache **(7.2)**

   dolor de estómago stomachache **(7.2)**

dominado(a) dominated (7.3)

domingo *m.* Sunday **(2.1)**

dominicano(a) Dominican (1.2)

¿dónde? where? **(1.2) (4.2)**

   ¿de dónde? from where? **(1.2) (4.2)**

   ¿dónde está . . . ? where is . . . ? (1.2)

dondequiera wherever (6.1)

doña *f.* doña *(title of respect used before first names of married or older women)* (4.2)

dorado golden (8.3)

dormir (ue, u) to sleep **(7.2)** *pret.* **(7.3)**

dormirse (ue, u) to go to sleep **(8.1)**

dormitorio *m.* bedroom **(8.2)**

Dr., Dra. (abbreviation of **doctor, doctora**) doctor (1.1) **(4.2)**

dramatizaciones *f. pl.* dramatizations, role plays (LP)

dueño *m.,* **dueña** *f.* owner (5.3)

durante during **(7.1)**

duro(a) hard **(8.2)**

~~~ **E** ~~~

e *(before words beginning with* **i** *or* **hi**) and **(2.2)**

eco *m.* echo (7.2)

economista *m. f.* economist (7.3)

Ecuador *m.* Ecuador **(1.2)**

ecuatoriano(a) Ecuadoran (1.2)

edad *f.* age **(4.1)**

edificio *m.* building (6.2)

educación familiar home economics (2.1)

educación *f.* **física** physical education **(2.1)**

ejecutivo(a) executive (7.3)

el *art.* the **(LP)**

él *pron.* he **(1.1)**

elegante elegant **(1.3)**

elevado(a) elevated, raised *(volume)* (7.2)

ella she **(1.1)**

ellas *f.* they **(2.2)**

ellos *m.* they **(2.2)**

emocionado(a) moved, touched *(emotions)* **(4.3)**

emocionante moving, touching (3.2)

empacar to pack **(8.1)**

empate *m.* tie *(in sports)* **(7.3)**

empezar (ie) to begin *pret.* **(7.1)**

en in, on **(LP) (7.3)**

  en coche by car **(3.3)**

  en común in common (3.2)

  en directo live *(radio or TV broadcast)* (7.1)

  en general generally (4.1)

  en oferta on sale **(3.1)**

  en punto on the dot (8.2)

  en seguida right away **(8.3)**

  en serio seriously, really (6.2)

enamorarse (de) to fall in love with **(6.3)**

encantado(a) delighted **(1.2)**

encantar to really like, love **(3.1) (5.2)**

  le encanta(n) he/she/it, you *(form. sing.)* really like(s), love(s) **(3.1)**

  me encanta(n) I really like, love **(3.1)**

  me (te, le) encantaría I (you *fam. sing.,* he/she/you *form. sing.*) would really like, love to **(3.1) (6.2)**

  te encanta(n) you *(fam. sing.)* really like, love **(3.1)**

encima de on top of, over **(7.3)**

encoger to shrink (5.3)

encontrar (ue) to find, to meet **(5.2)**

enchilada *f.* enchilada *(corn tortilla dipped in hot sauce and filled with meat or cheese)* (LP)

enemigo *m.,* **enemiga** *f.* enemy **(6.3)**

enero *m.* January **(4.1)**

enfadado(a) angry (5.3)

énfasis *m.* emphasis (5.3)

enfermarse to become ill (6.3)

enfermero *m.,* **enfermera** *f.* nurse **(4.2)**

enfermo(a) sick **(8.2)**

enfrente de facing, in front of **(7.3)**

enfriarse to cool, get cold *(food)* (8.1)

enorme huge, enormous **(6.1)**

enriquecer to enrich (1.3)

ensalada *f.* salad **(8.2)**

ensaladilla rusa potato salad *(Spain)* **(8.1)**

entender (ie) to understand **(5.2)**

entero(a) entire, whole (3.2)

entonces then (5.1)

entrada *f.* entrance, ticket (6.1)

entrar to enter **(6.2)**

entre between **(5.1) (7.3)**

entremeses *m. pl.* appetizers, hors d'oeuvres **(8.3)**

entrenador *m.,* **entrenadora** *f.* coach **(7.1)**

entrevista *f.* interview **(3.2)**

enviar to send (2.3)

época *f.* epoch (6.3)

equipo *m.* team **(7.1)**; stereo equipment (7.2)

eres you *(fam. sing.)* are **(1.1)**

es he/she/it is, you *(form. sing.)* are **(1.1)**

   ¿es todo? is that all? **(8.3)**

   es un placer (I'm) pleased to meet you **(1.2)**

esa(s) *see* **ese**

escalón *m.* stair, step **(8.2)**

escapar to escape (4.3)

escaparate *m.* display window (5.1)

escena *f.* scene (7.3)

escoger to select **(7.3)**

escribir to write **(2.3) (3.2)**

escritor *m.,* **escritora** *f.* writer **(4.2)**

escritorio *m.* desk **(LP)**

escuela *f.* school **(1.1)**

   escuela secundaria high school **(2.2)**

escuchar to listen to **(3.1) (3.2)**

ese, esa, esos, esas that, those **(7.1)**

esgrima fencing (7.1)

eslalom slalom (7.1)

eso that (6.2)

esos *see* **ese**

espacio *m.* space (7.3)

espalda *f.* back **(7.2)**

español *m.* Spanish **(LP)**

español *m.,* **española** *f.* Spaniard (2.1)

especial special **(3.3)**

especialmente especially (2.2)

especificado(a) specified (8.2)

espectador *m.,* **espectadora** *f.* spectator **(7.1)**

espejo *m.* mirror **(8.1)**

esperar to wait for **(2.3)**, to hope (6.2)

espía *m. f.* spy (5.2)

esposa *f.* wife **(4.1)**

esposo *m.* husband **(4.1)**

   esposos *m. pl.* husband and wife, spouses **(4.1)**

espuela *f.* spur (6.1)

esquí *m.* skiing **(7.1)**

   esquí alpino downhill skiing **(7.1)**

esquina *f.* corner **(5.1)**

esta, estas *see* **este**

está he/she/it is, you *(form. sing.)* are **(2.2)**

estación *f.* (*pl.* **estaciones**), season *(of the year)* **(3.2)** station **(5.1)**

estadía *f.* stay (6.2)

estado *m.* state (4.3) (7.1)

   estado físico physical condition (7.1)

Estados Unidos *m. pl.* United States **(1.2)**

estadounidense *m. f.* United States citizen (1.2)

estamos we are **(2.2)**

están they, you *(pl.)* are **(2.2)**

estante bookshelf **(7.3)**

estar to be **(2.2)** *pret.* **(8.2)**

   estar a mano to be readily available (4.2)

   estar listo(a) to be ready (4.2)

estás you *(fam. sing.)* are **(2.2)**

este *m.* east (1.2)

este, esta, estos, estas this, these **(7.1)**

estilo *m.* style (6.3)

esto *pron.* this (8.2)

estómago *m.* stomach **(7.2)**

estos *see* **este**

estoy I am **(2.2)**

estrella *f.* star (1.3) **(7.1)**

estudiante *m. f.* student **(LP)**

estudiantil student *(adj.)*, pertaining to students (7.3)

estudiar to study **(2.3) (3.2)**

estudioso(a) studious **(1.3)**

¡estupendo! great! wonderful! **(1.1)**

europeo(a) European (6.3)

examen *m.* exam **(2.3)**

examinar to examine **(7.1)**

excelente excellent **(2.2)**

exceso *m.* excess (7.3)

excursión *f.* excursion, short trip **(6.1)**

exhibición *f.* exhibition **(6.1)**

exigente demanding **(1.3)**

existir to exist (6.3)

experimentar to experiment **(7.2)**

experimento *m.* experiment (2.2)

explicación *f.* explanation (6.1)

explicar to explain **(5.3)**

explorar to explore **(8.2)**

explosivo(a) explosive (6.2)

exquisito(a) exquisite (8.3)

extrañar to miss **(7.2)**

extraño(a) strange (7.2)

extrovertido(a) extroverted **(1.3)**

～～～ F ～～～

fabuloso(a) fabulous **(6.1)**

fácil easy **(2.2)**

fácilmente easily **(8.1)**

falda *f.* skirt **(5.2)**

falta *f.* foul *(soccer)* **(7.1)**
  cobrar una falta to call a foul **(7.1)**

faltar to be lacking, missing **(8.1)**
  ¡no faltes! don't miss it! (4.1)

familia *f.* family **(4.1)**

familiar pertaining to the family, familial (6.1)

famoso(a) famous (4.2)

fantástico(a) fantastic **(2.2)**

farmacia *f.* pharmacy **(7.2)**

fascinante fascinating **(8.3)**

¡fatal! terrible! awful! **(1.1)**

favor *m.* favor
  por favor please **(1.1)**

favorito(a) favorite (3.2)

febrero *m.* February **(4.1)**

fecha *f.* date *(on the calendar)* **(4.1)**

¡felicidades! congratulations! **(4.1)**

feliz *(pl.* **felices)** happy **(8.2)**

feo(a) ugly **(1.3)**

fiebre *f.* fever **(7.2)**

fiesta *f.* fiesta, party **(5.3)**

figura *f.* figure (7.2)

figurita *f.* figurine (6.2)
  figurita de cristal crystal figurine (6.2)

fila *f.* row (4.2)

fin *m.* end **(3.3)**
  fin de semana weekend **(3.1) (3.3)**
  ¡por fin! at last! **(2.1) (4.3)**

fingir to pretend (5.3)

firme firm **(8.3)**

flaco(a) skinny **(1.3)**

floppy *m.* diskette **(2.2)**

flor *f.* flower (4.2)

florecer to flower (6.2)

flotante floating (6.3)

formalmente formally **(8.1)**

foto *f.* photo **(2.1)**

fotógrafo *m.,* **fotógrafa** *f.* photographer **(4.2)**

francés *m.* French **(2.1)**

franco *m.* franc *(French monetary unit)* (5.1)

frecuentemente frequently **(3.3)**

freír to fry **(8.3)**

fresa *f.* strawberry **(8.2)**

fresco(a) cool **(3.2)**
  hacer fresco it's cool out **(3.2)**

frijoles *m. pl.* beans (LP) **(8.1)**

frío *m.* cold **(3.2)**
  hace frío it's cold **(3.2)**
  tener frío to be *(feel)* cold **(5.3)**

frito(a) fried **(5.3)**
  papas/patatas fritas french fries **(5.3)**

fruta *f.* fruit **(8.2)**

fuego *m.* fire (8.3)
fuente *f.* fountain **(5.1)**
fuerte strong **(1.3)**
fuerza *f.* force (4.3)
fuimos we went **(5.3)**
funcionar to function, work (8.3)
furioso(a) furious **(4.3)**
fútbol *m.* soccer **(2.3)**
  fútbol americano football **(7.1)**
futbolista *m. f.* soccer (or football)
  player **(4.2)**

~~~ G ~~~

ganar to win **(7.1)**
garaje *m.* garage **(8.2)**
garganta *f.* throat **(7.2)**
gato *m.*, **gata** *f.* cat (6.2)
gazpacho *m.* gazpacho *(cold pureed
  vegetable soup from Spain)* **(8.3)**
generalmente generally (3.1)
generoso(a) generous **(1.3)**
gente *f.* people **(3.2)**
geografía *f.* geography **(2.1)**
gigante *m.* giant (4.1)
gimnasia *f.* gym class, gymnastics
  (2.1)
  gimnasia artística gymnastics
  (7.1)
gimnasio gymnasium **(2.2)**
girar to turn (5.3)
gol *m.* goal *(soccer)* **(7.1)**
  meter un gol to make a goal **(7.1)**
golf *m.* golf **(7.1)**
golpe *m.* blow, hit (7.2)
golpear to hit, bang on (6.3)
gordo(a) fat **(1.3)**
gracias thank you **(LP)**
  gracias a Dios thank goodness,
  thank God **(6.3)**
gran great (1.3)
grande big, large **(1.3)**
gratis free (4.2)
gris gray **(5.2)**
gritar to yell **(6.3)**
grupo *m.* group (3.1)

guagua *f.* bus *(Cuba, Puerto Rico)*
  (7.2)
guante *m.* glove *(baseball)* **(7.1)**
guapo(a) good-looking, handsome,
  pretty **(1.3)**
guardabosques *m. f.* fielder *(baseball)* **(7.1)**
guardar cama to stay in bed **(7.2)**
guardería *f.* day care **(2.2)**
guatemalteco(a) Guatemalan (1.2)
guerra *f.* war **(6.3)**
guía *f.* **telefónica** telephone
  directory **(4.2)**
guitarra *f.* guitar **(5.1)**
gustar to like **(3.1) (5.2)**
  le gusta(n) he/she/it/you *(form.
  sing.)* like(s) **(3.1)**
  me gusta(n) I like **(3.1)**
  me (te, le) gustaría I (you *fam.
  sing.*, he/she/you *form. sing.)*
  would like **(3.1)**
  te gusta(n) you *(fam. sing.)* like
  (3.1)
  gusto: el gusto es mío the
  pleasure is mine **(1.2)**
  al gusto to one's liking, to taste
  (cooking) **(8.3)**

~~~ H ~~~

habilidad *f.* skill, ability (7.1)
habitación *f.* room, bedroom **(8.2)**
habitante *m. f.* inhabitant (6.3)
hablante *m. f.* speaker (8.1)
hablar to talk, speak **(2.3) (3.2)**
  hablar por teléfono to talk on the
  phone **(2.3)**
hacer to make, do **(2.3)** *pres.*
  (5.1) *pret.* **(6.2)**
  hace buen tiempo it's nice out,
  the weather is good **(3.2)**
  hace calor it's hot **(3.2)**
  hace fresco it's cool **(3.2)**
  hace frío it's cold **(3.2)**
  hace mal tiempo it's awful
  outside, the weather is bad **(3.2)**
  hace sol it's sunny **(3.2)**

hace viento it's windy **(3.2)**
hacer caso to pay attention (7.3)
hacer dibujos to draw **(4.3)**
hacer ejercicio to exercise **(4.3)**
hacer la comida to fix dinner, to prepare a meal **(3.3)**
hacer la tarea to do homework **(2.3)**
hacer un informe to give a report **(6.1)**
hacer un tour to take a tour (3.1) **(6.1)**
hacer una reverencia to take a bow (5.3)
hacia toward (4.3)
hada madrina *f.* fairy godmother **(6.2)**
hallar to find (7.3)
hamburguesa *f.* hamburger **(5.3)**
hardware *m.* hardware **(2.2)**
hasta until **(5.1)**
hasta luego good-bye, see you later **(1.1)**
hasta mañana see you tomorrow **(1.1)**
hay there is, there are **(LP) (3.1)**
haz *imper.* do, make **(7.3)**
hecho *m.* fact (7.1)
hecho(a) made, done (6.2)
bien hecho well done (7.1)
helado *m.* ice cream **(3.2)**
hermana *f.* sister **(4.1)**
hermanastra *f.* stepsister **(4.2)**
hermanastro *m.* stepbrother **(4.2)**
hermano *m.* brother **(4.1)**
hermanos *m. pl.* brother(s) and sister(s) **(4.1)**
hermoso(a) beautiful **(6.1)**
héroe *m.*, **heroína** *f.* hero, heroine **(6.3)**
¿hicieron? did you *(pl.)*? did they? **(5.3)**
hija *f.* daughter **(4.1)**
hijo *m.* son **(4.1)**
hijos *m. pl.* children, son(s) and daughter(s) **(4.1)**
hispano(a) Hispanic **(4.3)**

historia *f.* history **(2.1)**
histórico(a) historic(al), of historical importance **(3.2)**
hogar *m.* home **(5.2)**
¡hola! hello! **(1.1)**
hombre *m.* man **(5.2)**
hondureño(a) Honduran **(1.2)**
hora *f.* hour, time **(2.1)**
¿a qué hora es . . . ? at what time is . . . ? **(2.1)**
hora de estudio study hall **(2.1)**
¿qué hora es? what time is it? **(2.1)**
horario *m.* schedule **(2.1)**
hospicio *m.* hospice, children's home, orphanage **(6.2)**
hospital *m.* hospital **(7.1)**
hotel *m.* hotel **(5.1)**
hoy today **(2.1)**
hoy día nowadays **(4.3)**
hubo there was, there were **(6.3)**
huevo *m.* egg **(8.1)**
humano(a) human **(7.2)**
humilde humble **(7.3)**
humorístico(a) humorous **(7.3)**

idéntico(a) identical **(8.1)**
identificar to identify **(7.2)**
iglesia *f.* church **(5.1)**
igualmente likewise **(1.2)**
imaginar to imagine **(6.2)**
imagínate imagine **(4.1)**
impacientemente impatiently **(8.1)**
imperio *m.* empire **(6.3)**
impermeable *m.* raincoat **(5.2)**
importante important **(4.1)**
impresionado(a) impressed **(8.2)**
impresionante impressive **(4.3)**
impresora (láser) *m.* (laser) printer **(2.1)**
improvisado(a) improvised **(6.1)**
incluido(a) included **(4.2)**
incluir to include **(4.2)**
incómodo(a) uncomfortable **(7.3)**

increíble incredible (7.1)
indicaciones *f. pl.* instructions (7.2)
indicado(a) indicated (8.2)
indicios *m. pl.* clues (LP)
indígeno(a) indigenous, native (6.1); Indian **(6.3)**
influencia *f.* influence (4.3)
información *f.* information (5.2)
informática *f.* computer science (2.2)
inglés *m.* English **(2.1)**
ingrediente *m.* ingredient (8.3)
inmediatamente immediately (5.1)
inolvidable unforgettable (6.1)
instalar to install (4.2)
inteligente intelligent **(1.3)**
interesante interesting **(1.3)**
interesar to interest (5.1)
invierno *m.* winter **(3.2)**
invitación *f.* (*pl.* **invitaciones**) invitation **(5.2)**
invitado *m.,* **invitada** *f.* guest **(6.2)**
invitar to invite **(7.2)**
ir to go **(2.3)** *pret.* **(6.2)**
  ir de compras to go shopping **(3.1)**
irse to leave, go, go away **(8.1)**
itinerario *m.* itinerary (6.3)
izquierda *f.* left, left side **(5.1)**
  a la izquierda to/on the left **(5.1) (7.3)**

jai alai *m.* jai alai **(7.1)**
jamón (*pl.* **jamones**) *m.* ham **(5.3)**
  jamón serrano smoked ham (*Spain*) (5.3)
jardín *m.* (*pl.* **jardines**) garden (3.2)
  jardín zoológico zoo **(3.3)**
jardinero *m.,* **jardinera** *f.* fielder (*baseball*) **(7.1)**
  jardinero corto shortstop **(7.1)**
jeans *m. pl.* (blue) jeans **(5.2)**
jersey *m.* sweater (5.2)

Jesucristo Jesus Christ (8.3)
joven (*pl.* **jóvenes**) *m. f.* young person **(5.2)**
joya *f.* jewel (6.3)
joyería *f.* jewelry; jewelry department or store **(5.2)**
juego *m.* game, ride **(3.3)**
  juegos infantiles *m. pl.* children's rides **(3.2)**
  juegos mecánicos rides **(3.3)**
  juegos olímpicos Olympics **(7.1)**
jueves *m.* Thursday **(2.1)**
jugador *m.,* **jugadora** *f.* player **(7.1)**
jugar (ue) to play (*a game*) *infin.* **(2.3)** *pres.* **(5.2)** *pret.* **(7.1)**
jugo *m.* juice (8.3)
julio *m.* July **(4.1)**
junio *m.* June **(4.1)**
juntarse to get together (5.1)
juntos(as) *pl.* together **(2.3)**
justo(a) just, exact (6.3)
juvenil *adj.* youthful, junior (*sports*) (7.1)
juventud *f.* youth (3.3)

karate *m.* karate **(2.3)**
kilo kilo (*weight*) **(6.1)**
kilómetro kilometer (.62 mile) (1.1)

la *art.* the **(LP)**
la *dir. obj. pron.* her, it **(7.2)**
La Cenicienta Cinderella **(6.2)**
La Paz La Paz (*administrative capital of Bolivia*) **(1.2)**
laboratorio *m.* laboratory **(2.2)**
labrado(a) patterned (*leather*) (6.1)
lado *m.* side (4.3)
lago *m.* lake **(3.2)**
lámpara *f.* lamp **(7.3)**
lancha *f.* small boat, rowboat **(3.2)**
lanzador *m.,* **lanzadora** *f.* pitcher (*baseball*) **(7.1)**

lápiz *m.* (*pl.* **lápices**)   pencil **(LP)**

largo(a)   long **(5.2)**

las *art.*   the **(2.1)**

las *dir. obj. pron.*   them **(7.2)**

lástima: ¡qué lástima!   what a shame! **(2.3) (4.2)**

lastimado(a)   hurt **(7.1)**

lata *f.*   tin can (8.3)

lavarse   to wash up **(8.1)**

   lavarse los dientes   to brush one's teeth **(8.1)**

   lavarse el pelo   to wash one's hair **(8.1)**

le *indir. obj. pron.*   to/for him, her, you (*form. sing.*) **(3.1)**

lección *f.* (*pl.* **lecciones**)   lesson **(LP)**

leche *f.*   milk **(5.3)**

lechuga *f.*   lettuce **(8.1)**

leer   to read   *infin.* **(2.3)**   *pres.* **(3.2)**   *pret.* **(7.1)**

legumbres *m. pl.*   vegetables, legumes **(8.3)**

lejos   far **(5.1)**

   lejos de   far from **(5.1) (7.3)**

lengua *f.*   language (4.3)

lentamente   slowly **(8.1)**

leñador *m.*   woodsman (7.3)

les *indir. obj. pron.*   to/for them, you (*pl.*) **(5.2)**

levantar   to raise, pick up **(7.2)**

levantarse   to get up **(8.1)**

leyenda *f.*   legend **(6.3)**

libre   free **(5.3)**

libro *m.*   book **(LP)**

licuadora *f.*   blender (8.3)

liga *f.*   league **(7.1)**

   grandes ligas   major leagues **(7.1)**

   ligas menores   minor leagues **(7.1)**

ligero(a)   light (7.2)

Lima   Lima (*capital of Peru*) **(1.2)**

limonada *f.*   lemonade **(5.3)**

limpiar   to clean **(2.3)**

lindo(a)   pretty, lovely **(7.1)**

línea *f.*   line (4.2)

lista *f.*   list **(LP)**

listo(a)   ready **(4.3)**

   estar listo   to be ready (4.2)

literatura *f.*   literature **(2.1)**

lo *dir. obj. pron.*   him, it **(7.2)**

   lo siento   I'm sorry **(5.3)**

lobo *m.*   wolf (7.3)

locura *f.*   madness, insanity (6.3)

locutor(a)   announcer (8.3)

los *art.*   the **(2.1)**

   los fines de semana   (on) weekends **(3.3)**

los *dir. obj. pron.*   them **(2.2) (7.2)**

lucha libre *f.*   wrestling (7.1)

luchar   to fight, struggle (6.3)

luego   then **(8.1)**

   hasta luego   good-bye, see you later **(1.1)**

lugar *m.*   place (3.1)

lujo *m.*   luxury (7.3)

lujoso(a)   luxurious (7.3)

lunes *m.*   Monday **(2.1)**

LL

llamar   to call **(5.2)**

llamarse   to be named **(1.2)**

   me llamo   my name is **(1.2)**

   se llama   his, her, your (*form. sing.*) name is **(1.2)**

   te llamas   your (*fam. sing.*) name is **(1.2)**

llegada *f.*   arrival (6.3)

llegar   to arrive **(6.3)**

lleno(a)   full (6.1)

llevar   to wear, carry **(5.2)**

   llevar a cabo   to carry out (7.2)

llorar   to cry (4.3)

llover(ue)   to rain **(3.2)**

lloviendo (*inf.* **llover**):

   está lloviendo   it's raining **(3.2)**

   llueve   it's raining **(3.2)**

M

madrastra *f.*   stepmother **(4.2)**

madre *f.*   mother **(4.1)**

maestro *m.*, **maestra** *f.*   teacher **(4.2)**

magnífico(a) magnificent (3.1)

maíz *m.* corn (8.1)

mal bad **(3.2)**

maleta *f.* suitcase **(8.2)**

malo(a) bad **(6.3)**

mamá *f.* mom **(4.1)**

manera *f.* manner, way (5.1)

mano *f.* hand (6.3) **(7.2)**

mantener to maintain (7.1)

mantequilla *f.* butter **(8.1)**

manzana *f.* city block **(5.1)**; apple **(5.3)**

mañana *adv.* tomorrow **(2.3)**

mañana *f.* morning **(2.1)**

esta mañana this morning **(7.2)**

mapa *m.* map **(2.1)**

maravilla *f.* marvel (7.3)

marco *m.* mark (*German monetary unit*) (5.1)

marcha: tener en marcha to have (be) underway (8.3)

mariachi *m.* mariachi (*Mexican band of strolling musicians playing string and brass instruments*) **(6.1)**

marrón (*pl.* **marrones**) brown **(5.2)**

martes *m.* Tuesday **(2.1)**

marzo *m.* March **(4.1)**

matar to kill (3.3)

matemáticas *f. pl.* mathematics **(2.1)**

materno(a) maternal **(4.1)**

maya *m. f.* Maya (6.2)

mayo *m.* May **(4.1)**

mayonesa *f.* mayonnaise **(8.1)**

mayoría *f.* majority (4.3)

más more **(2.1) (8.2)**

más . . . que more . . . than **(8.2)**

me *dir. obj. pron.* me **(7.2)**

me *indir. obj. pron.* to/for me **(3.1)**

me encantaría I would love to **(6.2)**

me *refl. obj. pron.* myself **(8.1)**

me llamo my name is **(1.2)**

medalla *m.* medal (7.3)

mediano(a) average **(1.3)**

medianoche *f.* midnight **(2.1)**

médico *m.*, **médica** *f.* doctor **(4.2)**

medio(a) half **(5.1)**

. . . y media half past . . . (*time*) **(2.1)**

mediodía *m.* noon, midday **(2.1)**

medir (i, i) to measure (4.1)

mejor better **(7.1)**

mejor(es) que better than **(8.2)**

melón (*pl.* **melones**) *m.* melon **(5.3)**

mencionado(a) mentioned (6.2)

menos less, minus **(2.1) (8.2)**

menos . . . que less . . . than **(8.2)**

. . . menos cuarto quarter to (*time*) **(2.1)**

mensaje *m.* message (6.2)

menú *m.* menu (5.3)

mercado *m.* market **(6.1)**

merienda *f.* snack, light meal (5.3)

mermelada *f.* marmalade, jam **(8.1)**

mes *m.* month **(4.1)**

mesa *f.* table **(LP) (8.1)**

mesita *f.* nightstand, small table **(7.3)**

mesón *m.* restaurant, (*originally an inn, tavern*) **(8.3)**

meter: meter un gol to score a goal **(7.1)**

metro *m.* subway **(5.1)** meter (*distance*) (7.1)

mexicano(a) Mexican (1.2)

mezcla *f.* mixture (8.3)

mezclar to mix (8.3)

mi, mis my **(1.1) (4.1)**

mientras while (3.3)

mientras tanto in the meantime, meanwhile (3.2)

miércoles *m.* Wednesday **(2.1)**

militar *m.* military (3.2)

milla *f.* mile **(1.1)**

ministerio *m.* government department (2.2)

mío(a) mine (1.2)

mirar to look at **(2.3)**

mirar a la gente to people-watch **(3.2)**

misa *f.* mass (*religious service*) (7.2)

mismo(a) same **(6.3)**

misterio *m.* mystery (LP)

mitológico(a) mythological (7.2)

mochila *f.* backpack **(LP)**

moda *f.* style (5.2)

  estar de moda to be stylish (5.2)

módem *m.* modem **(2.2)**

  fax/módem *m.* fax/modem **(2.2)**

moderno(a) modern **(6.3)**

modesto(a) modest **(1.3)**

moneda *f.* coin (5.1)

monitor *m.* monitor *(computer)* **(2.2)**

montaña *f.* mountain (4.3)

  montaña rusa roller coaster **(3.2)**

Montevideo Montevideo *(capital of Uruguay)* **(1.2)**

montón *m.* pile, heap (6.2)

monumento *m.* monument **(3.1)**

morado purple **(5.2)**

moreno(a) dark-haired, dark-complexioned, black **(1.3)**

morir (ue, u) to die **(6.3)**

mortero *m.* mortar (8.3)

mostaza *f.* mustard **(8.1)**

mostrar (ue) to show (7.2)

moto, motocicleta *f.* motorcycle **(6.3)**

mover (ue) to move **(7.3)**

  ¡muévete! move! (7.3)

muchacha *f.* girl **(4.2)**

muchacho *m.* boy **(4.2)**

mucho a lot, much **(3.1)**

  mucho gusto pleased to meet you **(1.2)**

mudarse to move (7.2)

muebles *m. pl.* furniture **(8.2)**

muerto(a) dead **(4.2)**

  muerto de hambre starving (8.3)

mujer *f.* woman (5.2)

muletas *f. pl.* crutches **(7.2)**

mundo *m.* world **(6.3)**

mural *m.* mural **(6.1)**

muralista *m. f.* muralist **(6.2)**

muro *m.* wall (6.2)

museo *m.* museum **(3.1)**

música *f.* music **(2.1)**

  música clásica classical music (6.1)

músico *m.*, **música** *f.* musician **(4.2)**

muy very **(4.2)**

  muy bien, gracias, ¿y usted? fine, thank you, and you? (1.1)

～～N～～

nacer to be born (6.3)

nacionalista(a) nationalistic (6.2)

nada nothing **(3.3)**

nadar to swim

nadie no one, nobody **(3.3)**

naranja *f.* orange **(5.3)**

nariz *f.* nose **(7.2)**

natación *f.* swimming **(7.1)**

negro(a) black **(5.2)**

nervioso(a) nervous **(1.3)**

nevar (ie) to snow **(3.2)**

  está nevando it's snowing **(3.2)**

  nieva it's snowing **(3.2)**

nevera *f.* refrigerator **(8.1)**

ni . . . ni neither . . . nor **(1.3)**

nicaragüense Nicaraguan (1.2)

nieta *f.* granddaughter **(4.1)**

nieto *m.* grandson **(4.1)**

  nietos *m. pl.* grandchildren **(4.1)**

nieva *(inf.* **nevar)** it snows **(3.2)**

niño *m.*, **niña** *f.* child **(3.2)**

nivel *m.* level (7.2)

no no **(LP)**

  no se preocupe don't worry **(7.2)**

  ¿no? isn't that so? **(1.3)**

noche *f.* night (3.2)

  buenas noches good night, good evening **(1.1)**

  esta noche tonight **(6.2)**

nombrado(a) named **(7.1)**

nombre *m.* name **(4.1)**

  nombre de pila first name, Christian name (4.1)

  mi nombre es my name is **(1.2)**

norte *m.* north (1.2)

nos *dir. obj. pron.* us **(5.2)**

nos *indir. obj. pron.* to/for us **(5.2)** **(7.2)**

nos *refl. obj. pron.* ourselves **(8.1)**
nosotros, nosotras we **(2.2)**
nota *f.* grade **(7.1)**
noticias *f. pl.* news (5.1)
novela *f.* novel **(3.1)**
noveno(a) ninth **(5.2)**
novia *f.* fiancée **(4.1)**;
  bride **(4.2)**; girlfriend **(5.1)**
noviembre *m.* November **(4.1)**
novillada *f.* bullfight with young
  bulls and novice bullfighters (3.1)
novio *m.* groom **(4.2)**;
  boyfriend, fiancé **(5.1)**
nuestro(a), nuestros(as) our **(4.1)**
nuevo(a) new **(4.2)**
nunca never, not ever **(3.3)**
número *m.* number **(2.1)**

~~~~~~~ O ~~~~~~~

observación *f.* observation (7.2)
occidental *m.* western (3.2)
octavo(a) eighth **(5.2)**
octubre *m.* October **(4.1)**
ocupación *f.* occupation, job (6.1)
ocupado(a) busy **(4.3)**
oeste *m.* west (1.2)
ofensivo(a) offensive (6.2)
oferta *f.* offer, bargain **(3.1)**
  en oferta on sale (3.1) (5.2)
oficina *f.* office **(2.2)**
  Oficina del Censo Census
    Bureau (4.3)
oído *m.* (inner) ear **(7.2)**
oír to hear *pret.* **(7.1)**
ojo *m. pl.* eye **(7.2)**
Olimpíadas *f. pl.* Olympics **(7.1)**
olvidar to forget **(8.2)**
omelete *m.* omelet (8.1)
ópera *f.* opera **(6.2)**
oportunidad *f.* opportunity, chance
  (1.3)
oreja *f. pl.* ear **(7.2)**
organizado(a) organized **(1.3)**
origen *m.* origin (6.1)
oro *m.* gold (6.3)

orquesta *f.* **sinfónica** symphony
  orchestra (6.1)
otoño *m.* autumn **(3.2)**
otro(a) other, another **(5.3)**
  otra vez again **(8.2)**
¡oye! hey! say! listen! **(2.1)**

~~~~~~~ P ~~~~~~~

paciente *m. f.* patient **(7.2)**
padrastro *m.* stepfather **(4.2)**
padre *m.* father **(4.1)**
  padres *m. pl.* parents, mother and
    father **(4.1)**
paella *f.* paella (*Spanish rice dish
  seasoned with saffron*) (8.3)
pagar to pay for **(5.2)** *pret.* **(7.1)**
página *f.* page **(4.2)**
país *m.* country, nation (1.3)
palabra *f.* word **(4.3)**
  palabras afines cognates (LP)
palacio *m.* palace **(6.3)**
pan *m.* bread **(8.1)**
panameño(a) Panamanian (1.2)
panqueque *m.* pancake (8.1)
pantalones *m. pl.* pants, slacks **(5.2)**
papá *m.* dad **(4.1)**
papas *f. pl.* potatoes **(5.3)**
  papas fritas french fries **(5.3)**
papel *m.* paper **(LP)**
  hoja de papel sheet of paper **(LP)**
  papel maché papier mâché (6.3)
par *m.* pair **(5.2)**
  par de calcetines pair of socks
    (5.2)
para for, intended for **(2.3) (3.1)**
  (5.3)
Paraguay *m.* Paraguay **(1.2)**
paraguayo(a) Paraguayan (1.2)
parar to stop (7.2)
pararse to stand up (5.3)
pared *f.* wall (6.2)
pareja *f.* couple, pair (3.1)
pariente *m. f.* relative **(4.2)**
parlantes *m. pl.* speakers **(2.1)**
parque *m.* park **(3.1)**

parque de diversiones amusement park **(3.2)**

parte *f.* part (2.3)

participar to participate **(2.3)**

particular private, particular (3.1)

partido *m.* match, game *(sports)* **(7.1)**

pasar to go past, spend time **(3.3)** **(5.1)**

pasatiempo *m.* pastime (2.3)

pasear to take a walk, ride **(2.3)** **(3.2)**

paseo *m.* walk, stroll, promenade **(5.1)**

pasillo *m.* hall **(2.2) (8.2)**

pasión *f.* passion (6.2)

paso *m.* step **(5.1)**

　paso a paso step by step (LP)

pastel *m.* cake **(4.3)**

pastilla *f.* pill *(medication)* **(7.2)**

patata *f.* potato *(Spain)* **(5.3)**

　patatas fritas french fries **(5.3)**

patear to kick **(7.1)**

paterno(a) paternal **(4.1)**

patinaje skating (7.1)

　patinaje artístico figure skating (7.1)

　patinaje de velocidad speed skating (7.1)

patio *m.* patio **(2.2)**

pecho *m.* chest **(7.2)**

pedir (i, i) to order, ask for **(5.3)** *pret.* **(7.3)**

peinarse to comb one's hair **(8.1)**

pelar to peel (8.3)

película *f.* movie, film **(2.3)**

pelirrojo(a) red-haired, redheaded **(1.3)**

pelo *m.* hair **(7.2)**

pensar (ie) to think **(5.2) (6.3)**

peor(es) que worse than **(8.2)**

pepino *m.* cucumber (8.3)

pequeño(a) small, little **(4.1)**

perder (ie) to lose **(7.1)**

pérdida *f.* loss (7.2)

perdido(a) lost (7.3)

perdón excuse me, forgive me **(1.1)**

perejil *m.* parsley (8.3)

perfeccionista *m. f.* perfectionist **(2.2)**

perfumería *f.* perfume and cosmetics department **(5.2)**

periódico *m.* newspaper **(3.2)**

permiso *m.* permission (3.1)

　con permiso excuse me, with your permission **(4.2)**

permitir to permit (8.2)

pero but **(3.1)**

perro *m.* dog **(1.3)**

　perrito *m.* hot dog (5.3); puppy, little dog

persona *f.* person **(7.3)**

personaje *m.* character, person (4.1)

Perú *m.* Peru **(1.2)**

peruano(a) Peruvian (1.2)

pescado *m.* fish *(as food)* **(8.3)**

peseta *f.* peseta *(Spanish monetary unit)* **(5.1)**

peso *m.* peso *(Mexican monetary unit)* (5.1)

piano *m.* piano **(2.3)**

picado(a) chopped, minced (8.3)

　carne picada ground meat (8.3)

pie *m.* foot **(7.2)**

　a pie walking, on foot **(3.3)**

piedra *f.* **preciosa** precious stone (6.3)

piel *f.* skin (6.2)

pierna *f.* leg **(7.2)**

pimienta *f.* pepper **(8.1)**

pimiento *m.* bell pepper (8.3)

pintar to paint (6.2)

pintarse to put on makeup **(8.1)**

pintoresco(a) picturesque (6.2)

piñata *f.* piñata **(4.1)**

pirámide *f.* pyramid (6.3)

pisar to step (5.3)

piscina swimming pool

piso *m.* floor *(of a building)* **(5.2)**; floor *(of a room)* (7.3)

pizarra *f.* chalkboard **(LP)**

placer: es un placer pleased to meet you **(1.2)**

planes *m. pl.* plans **(2.3)**

planta *f.* floor *(of a building)* **(5.2)**

  planta baja ground floor **(5.2)**

plata *f.* silver (6.1)

platillo *m.* saucer **(8.1)**

plato *m.* plate **(8.1)**

  plato principal, segundo plato main dish (8.3)

plaza *f.* plaza, town square **(5.1)**

plomero *m.,* **plomera** *f.* plumber (4.2)

¡pobrecito(a)! poor thing! poor boy (girl)! **(1.1)**

poco: un poco a little **(2.3)**

poder (ue, u) to be able, can **(5.2)** *pret.* **(6.3)**

poema *m.* poem (2.3)

policía *f.* police force; *m. f.* policeman, policewoman (5.1)

político *m.,* **política** *f.* politician **(4.2)**

pollo *m.* chicken **(8.3)**

  pollo frito fried chicken **(8.3)**

pon *imper.* put **(7.3)**

ponche *m.* punch (4.3)

poner to put **(5.1)** *pret.* **(7.3)**

  poner a cargo to put in charge (6.3)

  poner la mesa to set the table **(8.1)**

ponerse to put on *(clothes)* **(8.1)**; to become (8.2)

popular popular **(1.3)**

por for **(1.2)**

  por aquí around here **(8.3)**

  por ejemplo for example **(5.2)**

  por eso for that reason, therefore (3.2)

  por favor please **(1.1)**

  ¡por fin! at last! **(2.1) (4.3)**

  por la mañana/tarde/noche in the morning/afternoon/evening *(general time)* **(2.1)**

  por lo menos at least **(7.3)**

  ¿por qué? why? **(1.1) (4.2)**

  ¡por supuesto! of course! **(4.1)**

  por todos lados all over the place (5.1)

porque because **(6.2)**

posible possible (7.3)

posición *f.* position (7.1)

postre *m.* dessert **(8.2)**

práctica *f.* practice **(2.3)**

practicar to practice **(2.3)** *pret.* **(7.1)**

precio *m.* price **(6.2)**

precioso(a) precious (1.3) (6.3) (8.2)

precisamente precisely (8.1)

precolombino(a) pre-Columbian (6.2)

predominar to predominate (7.3)

preferir (ie, i) to prefer **(5.2)**

preguntar to ask *(for information)* (5.1)

preliminar preliminary (LP)

preocupado(a) worried **(4.3)**

preocuparse to worry (7.2)

preparación *f.* preparation (8.3)

preparar to prepare **(2.3) (3.2)**

presencia *f.* presence (6.1)

primavera *f.* spring **(3.2)**

primero(a), primer first **(5.2)**

primo *m.,* **prima** *f.* cousin **(4.1)**

  primos *m. pl.* cousins **(4.1)**

princesa *f.* princess **(6.3)**

principal principle, main (5.3)

príncipe *m.* prince (6.2)

principio *m.* beginning (8.3)

prisionero *m.,* **prisionera** *f.* prisoner (6.3)

probar (ue) to taste **(8.3)**

probarse (ue) to try on (5.2)

problema *m.* problem **(6.3)**

Prof. *see* **profesor**

profesión *f.* profession (4.2)

profesor *m.,* **profesora** *f.* **(Prof.)** teacher, professor **(LP)**

profesorado *m.* faculty (2.2)

programa *m.* program **(6.1)**

programador *m.,* **programadora** *f.* computer programmer **(4.2)**

prometer to promise (6.3)

promoción *f.* marketing, promotion, sale (5.2)

pronto soon **(6.1)**
propina *f.* tip **(5.3)**
propio(a) own (4.2)
proteger to protect **(6.3)**
próximo(a) next, near (7.3)
proyección *f.* projection (4.3)
prueba *f.* trial, test (7.1)
pueblo *m.* town, village **(6.2)**
puerta *f.* door **(LP)**
puertorriqueño(a) Puerto Rican (1.2)
pues well, then **(1.2)**
pulgada *f.* inch (7.1)
puntual punctual (8.2)
pupitre *m.* student desk **(LP)**
puré *m.* puree (8.3)

¿qué? what? **(LP) (4.2)**
   ¿qué fecha es hoy? what's the date today? **(4.1)**
   ¿qué pasa? what's the matter?, what's going on? **(3.1)**
   ¿qué pasó? what happened? **(6.3)**
   ¿qué tal? how's it going? **(1.1)**
¡qué! how! **(4.2)**
   ¡qué amable eres! you're so kind! **(7.3)**
   ¡qué barbaridad! what nonsense! what an outrage! **(6.3)**
   ¡qué bien! good! wonderful! **(3.2)**
   ¡qué guapa! how beautiful! **(8.1)**
   ¡qué lástima! what a shame! **(2.3) (4.2)**
   ¡qué mala suerte! what bad luck! **(4.3)**
   ¡qué raro! how strange! **(4.1)**
   ¡qué ridículo! how silly! how ridiculous! **(4.3)**
   ¡qué sorpresa! what a surprise! **(6.1)**
   ¡qué vergüenza! how embarrassing! **(7.3)**
quedar to be left, remain **(5.1)**
quedarse to stay, remain **(8.2)**

quejarse to complain (5.3)
quemar to burn (8.3)
querer (ie) to want **(4.2) (5.2)**
   quiero presentarle *(form.)* / **quiero presentarte** *(fam.)* **a . . .** I want to introduce you to . . . **(1.2)**
querido(a) dear, beloved (6.3)
queso *m.* cheese **(5.3)**
¿quién? ¿quiénes? who? **(1.1) (3.1) (4.2)**
quiero *see* **querer**
química *f.* chemistry **(2.1)**
quinto(a) fifth **(5.2)**
quitar to remove, take away (8.3)
quitarse to take off *(clothes)* **(8.1)**
   ¡quítate! go away! (8.1)
Quito Quito *(capital of Ecuador)* **(1.2)**
quizá(s) perhaps (4.3) (8.2)

radio *f.* radio **(3.2)**
ramo *m.* **de flores** bouquet of flowers **(7.3)**
rápidamente rapidly **(8.1)**
raro(a) strange (4.1)
   raras veces rarely **(3.3)**
rato *m.* a short time period, a while (2.3)
   un buen rato quite a while (6.3)
ratón *m.* mouse **(2.1)**
realidad *f.* reality (4.3)
rebelar to rebel (6.3)
rebelión *f.* rebellion (6.3)
recepción *f.* reception (desk) **(5.1)**
receptor *m.*, **receptora** *f.* catcher *(baseball)* **(7.1)**
receta *f.* recipe (8.3)
recetar to prescribe *(a medication)* **(7.2)**
recibir to receive **(5.1)**
recientemente recently (4.3)
recipiente *m.* container (8.3)
recoger to gather (7.3)
recomendar (ie) to recommend **(5.2) (8.3)**

reconocer to recognize (2.2)

recordar (ue) to remember **(5.2)**

recreo *m.* recess **(2.2)**

recuerdo *m.* souvenir **(6.2)**

rechazar to reject (8.2)

refresco *m.* soft drink **(2.3)**

regalo *m.* gift **(5.1)**

región *f.* region (6.2)

regla *f.* ruler *(for measuring)* **(LP)**

regresar to return, go back (3.1) **(6.2)**

regreso *m.* return (6.3)

regular okay, so-so, not bad **(2.2)**

reina *f.* queen **(8.2)**

relacionado(a) related (8.2)

religioso(a) religious (6.1)

reloj *m.* clock, watch **(2.1)**

reorganizar to reorganize (7.3)

repetir (i, i) to repeat **(5.3)**

reportar to report (6.3)

reportero *m.,* **reportera** *f.* reporter **(4.2)**

representar to represent (7.1)

reproductor de CD-ROM *m.* CD-ROM player **(2.2)**

rescatar to rescue (7.3)

reservación *(pl.* **reservaciones***) f.* reservation **(8.3)**

reservado(a) reserved (8.3)

resistir to resist **(6.1)**

responder to respond, answer (6.2)

respuesta *f.* answer (5.2)

restaurante *m.* restaurant **(2.3)**

resto *m.* rest (8.1)

reunirse to get together, meet (7.3)

revista *f.* magazine **(7.3)**

revolución *f.* revolution (6.2)

rey *m.* king **(6.3) (8.2)**

rico(a) delicious **(3.3) (5.3)**

ridículo(a) ridiculous (2.2)

　¡qué ridículo! how silly! how ridiculous! **(4.3)**

río *m.* river **(8.2)**

riquísima delicious (6.1) (8.2)

rodilla *f.* knee **(7.2)**

rojo(a) red **(5.2)**

romántico(a) romantic **(1.3)**

romper to break **(4.1)**

ropa *f.* clothes **(5.2)**

　ropa interior underwear (5.2)

rosado(a) pink **(5.2)**

roto(a) broken **(7.2)**

rubio(a) blond **(1.3)**

rueda *f.* **de fortuna** Ferris wheel **(3.2)**

ruidoso(a) noisy, loud (6.1)

ruinas *f.* ruins (6.1)

~~~~~S~~~~~

sábado *m.* Saturday **(2.1)**

saber to know **(5.1)**

sabor *m.* flavor (3.2)

saborear to taste, savor (8.2)

sabroso(a) delicious **(8.2)**

sacar to take out (4.2) *pret.* **(7.1)**

　sacar fotos to take pictures **(4.2)**

sal *f.* salt **(8.1)**

sal *imper.* leave **(7.3)**

sala *f.* classroom **(2.2)** living room **(8.2)**

　sala de familia family room **(8.2)**

salado(a) salty (5.3)

salir to go out, leave **(2.3) (5.1)**

salón *m.* **de entrada** lobby **(8.2)**

salsa *f.* sauce **(8.3)**

　salsa de tomate ketchup **(8.1)**

saltar to jump **(7.1)**

salto *m.* **de altura** high jump **(7.1)**

saludo *m.* greeting **(1.1)**

salvadoreño(a) Salvadoran (1.2)

salvar to save **(7.2)**

sándwich *m.* sandwich **(5.2)**

　sándwich mixto grilled ham and cheese sandwich *(Spain)* **(5.3)**

Santiago Santiago *(capital of Chile)* **(1.2)**

santo *m.,* **santa** *f.* saint **(4.1)**

sartén *f.* frying pan **(8.3)**

sátira *f.* satire (6.2)

satirista *m. f.* satirist (6.2)

se *refl. pron.* himself, herself, yourself *(form. sing.),* themselves, yourselves **(8.1)**

sé *imper.* be **(7.3)**
secar to dry (8.1)
secretario *m.*, **secretaria** *f.*
  secretary **(4.2)**
seguir (i, i) to continue, follow **(5.3)**
según according to (7.3)
segundo(a) second **(5.2)**
seguridad *f.* security, safety (7.2)
sello *m.* stamp **(5.1)**
semana *f.* week **(2.1)**
  fin(es) de semana weekend(s)
    (3.1) (3.3)
  la semana pasada last week **(6.1)**
semejanza *f.* similarity (5.1)
sentado(a) seated (8.2)
sentarse (ie) to sit down **(8.1)**
sentir (ie) to feel **(7.2)**
señor (Sr.) *m.* Mr. **(1.1)**
señora (Sra.) *f.* Mrs. **(1.1)**
señorita (Srta.) *f.* Miss **(1.1)**
septiembre *m.* September **(4.1)**
séptimo(a) seventh **(5.2)**
ser to be **(1.1)** *pret.* **(6.2)**
  ser de to be from **(1.2)**
serenar to serenade (6.1)
serenata *f.* serenade (6.1)
serio(a) serious **(2.2)**
servicios *m. pl.* restroom **(8.2)**
servilleta *f.* napkin **(8.1)**
servir (i, i) to serve **(5.3)**
severo(a) severe (6.2)
sexto(a) sixth **(5.2)**
sí yes **(LP)**
  sí, claro yes, of course **(5.3)**
siempre always **(3.3)**
¡siéntese! sit down! (1.1)
siglo *m.* century **(8.3)**
significado *f.* significance, meaning
  (6.2)
siguiente following, next (5.1) (6.3)
silencio *m.* silence (4.1)
silla *f.* chair **(LP)**
sillón *m.* easy chair **(7.3)**
símbolo *m.* symbol (7.1)
simpático(a) nice, charming **(1.3)**
simplemente simply (3.2)
sin without (5.3)

sin duda without a doubt (4.3)
sin embargo nevertheless (7.2)
síntoma *m.* symptom **(7.2)**
situación *f.* situation (7.2)
sobre on, over **(7.3)**
sobrenombre *m.* nickname **(4.1)**
sobresaliente outstanding (6.2)
sobrevivir to survive (6.3)
sobrina *f.* niece **(4.1)**
sobrino *m.* nephew **(4.1)**
  sobrinos *m. pl.* niece(s) and
    nephew(s) **(4.1)**
software *m.* software **(2.2)**
sol *m.* sun **(3.2)**
soldado *m.* soldier **(6.3)**
soler (ue) to be accustomed to (6.1)
sólo only (4.2) **(7.2)**
soltero(a) single, unmarried **(4.2)**
sombrero *m.* hat **(5.2)**
sometido(a) submissive, docile (7.2)
somos we are **(2.2)**
son they, you *(pl.)* are **(2.2)**
  son la/las . . . it is . . .*(time)* **(2.1)**
sonido *m.* sound **(7.2)**
sonriendo smiling **(8.3)**
sonriente smiling (8.3)
sonrisa *f.* smile (4.2)
soñar (ue) (con) to dream (about)
  (8.3)
sopa *f.* soup **(5.3)**
  sopa de ajo garlic soup **(8.3)**
sordera *f.* deafness (7.2)
sórdido(a) sordid (6.2)
sorprender to surprise (7.1)
soy I am **(1.1)**
Sr., Sra., Srta. *see* **señor, señora,**
  señorita
su, sus his, her, your *(form. sing.,*
  pl.), their **(4.1)**
subir to go up, climb, get into
  (a vehicle) **(3.2)**
sudadera *f.* sweatshirt **(5.2)**
suelto(a) loose (6.1)
suerte *f.* luck (7.2)
  ¡qué mala suerte! what bad
    luck! **(4.3)**
suéter *m.* sweater **(5.2)**

suficiente   sufficient, enough (8.3)
sufrir   to suffer **(7.2)**
sugerir (ie, i)   to suggest (7.3)
sur *m.*   south (1.2)
suroeste *m.*   southwest (4.3)

~~~~~ T ~~~~~

taco *m.*   taco *(Mexico: corn tortilla with filling)* **(6.1)** *(Spain: a bad word)* (8.1)
tacón *m.*   heel *(of shoe)* (8.1)
tal vez   perhaps, maybe (8.2)
talla *f.*   size *(clothing)* **(5.2)**
tamaño *m.*   size (8.3)
también   also **(1.3)**
tampoco   neither, not either (5.1)
tan   so (2.2) (4.3)
  tan . . . como   as . . . as **(8.2)**
tanto(a)   so much (2.3)
tapas *f. pl.*   appetizers, hors d'oeuvres *(Spain)* **(8.3)**
taquilla   ticket office, ticket window (6.2)
tarde *f.*   afternoon **(3.2)**; *adv.* late **(2.2)**
tarea *f.*   task, homework **(2.3)**
tarjeta *f.*   card **(7.3)**
  tarjeta de embarque   boarding pass (6.1)
  tarjeta postal   postcard (6.1)
taza *f.*   cup **(8.1)**
te *dir. obj. pron.*   you *(fam. sing.)* **(7.2)**
  ¿te gustaría?   would you like to? **(6.2)**
te *indir. obj. pron.*   to/for you *(fam. sing.)* **(3.1)**
te *refl. obj. pron.*   yourself *(fam. sing.)* **(8.1)**
teatro *m.*   theater, drama **(2.1)**; auditorium *(school)* **(2.2)**
teclado *m.*   keyboard **(2.1)**
tele (televisión) *f.*   TV (television) (2.3)
telefónica: guía *f.* **telefónica** telephone directory **(4.2)**

teléfono *m.*   telephone **(2.1)**
televisión (tele) *f.*   TV (television) (2.3)
televisor *m.*   TV set **(7.3)**
temer   to fear (6.3)
templo *m.*   temple (3.2)
temporada   season *(weather)* (3.1); season *(sports)* (7.1)
  temporada de novilladas bullfighting season with young bulls and novice bullfighters (3.1)
temprano   early **(8.1)**
ten *imper.*   have, be **(7.3)**
tendido(a) *adj.*   lying down, flat (7.1)
tenedor *m.*   fork **(8.1)**
tenemos   we have **(2.3)**
tener   to have   *sing.* **(2.1)** *pl.* **(2.3)** *pret.* **(6.3)**
  tener ___ años   to be ___ years old **(4.1)**
  tener calor   to be hot **(5.3)**
  tener cuidado   to be careful **(7.3)**
  tener frío   to be cold **(5.3)**
  tener hambre   to be hungry **(5.3)**
  tener lugar   to take place (4.1)
    tendrá lugar   will take place (4.1)
  tener presente   to keep in mind (7.2)
  tener prisa   to be in a hurry **(5.3)**
  tener que (+ inf.)   to have to (+ inf.) **(2.3)**
  tener razón   to be right **(5.3)**
  tener sed   to be thirsty **(5.3)**
tengo   I have **(2.1)**
tenis *m.*   tennis **(7.1)**
Tenochtitlán   Tenochtitlán *(ancient capital of the Aztecs)* **(6.3)**
tentación *f.*   temptation (8.2)
tercero(a), tercer   third **(5.2)**
terminar   to finish, terminate **(7.1)**
¡terrible!   terrible! **(1.1)**
tía *f.*   aunt **(4.1)**
tiempo *m.*   weather, time **(3.2)**
  del tiempo   seasoned **(fruit)** (5.3)

tienda *f.* store, shop **(3.1)**

  tienda de discos record shop **(3.1)**

tiene he/she/it has, you *(form. sing.)* have **(2.1)**

tienen they/you *(pl.)* have **(2.3)**

tienes you *(fam. sing.)* have **(2.1)**

tierra *f.* earth, land (6.3)

tímido(a) timid **(1.3)**

tino *m.* aim (4.1)

tío *m.* uncle (4.1)

  tíos *m. pl.* aunt(s) and uncle(s) **(4.1)**

típico(a) typical (3.3)

título *m.* title (7.1)

tiza *f.* chalk **(LP)**

tobillo *m.* ankle **(7.2)**

tocar to touch **(8.2)**

  tocar un instrumento to play a musical instrument **(4.3)**

todavía still **(8.1)**

todo *pron.* everything, all **(7.3)**

todo(a), todos(as) all **(7.3)**

  todo el día all day **(7.1)**

  todo el mundo everyone (4.2)

  todos los días every day **(3.3)**

todos *pron.* everyone, all **(2.3)**

tomar to eat, drink, take *infin.* **(3.1)** *pres.* **(3.2) (5.1)**

tomate *m.* tomato **(8.1)**

tonto(a) foolish, silly **(1.3)**

torneo *m.* tournament (7.1)

torre *f.* tower **(8.2)**

tortilla *f.* potato omelet *(Spain)*; cornmeal or flour pancake *(Mexico)* **(8.1)**

trabajar to work **(2.3)**

tradición *f.* tradition (5.1)

tradicional traditional (6.1)

traer to bring **(5.3)**

tráfico *m.* traffic **(7.3)**

traje *m.* suit **(5.2)**

  traje de baño bathing suit (5.2)

trampolín *m.* spring-board, diving board (7.1)

tranquilo(a) tranquil, calm (1.3)

tratar de to try to, attempt to (6.3)

tren *m.* train (6.3)

triste sad **(4.3)**

tristemente sadly **(8.1)**

trofeo *m.* trophy **(7.3)**

trono *m.* throne **(6.3)**

trovador *m.* troubadour (6.1)

tu, tus *poss. adj.* your *(fam. sing., pl.)* **(2.1) (4.1)**

tú *subj. pron.* you *(fam. sing.)* **(1.1)**

turista *m. f.* tourist (5.1)

tuyo(a) your *(fam. sing.)* (7.1)

∿∿U∿∿

¡uf! ugh! **(2.3)**

último(a) last **(7.1)**

un, una *art.* a, an **(LP) (3.1)**

  un poco a little **(2.3)**

único(a) only (7.1)

universidad *f.* university **(5.3)**

unos(as) some **(LP) (3.1)**

  unos cuantos a few **(8.3)**

Uruguay *m.* Uruguay **(1.2)**

uruguayo(a) Uruguayan (1.2)

usted you *(form. sing.)* **(1.1)**

ustedes you *(pl.)* **(2.2)**

utilizar to utilize, use (2.3) (8.3)

útil useful **(8.2)**

¡uy! oh!, ugh! **(2.1)**

∿∿V∿∿

va he/she/it goes **(2.3)**

vacaciones *f. pl.* vacation **(7.2)**

vacío empty **(8.2)**

vale okay *(Spain)* **(5.3)**

válido(a) valid (5.2)

valiente valiant, brave **(6.3)**

valioso(a) valuable **(7.1)**

vamos we go **(2.3)** let's **(3.1)**

van they go **(2.3)**

variación *f.* variation (8.1)

variado(a) varied **(8.3)**

variedad *f.* variety (3.1)

varios(as) several (3.1)

vas you *(fam. sing.)* go **(2.3)**

vaso *m.*   glass **(8.1)**

ve   he/she/it sees, you *(form. sing.)* see **(3.2)**

ve *imper.*   go; see **(7.3)**

vecindad *f.*   neighborhood (4.3)

vencedor *m.*, **vencedora** *f.*   victor, winner (7.1)

   vencedores *m. pl.*   winners **(7.1)**

vender   to sell **(5.2)**

venezolano(a)   Venezuelan **(1.2)**

Venezuela *f.*   Venezuela **(1.2)**

venir (ie, i)   to come **(4.2)** *pret.* **(6.3)**

ventana *f.*   window **(7.3)**

veo   I see **(3.2)**

ver   to see, watch *infin.* **(2.3)**
   pres. **(3.2)** *pret.* **(6.2)**
   a ver   let's see **(3.3)**

verano *m.*   summer **(3.2)**

¿verdad?   isn't that so? **(1.3)**

verdadero(a)   true, real (6.2)

verde   green **(5.2)**

verduras *f. pl.*   green vegetables **(8.3)**

vergüenza *f.*   shame, embarrassment (7.3)

verso *m.*   verse (2.3)

ves   you *(fam. sing.)* see **(3.2)**

vestido *m.*   dress **(5.2)**

vestir (i, i)   to dress **(5.3)**; to wear (7.3)

vestirse (i, i)   to get dressed **(8.1)**

vez *f.*   time (5.2)
   a la vez   at the same time **(7.3)**
   a veces   sometimes **(3.3)**

viaje *m.*   trip **(8.2)**

victorioso(a)   victorious (6.3)

video *m.*   video **(2.1)**

viejo(a)   old **(8.2)**

viento *m.*   wind **(3.2)**
  hace viento   it's windy **(3.2)**

viernes *m.*   Friday **(2.1)**

vigoroso(a)   vigorous (6.2)

vinagre *m.*   vinegar (8.3)

visitante *m. f.*   visitor (7.3)

visitar   to visit **(3.2)**

vista *f.*   view (8.2)

viuda *f.*   widow (4.2)

viudo *m.*   widower (4.2)

vivir   to live, exist **(1.1)**

volar (ue)   to fly **(6.1)**

volcán *m.*   volcano **(6.3)**

volibol *m.*   volleyball **(7.1)**

volumen *m.*   volume **(7.2)**

volver (ue)   to come back, return **(8.3)**

voy   I go **(2.3)**

vuelo *m.*   flight **(6.1)**

Y

y   and **(1.1)**
   . . . y cuarto   quarter past . . . *(time)* **(2.1)**
   . . . y media   half past . . . *(time)* **(2.1)**

ya   already, now (1.1)
   ¡ya lo creo!   I believe it! **(7.1)**

yeso *m.*   cast *(for broken arm or leg)* **(7.3)**

yo   I **(1.1)**

Z

zapatería *f.*   footwear (5.1); shoes *(shoe department)*, or shoe store **(5.2)**

zapatillas *f. pl.*   slippers **(7.3)**

zapatos *m. pl.*   shoes **(5.2)**
   zapatos deportivos   athletic shoes **(5.2)**

zarzuela *f.*   seafood stew (8.2)

zona *f.*   zone, area (3.1)

zoológico *m.*   zoo **(3.2)**

zumo *m.*   juice (8.3)
   zumo de naranja   orange juice (5.3)

zurdo(a)   left-handed (7.1)

VOCABULARIO
inglés-español

...ctive words and expressions in **¡DIME!** (Exact cognates, ...per nouns used as passive vocabulary are generally ...ses follows all entries. This number refers to the unit and ...rase is introduced (and, when there is no more than one ...r (**3.1**), for example, refers to **Unidad 3, Lección 1**. The ...**ción Preliminar**.
...ated as *m.* (masculine) or *f.* (feminine). When a noun ...al, both the masculine and feminine form is given. Irregular ...e indicated. Adjectives ending in **-o** are given in the ...ninine ending (**a**) in parentheses. Verbs are listed in the ...v irregular verb forms presented early in the text. Stem- ...change in parentheses after the infinitive.
...n Spanish: **ch** follows **c**, **ll** follows **l**, **ñ** follows **n**, and **rr**

A

a un, una *art.* (**LP**) (**3.1**)
  a little un poco (**2.3**)
able: to be able poder (ue, u) (**5.2**) *pret.* (**6.3**)
(to) **accept** aceptar (**6.2**)
accident accidente *m.* (**7.3**)
(to) **accompany** acompañar (**7.2**)
active activo(a) (**8.2**)
actor actor *m.* (**4.2**)
actress actriz *f.* (**4.2**)
(to) **affect** afectar (**7.1**)
after después de (**6.3**)
afternoon tarde *f.* (**3.2**)
  in the afternoon por la tarde *(general time)*; de la tarde *(specific time)* (**2.1**)
again otra vez (**8.2**)
age edad *f.* (**4.1**)
agreeable agradable (**6.2**)
aha! ¡ajá! (**LP**)
ahead: straight ahead derecho (**5.1**)
algebra álgebra *m.* (**2.1**)
all todo(a), todos(as) (**7.3**) *pron.* (**2.3**) (**7.3**)
  all day todo el día (**7.1**)
  is that all? ¿es todo? (**8.3**)
also también (**1.3**)
always siempre (**3.3**)
am: I am soy (**1.1**); estoy (**2.2**)
American americano(a) (**1.2**)

amusement park parque de diversiones (**3.2**)
amusing divertido(a) (**2.2**)
an un, una *art.* (**LP**) (**3.1**)
and y (**1.1**), e *(before words beginning with* i *or* hi*)* (**2.2**)
animal animal *m.* (**4.3**)
ankle tobillo *m.* (**7.2**)
another otro(a) (**5.3**)
anything else? ¿algo más? (**8.1**)
appetite apetito *m.* (**8.2**)
appetizers entremeses *m. pl.*, tapas *f. pl. (Spain)* (**8.3**)
apple manzana *f.* (**5.3**)
April abril *m.* (**4.1**)
aquaint: to be acquainted with conocer (**4.2**)
aqueduct acueducto *m.* (**8.3**)
are: *see* (to) **be**
Argentina Argentina *f.* (**1.2**)
arm brazo *m.* (**7.2**)
(to) **arrive** llegar (**6.3**)
art arte *m. f.* (**2.1**)
  art class clase de dibujo (**2.1**)
article artículo *m.* (**4.3**)
artist artista *m. f.* (**4.2**)
as ... as tan ... como (**8.2**)
  as usual como siempre (**7.3**)
(to) **ask for** pedir (i, i) (**5.3**) *pret.* (**7.3**)
aspirin aspirina *f.* (**7.2**)
Asunción Asunción *(capital of Paraguay)* (**1.2**)

*See footnote on page C2.

at . . . *(time)*   a la/las... **(2.1)**
  at first   al principio **(7.2)**
athletic   atlético(a) **(1.3)**
  athletic shoes   zapatos
    deportivos **(5.2)**
(to) **attack**   atacar **(6.3)**
auditorium: school
  auditorium   teatro *m.* **(2.2)**
August   agosto *m.* **(4.1)**
aunt   tía *f.* **(4.1)**
  aunt(s) and uncle(s)   tíos *m.*
    pl. **(4.1)**
author   autor *m.*, autora *f.* **(4.2)**
auto   auto *m.* **(6.3)**
autumn   otoño *m.* **(3.2)**
average   mediano(a) **(1.3)**
away: right away   en seguida **(8.3)**
  to go away   irse **(8.1)**
awful!   ¡fatal! **(1.1)**
  it's awful outside   hace mal
    tiempo **(3.2)**
Aztec   azteca *m. f.* **(6.3)**

B

back   espalda *f.* **(7.2)**
  to come back   volver (ue) **(8.3)**
  to go back   regresar **(6.2)**
backpack   mochila *f.* **(LP)**
bad   mal **(3.2)**, malo(a) **(6.3)**
  not bad   regular **(2.2)**
  the weather is bad   hace mal
    tiempo **(3.2)**
ballet folklórico   ballet folklórico *m.*
  (Mexican folk dance troupe) **(6.1)**
ballpoint pen   bolígrafo *m.* **(LP)**
band   banda *f.* **(6.2)**
bank   banco *m.* **(5.1)**
bargain   oferta *f.* **(3.1)**
base   base *f.* **(7.1)**
baseball   béisbol *m.* **(7.1)**
basketball   baloncesto *m.* **(7.1)**
(to) **bathe**   bañarse **(8.1)**
bathrobe   bata *f.* **(7.3)**
bathroom   baño *m.* **(2.2) (8.2)**
batter *(baseball)*   bateador *m.*,
  bateadora *f.* **(7.1)**
battle   batalla *f.* **(6.3)**
(to) **be**   estar **(2.2)** *pret.* **(8.2)**;
  ser **(1.1)** *pret.* **(6.2)**; sé *imper.* **(7.3)**
  (with *estar*)
    I am   estoy **(2.2)**

you are   estás *(fam. sing.)* **(2.2)**
he/she/it is/you are   está *(form.*
  sing.) **(2.2)**
we are   estamos **(2.2)**
they/you are   están *(pl.)* **(2.2)**
(with *ser*)
  I am   soy **(1.1)**
  he/she/it is/you are   es *(form.*
    sing.) **(1.1)**
  we are   somos **(2.2)**
  they/you are   son *(pl.)* **(2.2)**
  to be from   ser de **(1.2)**
  to be ___ years old   cumplir ___
    años **(4.1)**
  to be ___ years old   tener ___
    años **(4.1)**
beautiful   hermoso(a) **(6.1)**,
  bello(a) **(8.2)**
  how beautiful!   ¡qué guapa! **(8.1)**
because   porque **(6.2)**
bed   cama *f.* **(7.3)**
  to go to bed   acostarse (ue) **(8.1)**
  to stay in bed   guardar cama **(7.2)**
bedroom   cuarto *m.* **(2.3)**, alcoba *f.*,
  dormitorio *m.*, habitación *f.* **(8.2)**
before   antes de **(6.3)**
(to) **begin**   empezar (ie) *pret.* **(7.1)**;
  comenzar (ie) **(7.1)**
behind   detrás de **(5.1) (7.3)**
(to) **believe**   creer *pret.* **(7.1)**
  I believe it!   ¡ya lo creo! **(7.1)**
beside   al lado de **(5.1) (7.3)**
better   mejor **(7.1)**
  better than   mejor(es) que **(8.2)**
between   entre **(5.1) (7.3)**
beware of . . . !   ¡cuidado con...! **(1.2)**
bicycle   bicicleta *f.* **(2.3)**
big   grande **(1.3)**
bill   cuenta *f.* **(5.3)**
birthday   cumpleaños *m.* **(4.1)**
black   moreno(a) **(1.3)**,
  negro(a) **(5.2)**
(to) **block**   bloquear **(7.3)**
  city block   cuadra, manzana *f.* **(5.1)**
blond   rubio(a) **(1.3)**
blouse   blusa *f.* **(5.2)**
blue   azul **(5.2)**
  blue jeans   jeans *m. pl.* **(5.2)**
boat   barco *m.*
  small boat   lancha *f.* **(3.2)**
Bogotá   Bogotá *(capital of*
  Colombia) **(1.2)**

Bolivia Bolivia *f.* (**1.2**)
bonbon bombón *m.* (**7.3**)
book libro *m.* (**LP**)
bookshelf estante (**7.3**)
boots botas *f. pl.* (**5.2**)
bored aburrido(a) (**2.2**)
bouquet of flowers ramo *m.* de flores (**7.3**)
boxing boxeo *m.* (**7.1**)
boy chico *m.* (**1.1**), muchacho *m.* (**4.2**)
Brasilia Brasilia (*capital of Brazil*) (**2.1**)
brave valiente (**6.3**)
bravo! ¡bravo! (**4.1**)
Brazil Brasil *m.* (**2.1**)
bread pan *m.* (**8.1**)
(to) **break** romper (**4.1**)
breakfast desayuno *m.* (**6.3**)
   to eat breakfast desayunar (**8.1**)
bride novia *f.* (**4.2**)
(to) **bring** traer (**5.3**)
broken roto(a) (**7.2**)
brother hermano *m.* (**4.1**)
   brother(s) and sister(s) hermanos *m. pl.* (**4.1**)
   stepbrother hermanastro *m.* (**4.2**)
brown marrón (*pl.* marrones) (**5.2**)
(to) **brush** cepillarse
   to brush one's teeth lavarse los dientes (**8.1**)
Buenos Aires Buenos Aires (*capital of Argentina*) (**1.2**)
bus autobús *m.* (*pl.* autobuses) (**3.2**), camión *m.* (*México*) (**6.3**)
busy ocupado(a) (**4.3**)
but pero (**3.1**)
butter mantequilla (**8.1**)
(to) **buy** comprar (**3.2**)

~~~~~ C ~~~~~

cafeteria cafetería *f.* (**2.2**)
café café *m.* (**3.1**)
cake pastel *m.* (**4.3**)
   sponge cake bizcocho *m.* (**5.3**)
(to) **call** llamar (**5.2**)
   call off cancelar (**8.1**)
   to call a foul cobrar una falta (**7.1**)
calmly con calma (**8.3**)
(to) **cancel** cancelar (**8.1**)
candy dulce *m.*

chocolate covered candy bombón *m.* (**7.3**)
capital capital *f.* (**1.2**)
car coche *m.* (**3.3**), carro *m.* (**6.3**), auto *m.* (**6.3**)
   by car en coche (**3.3**)
Caracas Caracas (*capital of Venezuela*) (**1.2**)
card tarjeta *f.* (**7.3**)
   report card boleta *f.* (**2.1**)
carefully cuidadosamente (**8.1**), con cuidado (**8.3**)
   to be careful tener cuidado (**7.3**)
carpet alfombra *f.* (**8.2**)
carriage carruaje *m.*
   horse-drawn carriage calandria *f.* (**6.3**)
(to) **carry** llevar (**5.2**)
cast yeso *m.* (*for broken arm or leg*) (**7.3**)
castle castillo *m.* (**8.3**)
catcher (*baseball*) receptor *m.*, receptora *f.* (**7.1**)
CD-ROM *see* compact disc
CD player reproductor de CD-ROM *m.* (**2.2**)
(to) **celebrate** celebrar (**4.1**)
center centro *m.* (**3.1**)
century siglo *m.* (**8.3**)
chair silla *f.* (**LP**)
   easy chair sillón *m.* (**7.3**)
chalk tiza *f.* (**LP**)
chalkboard pizarra *f.* (**LP**)
(to) **change** cambiar (**5.1**)
charming simpático(a) (**1.3**)
(to) **chat** charlar (**4.3**)
check cheque *m.* (**5.1**); cuenta (*bill*) *f.* (**5.3**)
   traveler's check cheque de viajero (**5.1**)
cheese queso *m.* (**5.3**)
chemistry química *f.* (**2.1**)
chest pecho *m.* (**7.2**)
   chest of drawers cómoda *f.* (**7.3**)
chicken pollo *m.* (**8.3**)
   fried chicken pollo frito (**8.3**)
child niño *m.*, niña *f.* (**3.2**)
children hijos *m. pl.* (**4.1**)
   children's rides juegos infantiles *m. pl.* (**3.2**)
Chile Chile *m.* (**1.2**)
chocolate chocolate *m.*

chocolate covered candy bombón *m.* (**7.3**)

church iglesia *f.* (**5.1**)

Cinderella La Cenicienta (**6.2**)

city ciudad *f.* (**8.2**)

class clase *f.* (**LP**)

classroom sala *f.* (**2.2**)

(to) **clean** limpiar (**2.3**)

(to) **climb** subir (**3.2**)

clock reloj *m.* (**2.1**)

(to) **close** cerrar (ie) (**7.2**)

closet armario *m.* (**7.3**)

clothes ropa *f.* (**5.2**)

    to put on (*clothes*) ponerse (**8.1**)

    to take off (*clothes*) quitarse (**8.1**)

coach entrenador *m.*, entrenadora *f.* (**7.1**)

coffee café *m.* (**5.3**)

cold frio

    it's cold hace frío (**3.2**)

    to be (*feel*) **cold** tener frío (**5.3**)

collector coleccionador *m.*, coleccionadora *f.* (**3.1**)

collide chocar (**7.2**)

Colombia Colombia *f.* (**1.2**)

comb peine *m.*

    to comb one's hair peinarse (**8.1**)

(to) **come** venir (ie, i) *pret.* (**4.2**) (**6.3**)

    to come back volver (ue) (**8.3**)

comfortable cómodo(a) (**8.2**)

(to) **communicate** comunicarse (**7.1**) (**7.3**)

competition competencia *f.* (**7.1**)

composition composición *f.* (**5.1**)

compact disc disco compacto *m.* (**2.2**)

computer computadora *f.* (**2.1**)

    computer (class) (clase de) computación *f.* (**2.1**)

concert concierto *m.*

    rock concert concierto *m.* de rock (**3.3**)

congratulations! ¡felicidades! (**4.1**)

(to) **conquer** conquistar (**6.3**)

constantly constantemente (**8.1**)

(to) **construct** construir (**8.3**)

(to) **continue** seguir (i,i) (**5.3**)

contrary contrario

    on the contrary al contrario (**1.3**)

cook cocinero *m.*, cocinera *f.* (**4.2**)

cool fresco(a) (**3.2**)

    it's cool (out) hace fresco (**3.2**)

corner esquina *f.* (**5.1**)

cosmetics and perfume department perfumería *f.* (**5.2**)

(to) **cost** costar (ue) (**5.2**)

(to) **count** contar (ue) (**5.2**)

course: of course! ¡claro que sí! (**2.2**), ¡por supuesto! (**4.1**)

cousin primo *m.*, prima *f.*, primos *m. pl.* (**4.1**)

(to) **criticize** criticar (**7.1**)

(to) **cross** cruzar (**5.1**)

    upon crossing al cruzar (**5.1**)

crutches muletas *f. pl.* (**7.2**)

cup taza *f.* (**8.1**)

(to) **cut** cortar (**4.3**)

cycling ciclismo *m.* (**7.1**)

D

dad papá *m.* (**4.1**)

dance baile *m.* (**2.3**)

    traditional dance ballet *m.* folklórico (**6.1**)

    (to) **dance** bailar (**3.1**)

dark oscuro *m.*

    dark-complexioned moreno(a) (**1.3**)

    dark-haired moreno(a) (**1.3**)

date (*on the calendar*) fecha *f.* (**4.1**)

    what's the date today? ¿qué fecha es hoy? (**4.1**)

    what's today's date? ¿cuál es la fecha de hoy? (**4.1**)

daughter hija *f.* (**4.1**)

    daughter(s) and son(s) hijos *m. pl.* (**4.1**)

day día *m.*

    all day todo el día (**7.1**)

    every day todos los días (**3.3**)

December diciembre *m.* (**4.1**)

(to) **decide** decidir (**7.3**)

delicious delicioso(a) (**4.3**), rico(a) (**3.3**) (**5.3**), sabroso(a) (**8.2**)

delighted encantado(a) (**1.2**)

demanding exigente (**1.3**)

department(s) (*in a department store, etc.*) departamento(s) *m.* (**5.2**)

    children's departamento de niños (**5.2**)

    electronics department departamento de electrónica (**5.2**)

housewares departamento del hogar (**5.2**)

jewelry department or store joyería *f.* (**5.2**)

men's departamento de caballeros (**5.2**)

perfume and cosmetics department perfumería *f.* (**5.2**)

sports departamento de deportes (**5.2**)

teens', young people's departamento de jóvenes (**5.2**)

women's departamento de señoras/mujeres (**5.2**)

department store almacén (*pl.* almacenes) *m.* (**5.1**)

(to) **desire** desear (**5.3**)

desk escritorio *m.* (**LP**)

student desk pupitre *m.* (**LP**)

dessert postre *m.* (**8.2**)

detail detalle *m.* (**7.2**)

dictionary diccionario *m.* (**2.1**)

did you (they) . . . ? ¿hicieron...? *(pl.)* (**5.3**)

(to) **die** morir (ue, u) (**6.3**)

difficult difícil (**2.2**)

dinner cena *f.* (**6.3**)

to eat dinner cenar (**8.2**)

to fix dinner hacer la comida (**3.3**)

dining room comedor *m.* (**8.2**)

director director *m.*, directora *f.* (**1.1**)

directory directorio *m.*

telephone directory guía *f.* telefónica (**4.2**)

disagreeable antipático(a) (**2.2**)

discotheque discoteca *f.* (**3.3**)

(to) **discover** descubrir (**6.3**)

diskette diskette *m.* (**2.2**)

disorganized desorganizado(a) (**1.3**)

divorced divorciado(a) (**4.2**)

(to) **do** hacer (**2.3**) *pres.* (**5.1**) *pret.* (**6.2**), haz *imper.* (**7.3**)

doctor doctor (Dr.) *m.*, doctora (Dra.) *f.* (**1.1**) (**4.2**), médico *m.*, médica *f.* (**4.2**)

dog perro *m.* (**1.3**)

dollar dólar *m.* (**5.1**)

done hecho

well done! ¡bien hecho! (**7.1**)

door puerta *f.* (**LP**)

downhill skiing esquí alpino (**7.1**)

downtown centro *m.* (**3.1**)

dozen docena *f.* (**6.1**)

drama teatro *m.* (**2.1**)

(to) **draw** hacer dibujos (**4.3**)

drawers cajones *m. pl.*

chest of drawers cómoda *f.* (**7.3**)

drawing dibujo *m.* (**4.3**)

dream sueño *m.*

to dream (about) soñar(ue) (con) (**8.3**)

dress vestido *m.* (**5.2**)

to dress vestir (i, i) (**5.3**)

to get dressed vestirse (i, i) (**8.1**)

(to) **drink** beber (**2.3**), tomar *infin.* (**3.1**) *pres.* (**3.2**) (**5.1**)

soft drink refresco *m.* (**2.3**)

driver chofer *m. f.* (**6.3**)

during durante (**7.1**)

~~~~~ **E** ~~~~~

ear oreja *f.* (**7.2**)

inner ear oído *m.* (**7.2**)

early temprano (**8.1**)

easily fácilmente (**8.1**)

easy fácil (**2.2**)

easy chair sillón *m.* (**7.3**)

(to) **eat** comer (**2.3**) (**3.2**), tomar *infin.* (**3.1**) *pres.* (**3.2**) (**5.1**)

to eat breakfast desayunar (**8.1**)

to eat dinner cenar (**8.2**)

to eat lunch almorzar (ue) (**5.3**)

Ecuador Ecuador *m.* (**1.2**)

education educación *f.*

physical education educación física (**2.1**)

egg huevo *m.* (**8.1**)

eighth octavo(a) (**5.2**)

elegant elegante (**1.3**)

embarrassing: how embarrassing! ¡qué vergüenza! (**7.3**)

emphasis énfasis

with emphasis con énfasis (**5.3**)

end fin *m.* (**3.3**)

enemy enemigo *m.*, enemiga *f.* (**6.3**)

English inglés *m.* (**2.1**)

(to) **enjoy** encantar (**3.1**) (**5.2**)

I enjoy me encanta(n) (**3.1**)

you enjoy te encanta(n) *(fam. sing.)* (**3.1**)

he/she/it/you enjoy(s) le encanta(n) *(form. sing.)* (**3.1**)

I would enjoy me encantaría **(3.1)**

you would enjoy te encantaría *(fam. sing.)* **(3.1)**

he/she/it/you would enjoy le encantaría *(form. sing.)* **(3.1)**

enormous enorme **(6.1)**

(to) **enter** entrar **(6.2)**

entertainer artista *m. f.* **(4.2)**

equipment equipo *m.*

stereo equipment equipo *m.* **(7.2)**

eraser borrador *m.* **(LP)**

evening: good evening buenas noches **(1.1)**

in the evening por la noche *(general time)*, de la noche *(specific time)* **(2.1)**

every day todos los días **(3.3)**

everyone todos *pron.* **(2.3)**

everything todo *pron.* **(7.3)**

exam examen *m.* **(2.3)**

(to) **examine** examinar **(7.1)**

example ejemplo *m.*

for example por ejemplo **(5.2)**

excellent excelente **(2.2)**

(to) **exchange** *(money)* cambiar **(5.1)**

excursion excursión *f.* **(6.1)**

excuse me perdón **(1.1)**, con permiso **(4.2)**

(to) **exercise** hacer ejercicio **(4.3)**

exhibition exhibición *f.* **(6.1)**

(to) **exist** vivir **(1.1)**

expensive caro(a) **(5.2)**

(to) **experiment** experimentar **(7.2)**

(to) **explain** explicar **(5.3)**

(to) **explore** explorar **(8.2)**

extroverted extrovertido(a) **(1.3)**

eye ojo *m.* **(7.2)**

∼∼∼ F ∼∼∼

fabulous fabuloso(a) **(6.1)**

face cara *f.* **(7.2)**

facing enfrente de **(5.1) (7.3)**

fairy godmother hada madrina *f.* **(6.2)**

fairy tales cuentos de hadas **(6.2)**

family familia *f.* **(4.1)**

family room sala de familia **(8.2)**

fan aficionado *m.,* aficionada *f.* **(7.1)**

fantastic fantástico(a) **(2.2)**

far lejos **(5.1)**

far from lejos de **(5.1) (7.3)**

farwell despedida *f.* **(1.1)**

farmer agricultor *m.,* agricultora *f.* **(4.2)**

fascinating fascinante **(8.3)**

father padre *m.* **(4.1)**

father and mother padres *m. pl.* **(4.1)**

stepfather padrastro *m.* **(4.2)**

fat gordo(a) **(1.3)**

February febrero *m.* **(4.1)**

(to) **feel** sentir (ie, i) **(7.2)**

Ferris wheel rueda *f.* de fortuna **(3.2)**

fever fiebre *f.* **(7.2)**

fiancée novia *f.* **(4.1)**

field campo *m.* **(7.1)**

football field campo de fútbol **(7.1)**

soccer field campo de fútbol **(7.1)**

track and field atletismo *m.* **(7.1)**

fielder *(baseball)* guardabosques *m. f.,* jardinero *m.,* jardinera *f.* **(7.1)**

fifth quinto(a) **(5.2)**

film película *f.* **(2.3)**

(to) **find** encontrar (ue) **(5.2)**

fine bien **(1.1)**

fine, and you? bien, ¿y tú? *(fam. sing.)* **(1.1)**

fine, thank you bien, gracias **(1.1)**

finger dedo *m.* **(7.2)**

(to) **finish** terminar **(7.1)**

fire fighter bombero *m.* **(4.2)**

first primero(a), primer **(5.2)**

at first al principio **(7.2)**

first-class, first-rate de primera **(7.1)**

fish *(as food)* pescado *m.* **(8.3)**

(to) **fix** arreglar

to fix dinner hacer la comida **(3.3)**

flight vuelo *m.* **(6.1)**

floor *(of a building)* piso *m.,* planta *f.* **(5.2)**

ground floor planta baja **(5.2)**

floppy *see* diskette

flowers flores *f. pl.*

bouquet of flowers ramo *m.* de flores **(7.3)**

(to) **fly** volar (ue) **(6.1)**

folder carpeta *f.* **(LP)**

(to) **follow** seguir (i,i) **(5.3)**

food comida *f.* **(2.3)**

foolish tonto(a) **(1.3)**

foot   pie *m.* **(7.2)**
   on foot   a pie **(3.3)**
football   fútbol americano **(7.1)**
   football player   futbolista *m.*
     f. **(4.2)**
   football field   campo de
     fútbol **(7.1)**
for   por **(1.2)**; para **(2.3) (3.1) (5.3)**
   intended for   para **(2.3) (3.1) (5.3)**
forest   bosque *m.* **(3.2)**
(to) **forget**   olvidar **(8.2)**
(to) **forgive**   perdonar
   forgive me   perdón **(1.1)**
fork   tenedor *m.* **(8.1)**
formally   formalmente **(8.1)**
fortress   alcázar *m.* **(8.2)**
foul *(soccer)*   falta *f.* **(7.1)**
   to call a foul   cobrar una falta **(7.1)**
fountain   fuente *f.* **(5.1)**
fourth   cuarto(a) **(5.2)**
free   libre **(5.3)**
French   francés *m.* **(2.1)**
   french fries   papas/patatas
     fritas **(5.3)**
frequently   frecuentemente **(3.3)**
Friday   viernes *m.* **(2.1)**
fried   frito(a) **(5.3)**
   fried chicken   pollo frito **(8.3)**
friend   amigo *m.*, amiga *f.* **(1.1)**
fries: french fries   papas/patatas
   fritas **(5.3)**
from   de **(1.2)**
   from the + *m. sing. noun*   del (de
     + el) + *m. sing. noun* **(4.2)**
   from where?   ¿de dónde? **(1.2)**
     (4.2)
   to be from   ser de **(1.2)**
front   frente *f.*
   in front of   delante de **(7.3)**
fruit   fruta *f.* **(8.2)**
(to) **fry**   freír **(8.3)**
frying pan   sartén *f.* **(8.3)**
(to have) **fun**   divertirse **(8.1)**
funny   cómico(a) **(1.3)**,
   divertido(a) **(2.2)**
furious   furioso(a) **(4.3)**
furniture   muebles *m. pl.* **(8.2)**

〰〰〰 **G** 〰〰〰

game   juego *m.* **(3.3)**; partido *m.*
   (sports) **(7.1)**

garage   garaje *m.* **(8.2)**
garlic   ajo *m.* **(8.3)**
gazpacho   gazpacho *m. (cold pureed*
   vegetable soup from Spain) **(8.3)**
generous   generoso(a) **(1.3)**
geography   geografía *f.* **(2.1)**
(to) **get**   conseguir (i, i) **(5.3)**
   to get up   levantarse **(8.1)**
gift   regalo *m.* **(5.1)**
girl   chica *f.* **(1.1)**, muchacha *f.* **(4.2)**
girlfriend   novia *f.* **(5.1)**
(to) **give**   dar **(5.1)** *pret.* **(6.2)**
gladly   alegremente **(8.1)**
glass   vaso *m.* **(8.1)**
   wine glass   copa *f.* **(8.1)**
(to) **go**   ir **(2.3)** *pret.* **(6.2)**, irse
   (8.1), ve *imper.* **(7.3)**
   I go   voy **(2.3)**
   you go   vas *(fam. sing)* **(2.3)**
   he/she/it goes, you go   va *(form.*
     sing.) **(2.3)**
   we go   vamos **(2.3)**
   they/you go   van *pl.* **(2.3)**
   let's go   vamos **(3.1)**
   to go away   irse **(8.1)**
   to go back   regresar **(6.2)**
   go to the movies   ir al cine **(3.1)**
   to go out   salir **(2.3) (5.1)**
   to go shopping   ir de
     compras **(3.1)**
goal *(soccer)*   gol *m.* **(7.1)**
   to score a goal   meter un gol **(7.1)**
   goalie (goalkeeper)   arquero *m.*,
     arquera *f.* **(7.3)**
goblet   copa *f.* **(8.1)**
God   Dios *m. (pl.* dioses) **(6.3)**
   my God!   ¡Dios mío! **(7.1)**
godmother   madrina *f.*
   fairy godmother   hada madrina
     f. **(6.2)**
goes: he/she/it goes   va **(2.3)**
golf   golf *m.* **(7.1)**
good   bueno(a) **(2.2)**, buen **(3.2)**
   good!   ¡qué bien! **(3.2)**
   good afternoon   buenas
     tardes **(1.1)**
   good day   buenos días **(1.1)**
   good evening   buenas noches **(1.1)**
   good morning   buenos días **(1.1)**
   good night   buenas noches **(1.1)**
   to have a good time   divertirse
     (ie, i) **(8.1)**

good-bye adiós **(1.1)**, hasta
luego **(1.1)**, despedida *f.* **(1.1)**
  see you tomorrow hasta
mañana **(1.1)**
good-looking guapo(a) **(1.3)**
gosh: my gosh! ¡Dios mío! **(7.1)**
grade nota *f.* **(7.1)**
  to grade calificar **(2.3) (3.2)**
grandchildren nietos *m. pl.* **(4.1)**
granddaughter nieta *f.* **(4.1)**
grandfather abuelo *m.* **(4.1)**
grandmother abuela *f.* **(4.1)**
grandparents abuelos *m. pl.* **(4.1)**
grandson nieto *m.* **(4.1)**
gray gris **(5.2)**
great! ¡estupendo! **(1.1)**
green verde **(5.2)**
greeting saludo *m.* **(1.1)**
groom novio *m.* **(4.2)**
ground floor planta baja **(5.2)**
guard *(soccer)* defensor *m.*,
defensora *f.* **(7.1)**
guitar guitarra *f.* **(5.1)**
gym class gimnasia *f.* **(2.1)**
gymnasium gimnasio *m.* **(2.2)**
gymnastics gimnasia artística **(7.1)**

~~~~~~~ H ~~~~~~~

hair pelo *m.* **(7.2)**
  to comb one's hair peinarse **(8.1)**
  to wash one's hair lavarse el
pelo **(8.1)**
half medio(a) **(5.1)**
  half past . . . *(time)* ...y media **(2.1)**
hall pasillo *m.* **(2.2) (8.2)**
ham jamón *(pl.* jamones) *m.* **(5.3)**
hamburger hamburguesa *f.* **(5.3)**
hand mano *f.* **(7.2)**
handicrafts artesanía *f.* **(6.1)**
handsome guapo(a) **(1.3)**
happen: what happened? ¿qué
pasó? **(6.3)**
happy contento(a) **(4.3)**, feliz *(pl.*
felices) **(8.2)**
hard duro(a) *m. f.* **(8.2)**
hard disk disco duro / rígido *m.* **(2.2)**
hardly apenas **(7.2)**
hardware hardware *m.* **(2.2)**
hat sombrero *m.* **(5.2)**
(to) have tener *sing.* **(2.1),** *pl.* **(2.3)**
pret. **(6.3),** ten *imper.* **(7.3)**

I have tengo **(2.1)**
you have tienes *(fam. sing.)* **(2.1)**
he/she/it has/you have tiene
(form. sing.) **(2.1)**
we have tenemos **(2.3)**
they/you have tienen *(pl.)* **(2.3)**
to have to *(+ inf.)* tener que
(+ inf.) **(2.3)**
he él *pron.* **(1.1)**
head cabeza *f.* **(7.2)**
headache dolor de cabeza **(7.2)**
header *(soccer shot)* cabezazo *m.*
(7.1)
headphones audífonos *m. pl.* **(2.1)**
(7.2)
(to) hear oír *(pret.)* **(7.1)**
heat calor *m.* **(3.2)**
hello! ¡hola! **(1.1)**
(to) help ayudar **(6.2)**
her su, sus *(sing., pl.)* **(4.1)**
  to/for her le *indir. obj. pron.* **(3.1)**
here aquí **(3.1)**
  around here por aquí **(8.3)**
heroine heroína *f.* **(6.3)**
hero héroe *m.* **(6.3)**
herself se *refl. pron.* **(8.1)**
hey! ¡caramba! **(LP)**, ¡oye! **(2.1)**
high alto *f.*
  high jump salto *m.* de altura **(7.1)**
  high school escuela
secundaria **(2.2)**
him lo *dir. obj. pron.* **(7.2)**
  to/for him le *indir. obj. pron.* **(3.1)**
himself se *refl. pron.* **(8.1)**
Hispanic hispano(a) **(4.3)**
history historia *f.* **(2.1)**
his su, sus *(sing., pl.)* **(4.1)**
homework tarea *f.* **(2.3)**
  to do homework hacer la tarea
(2.3)
hooray! ¡bravo! **(4.1)**
hors d'oeuvres entremeses *m. pl.*,
tapas *f. pl. (Spain)* **(8.3)**
horse caballo *m.*
  horse-drawn carriage calandria *f.*
(6.3)
hospital hospital *m.* **(7.1)**
hot caliente **(5.3)**
  it's hot hace calor **(3.2)**
  to be hot tener calor *(physical
condition)* **(5.3)**, hacer calor
(weather) **(3.2)**

hotel hotel *m.* (**5.1**)
hour hora *f.* (**2.1**)
house casa *f.* (**2.3**)
how? ¿cómo? (**4.2**)
  how are you? ¿cómo estás? *(fam. sing.)* / ¿cómo está usted? *(form. sing.)* (**1.1**)
  how much? ¿cuánto(a)? (**4.1**)
  how many? ¿cuántos(as)? (**4.2**)
  how! ¡qué! (**4.2**)
  how beautiful! ¡qué guapa! (**8.1**)
  how handsome! ¡qué guapo! (**8.1**)
  how embarrassing! ¡qué vergüenza! (**7.3**)
  how ridiculous! ¡qué ridículo! (**4.3**)
  how silly! ¡qué ridículo! (**4.3**)
  how strange! ¡qué raro! (**4.1**)
  how's it going? ¿qué tal? (**1.1**)
huge enorme (**6.1**)
hunger hambre *f.*
  to be hungry tener hambre (**5.3**)
hurry: to be in a hurry tener prisa (**5.3**)
hurt lastimado(a) (**7.1**)
  to hurt doler (ue, o) (**7.2**)
husband esposo *m.* (**4.1**)
  husband and wife esposos *m. pl.* (**4.1**)

I

I yo (**1.1**)
ice hielo *m.*
  ice cream helado *m.* (**3.2**)
impatiently impacientemente (**8.1**)
impressive impresionante (**4.3**)
in en (**LP**) (**7.3**)
  in front of enfrente de (**5.1**) (**7.3**)
  in the afternoon por la tarde *(general time)*, de la tarde *(specific time)* (**2.1**)
  in the evening por la noche *(general time)*, de la noche *(specific time)* (**2.1**)
  in the morning por la mañana *(general time)*, de la mañana *(specific time)* (**2.1**)
Indian *see* **Native American**
instrument intrumento *m.*

to play a musical instrument tocar un instrumento (**4.3**)
intelligent inteligente (**1.3**)
interesting interesante (**1.3**)
interview entrevista *f.* (**3.2**)
to get into subir (**3.2**)
(to) introduce presentar
  I want to introduce you to . . . quiero presentarte *(fam.)* a... / quiero presentarle *(form.)* a... (**1.2**)
invitation invitación *f. (pl.* invitaciones) (**5.2**)
(to) invite invitar (**7.2**)
  invited invitado(a) *m. f.* (**6.2**)
is: it is . . . *(time)* son la/las... (**2.1**)
  where is . . . ? ¿dónde está...? (**1.2**)
  isn't that so? ¿verdad? (**1.3**)
  see (to) **be**
it lo *m.*, la *f. dir. obj. pron.* (**7.2**)

J

jacket chaqueta *f.* (**5.2**)
jai alai jai alai *m.* (**7.1**)
jam mermelada *f.* (**8.1**)
January enero *m.* (**4.1**)
jeans: blue jeans jeans *m. pl.* (**5.2**)
jewelry joyería *f.* (**5.2**)
  jewelry department or store joyería *f.* (**5.2**)
(to) jog correr (**2.3**) (**3.2**)
joyfully alegremente (**8.1**)
July julio *m.* (**4.1**)
(to) jump saltar (**7.1**)
  high jump salto *m.* de altura (**7.1**)
June junio *m.* (**4.1**)

K

karate karate *m.* (**2.3**)
keyboard teclado *m.* (**2.1**)
(to) kick patear (**7.1**)
kilo kilo *(weight)* (**6.1**)
kind: you're so kind! ¡qué amable eres! (**7.3**)
king rey *m.* (**6.3**) (**8.2**)
kitchen cocina *f.* (**8.2**)
knee rodilla *f.* (**7.2**)
knife cuchillo *m.* (**8.1**)
(to) know conocer (**4.2**)
  saber (**5.1**)

L

La Paz La Paz *(administrative capital of Bolivia)* **(1.2)**
laboratory laboratorio *m.* **(2.2)**
lacking: to be lacking faltar **(8.1)**
lake lago *m.* **(3.2)**
lamp lámpara *f.* **(7.3)**
large grande **(1.3)**
laser printer impresora láser *f.* **(2.1)**
last último(a) **(7.1)**
  at last! ¡por fin! **(2.1) (4.3)**
  last name apellido *m.* **(4.1)**
  last night anoche **(6.1)**
  last week la semana pasada **(6.1)**
late tarde *adv.* **(2.2)**
later después
  see you later hasta luego **(1.1)**
lawyer abogado *m.*, abogada *f.* **(4.2)**
league liga *f.* **(7.1)**
  major leagues grandes ligas **(7.1)**
  minor leagues ligas menores **(7.1)**
(to) learn aprender **(6.2)**
(at) least por lo menos **(7.3)**
(to) leave salir **(2.3) (5.1)**, sal *imper.* **(7.3)** irse **(8.1)**
  leave-taking despedida *f.* **(1.1)**
left izquierda *f.* **(5.1)**
  left side izquierda *f.* **(5.1)**
  to/on the left a la izquierda **(5.1) (7.3)**
  to be left quedar **(5.1)**
legend leyenda *f.* **(6.3)**
legumes legumbres *f. m. pl.* **(8.3)**
leg pierna *f.* **(7.2)**
lemonade limonada *f.* **(5.3)**
less menos **(2.1)**
  less . . . than menos ... que **(8.2)**
lesson lección *f. (pl.* lecciones) **(LP)**
letter carta *f.* **(2.3)**
lettuce lechuga *f.* **(8.1)**
library biblioteca *f.* **(2.2)**
like: to like gustar **(3.1) (5.2)**
  I like me gusta(n) **(3.1)**
  you like te gusta(n) *(fam. sing.)* **(3.1)**
  he/she/it/you like(s) le gusta(n) *(form. sing.)* **(3.1)**
  I would like me gustaría **(3.1)**
  you would like te gustaría *(fam. sing.)* **(3.1)**
  he/she/it/you would like le gustaría *(form. sing.)* **(3.1)**
  to one's liking al gusto **(8.3)**
  Would you like to . . . ? ¿Te gustaría...? *(fam. sing.)* **(6.2)**
like: to really like encantar **(3.1) (5.2)**
  I really like me encanta(n) **(3.1)**
  you really like te encanta(n) *(fam. sing.)* **(3.1)**
  he/she/it/you really like(s) le encanta(n) *(form. sing.)* **(3.1)**
  I would really like me encantaría **(3.1) (6.2)**
  you would really like te encantaría *(fam. sing.)* **(3.1) (6.2)**
  he/she/it/you would really like le encantaría *(form. sing.)* **(3.1) (6.2)**
likewise igualmente **(1.2)**
Lima Lima *(capital of Perú)* **(1.2)**
list lista *f.* **(LP)**
(to) listen escuchar **(3.1) (3.2)**
  listen! ¡oye! **(2.1)**
literature literatura *f.* **(2.1)**
little pequeño(a) **(4.1)**
  a little un poco **(2.3)**
(to) live vivir **(1.1)**
living room sala *f.* **(8.2)**
long largo(a) **(5.2)**
look out for . . . ! ¡cuidado con...! **(1.2)**
  to look at mirar **(2.3)**
  to look for buscar **(5.3)**
(to) lose perder (ie) **(7.1)**
lot: a lot mucho **(3.1)**
(to) love amar
  I would love to me encantaría **(6.2)**
  to fall in love (with) enamorarse (de) **(6.3)**
lovely lindo(a) **(7.1)**
lower bajar **(7.2)**
luck suerte *f.*
  what bad luck! ¡qué mala suerte! **(4.3)**
lunch almuerzo *m.* **(2.1) (5.3) (6.3)**
  to eat lunch almorzar (ue) **(5.3)**

M

magazine revista *f.* **(7.3)**
major leagues grandes ligas **(7.1)**

(to) **make** hacer **(2.3)** *pres.* **(5.1)** *pret.* **(6.2)**, haz *imper.* **(7.3)**

makeup maquillaje *m.*
  to put on makeup pintarse **(8.1)**

many: how many? ¿cuántos(as)? **(4.2)**

map mapa *m.* **(2.1)**

March marzo *m.* **(4.1)**

mariachi mariachi *m. (Mexican band of strolling musicians playing string and brass instruments)* **(6.1)**

market mercado *m.* **(6.1)**

marmalade mermelada *f.* **(8.1)**

married casado(a) **(4.2)**

match *(sports)* partido *m.* **(7.1)**
  it doesn't match *(clothes)* no combina bien **(5.3)**

maternal materno(a) **(4.1)**

mathematics matemáticas *f. pl.* **(2.1)**

matter: what's the matter? ¿qué pasa? **(3.1)**

May mayo *m.* **(4.1)**

mayonnaise mayonesa *f.* **(8.1)**

me me *dir. obj. pron.* **(7.2)**
  to/for me me *indir. obj. pron.* **(3.1)**
  with me conmigo **(6.2)**

meal comida *f.* **(2.3)**
  to prepare a meal hacer la comida **(3.3)**

meatball albóndiga *f.* **(8.3)**

(to) **meet** encontrar (ue) **(5.2)**
  (I'm) pleased to meet you es un placer, mucho gusto **(1.2)**

melon melón *(pl.* melones) *m.* **(5.3)**

menu carta *f.* **(5.3)**

merry-go-round carrusel *m.* **(3.2)**

meexican folkdance troup ballet *m.* folklorico **(6.1)**

midday mediodía *m.* **(2.1)**

midnight medianoche *f.* **(2.1)**

mile milla *f.* **(1.1)**

milk leche *f.* **(5.3)**

mineral water agua mineral **(5.3)**

minor leagues ligas menores **(7.1)**

minus menos **(2.1) (8.2)**

mirror espejo *m.* **(8.1)**

Miss señorita (Srta.) *f.* **(1.1)**

(to) **miss** extrañar **(7.2)**
  to be missing faltar **(8.1)**

modem módem *m.* **(2.2)**
  fax / modem fax / módem **(2.2)**

modern moderno(a) **(6.3)**

modest modesto(a) **(1.3)**

mom mamá *f.* **(4.1)**

Monday lunes *m.* **(2.1)**

money dinero *m.* **(5.1)**

monitor monitor *m. (computers)* **(2.2)**

Montevideo Montevideo *(capital of Uruguay)* **(1.2)**

month mes *m.* **(4.1)**

monument monumento *m.* **(3.1)**

more más **(2.1) (8.2)**
  more . . . than más ... que **(8.2)**

morning mañana *f.* **(2.1)**
  in the morning de la mañana *(specific time)* **(2.1)**, por la mañana *(general time)* **(2.1)**
  this morning esta mañana **(7.2)**

mother madre *f.* **(4.1)**
  mother and father padres *m. pl.* **(4.1)**
  stepmother madrastra *f.* **(4.2)**

motorcycle moto, motocicleta *f.* **(6.3)**

mouse ratón *m. (computers)* **(2.1)**
  mouse pad almohadilla (para el ratón) *f.* **(2.1)**

mouth boca *f.* **(7.2)**

(to) **move** mover (ue) **(7.3)**

moved emocionado(a) **(4.3)**

movie película *f.* **(2.3)**
  go to the movies ir al cine **(3.1)**
  movie theater cine *m.* **(3.1)**

moving emocionante **(3.2)**

Mr. señor (Sr.) *m.* **(1.1)**

Mrs. señora (Sra.) *f.* **(1.1)**

much mucho **(3.1)**
  how much? ¿cuánto(a)? **(4.1)**
  too much demasiado(a) **(6.2)**

mural mural *m.* **(6.1)**

muralist muralista *m. f.* **(6.2)**

museum museo *m.* **(3.1)**

music música *f.* **(2.1)**
  to play a musical instrument tocar un instrumento **(4.3)**

musician músico *m.,* música *f.* **(4.2)**

mustard mostaza *f.* **(8.1)**

my mi, mis **(1.1) (4.1)**
  my gosh!, my God! ¡Dios mío! **(7.1)**

myself me *refl. obj. pron.* **(8.1)**

～～～ N ～～～

name nombre *m.* **(4.1)**
　his/her/your name is se llama *(form. sing.)* **(1.2)**
　last name apellido *m.* **(4.1)**
　my name is me llamo, mi nombre es **(1.2)**
　to be named llamarse **(1.2)**
　what's your name? ¿cómo te llamas? *(fam. sing.)* / ¿cómo se llama? *(form. sing.)* **(1.2)**
　your name is te llamas *(fam. sing.)* **(1.2)**
napkin servilleta *f.* **(8.1)**
Native American indígena **(6.3)**
natural sciences ciencias naturales *f. pl.* **(2.1)**
near cerca de **(5.1)** **(7.3)**
neck cuello *m.* **(7.2)**
neither . . . nor ni ... ni **(1.3)**
nephew sobrino *m.* **(4.1)**
　nephew(s) and niece(s) sobrinos *m. pl.* **(4.1)**
nervous nervioso(a) **(1.3)**
never nunca **(3.3)**
new nuevo(a) **(4.2)**
newspaper periódico *m.* **(3.2)**
next to al lado de **(5.1)** **(7.3)**
nice agradable **(6.2)**, simpático(a) **(1.3)**
　it's nice out hace buen tiempo **(3.2)**
nickname sobrenombre *m.* **(4.1)**
niece sobrina *f.* **(4.1)**
　niece(s) and nephew(s) sobrinos *m. pl.* **(4.1)**
night noche *f.*
　last night anoche **(6.1)**
　good night buenas noches **(1.1)**
nightstand mesita *f.* **(7.3)**
ninth noveno(a) **(5.2)**
no no **(LP)**
　no one nadie **(3.3)**
nobody nadie **(3.3)**
nonsense: what nonsense! ¡qué barbaridad! **(6.3)**
noon mediodía *m.* **(2.1)**
nose nariz *f.* **(7.2)**
not bad regular **(2.2)**
　why not? ¿cómo no? **(6.2)**
notebook cuaderno *m.* **(LP)**

nothing nada **(3.3)**
novel novela *f.* **(3.1)**
November noviembre *m.* **(4.1)**
now ahora **(1.3)**
number número *m.* **(2.1)**
nurse enfermero *m.*, enfermera *f.* **(4.2)**

～～～ O ～～～

obligated: to be obligated *(to do something)* deber **(5.1)**
(to) obtain conseguir (i, i) **(5.3)**
October octubre *m.* **(4.1)**
of course! ¡claro que sí! **(2.2)**, sí, claro **(5.3)**, ¡por supuesto! **(4.1)**
off: to take off *(clothes)* quitarse **(8.1)**
offer oferta *f.* **(3.1)**
office oficina *f.* **(2.2)**
oh! ¡ay! **(LP)** **(1.1)**, ¡uy! **(2.1)**,
　oh, no! ¡ay! **(LP)** **(1.1)**
okay bien **(1.1)**, regular **(2.2)**, vale *(Spain)* **(5.3)**
old viejo(a) **(8.2)**
　to be ___ years old tener ___ años, cumplir ___ años **(4.1)**
Olympics Olimpíadas *f. pl.* **(7.1)**
omelet tortilla de huevos
　potato omelet tortilla *f. (Spain)* **(8.1)**
on en **(LP)**, en **(7.3)**, sobre **(7.3)**
onion cebolla *f.* **(8.1)**
only sólo **(7.2)**
(to) open abrir **(7.2)**
opera ópera *f.* **(6.2)**
orange anaranjado(a) **(5.2)**, naranja *f.* **(5.3)**
(to) order pedir (i, i) **(5.3)** *pret.* **(7.3)**
organized organizado(a) **(1.3)**
other otro(a) **(5.3)**
our nuestro(a), nuestros(as) **(4.1)**
ourselves nos *refl. obj. pron.* **(8.1)**
out: to take out sacar *pret.* **(7.1)**
　to go out salir **(2.3)** **(5.1)**
outdoors al aire libre **(3.1)**
outrage: what an outrage! ¡qué barbaridad! **(6.3)**
outside: it's awful outside hace mal tiempo **(3.2)**
over encima de, sobre **(7.3)**

P

(to) **pack**   empacar **(8.1)**
pain   dolor *m.* **(7.2)**
pair   par *m.* **(5.2)**
   pair of socks   par de calcetines **(5.2)**
palace   palacio *m.* **(6.3)**
   royal palace   alcázar *m.* **(8.2)**
pan: frying pan   sartén *f.* **(8.3)**
pants   pantalones *m. pl.* **(5.2)**
paper   papel *m.* **(LP)**
   sheet of paper   hoja de papel **(LP)**
Paraguay   Paraguay *m.* **(1.2)**
parents   padres *m. pl.* **(4.1)**
park   parque *m.* **(3.1)**
   amusement park   parque de diversiones **(3.2)**
(to) **participate**   participar **(2.3)**
party   fiesta *f.* **(5.3)**
past   pasado
   to go past   pasar **(3.3)**
paternal   paterno(a) **(4.1)**
patient   paciente *m. f.* **(7.2)**
patio   patio *m.* **(2.2)**
(to) **pay for**   pagar **(5.2)** *pret.* **(7.1)**
pen: ballpoint pen   bolígrafo *m.* **(LP)**
pencil   lápiz (*pl.* lápices) *m.* **(LP)**
people   gente *f.* **(3.2)**
   to people-watch   mirar a la gente **(3.2)**
pepper   pimienta *f.* **(8.1)**
perfectionist   perfeccionista *m. f.* **(2.2)**
perfume and cosmetics department   perfumería *f.* **(5.2)**
permission   permiso *m.*
   with your permission   con permiso **(4.2)**
person   persona *f.* **(7.3)**
   young person   joven (*pl.* jóvenes) *m. f.* **(5.2)**
Perú   Perú *m.* **(1.2)**
peseta   peseta (*Spanish monetary unit*) *f.* **(5.1)**
pharmacy   farmacia *f.* **(7.2)**
photographer   fotógrafo *m.*, fotógrafa *f.* **(4.2)**
physical education   educación física **(2.1)**
piano   piano *m.* **(2.3)**

(to) **pick up**   levantar **(7.2)**
pictures   photos *f. pl.*
   to take pictures   sacar fotos **(4.2)**
pig   cochino *m.*
   suckling pig   cochinillo *m.* **(8.3)**
   roast suckling pig   cochinillo asado *m.* **(8.2)**
pill (*medication*)   pastilla *f.* **(7.2)**
pink   rosado(a) **(5.2)**
piñata   piñata *f.* **(4.1)**
pitcher (*baseball*)   lanzador *m.*, lanzadora *f.* **(7.1)**
place settings   cubiertos *m. pl.* **(8.1)**
plane   avión *m.* **(6.3)**
plan   plan *m.* **(6.2)**
   plans   planes *m. pl.* **(2.3)**
plate   plato *m.* **(8.1)**
play (*theater*)   comedia *f.* **(6.1)**
(to) **play** (*a game*)   jugar (ue) *infin.* **(2.3)** *pres.* **(5.2)** *pret.* **(7.1)**
   to play a musical instrument   tocar un instrumento **(4.3)**
player   jugador *m.*, jugadora *f.* **(7.1)**
   most valuable player   jugador(a) *m. f.* más valioso(a) **(7.1)**
   CD player   reproductor de CD-ROM *m.* **(2.2)**
plaza   plaza *f.* **(5.1)**
please   por favor **(1.1)**
   (I'm) pleased to meet you   es un placer, mucho gusto **(1.2)**
pleasure   placer *m.*, gusto *m.*
   the pleasure is mine   el gusto es mío **(1.2)**
politician   político *m.*, política *f.* **(4.2)**
poor   pobre
   poor thing, poor boy (girl)!   ¡pobrecito(a)! **(1.1)**
popular   popular **(1.3)**
post office   correos *m. pl.*, oficina de correos *f.* **(5.1)**
potato   patata (*Spain*) *f.* **(5.3)**, papa (*Latin America*) *f.* **(5.3)**
   potatoes   papas *f. pl.* **(5.3)**
   potato omelet   tortilla *f.* (*Spain*) **(8.1)**
   potato salad   ensaladilla rusa (*Spain*) **(8.1)**
practice   práctica *f.* **(2.3)**
   to practice   practicar **(2.3)** *pret.* **(7.1)**
(to) **prefer**   preferir (ie, i) **(5.2)**

(to) **prepare**   preparar **(2.3) (3.2)**
   to prepare a meal   hacer la comida **(3.3)**
(to) **prescribe** *(a medication)*
   recetar **(7.2)**
pretty   bonito(a), guapo(a) **(1.3)**, lindo(a) **(7.1)**
previous   antepasado(a) **(7.1)**
price   precio *m.* **(6.2)**
prince   príncipe *m.* **(6.2)**
princess   princesa *f.* **(6.3)**
principal *(of a school)*   director *m.*, directora *f.* **(1.1)**
printer   impresora **(2.1)**
   laser printer   impresora láser *f.* **(2.1)**
problem   problema *m.* **(6.3)**
professor   profesor *m.*, profesora *f.* (Prof.) **(LP)**
program   programa *m.* **(6.1)**
programmer   programador *m.*, programadora *f.* **(4.2)**
promenade   paseo *m.* **(5.1)**
(to) **protect**   proteger **(6.3)**
purple   morado **(5.2)**
puree   puré *m.* **(8.1)**
put   pon *imper.* **(7.3)**
   to put   poner **(5.1)**   *pret.* **(7.3)**
   to put on clothes   ponerse **(8.1)**
   to put on makeup   pintarse **(8.1)**

~~~~~ **Q** ~~~~~

quarter past . . . *(time)*   ...y cuarto **(2.1)**
quarter to/of . . . *(time)*   ...menos cuarto **(2.1)**
queen   reina *f.* **(8.2)**
quiet: be quiet!   ¡cállate! **(8.1)**
Quito   Quito *(capital of Ecuador)* **(1.2)**

~~~~~ **R** ~~~~~

radio   radio *f.* **(3.2)**
(to) **rain**   llover (ue) **(3.2)**
   it's raining   lloviendo *(inf.* llover): está lloviendo **(3.2)**
   it rains   llueve **(3.2)**
(to) **raise**   levantar **(7.2)**

rapidly   rápidamente **(8.1)**
rarely   raras veces **(3.3)**
(to) **read**   leer *infin.* **(2.3)**   *pres.* **(3.2)**   *pret.* **(7.1)**
ready   listo(a) **(4.3)**
   to get ready   arreglarse **(8.1)**
really?   ¿de veras? **(3.1)**
(to) **receive**   recibir **(5.1)**
reception *(desk)*   recepción *f.* **(5.1)**
recess   recreo *m.* **(2.2)**
recipe   receta *f.* **(8.3)**
(to) **recommend**   recomendar (ie) **(5.2) (8.3)**
record   disco *m.* **(3.1)**
   record shop   tienda de discos **(3.1)**
red   rojo(a) **(5.2)**
   red-haired, redheaded   pelirrojo(a) **(1.3)**
referee   árbitro *m. f.* **(7.1)**
refrigerator   nevera *f.* **(8.1)**
relative   pariente *m. f.* **(4.2)**
(to) **remain**   quedar **(5.1)**, quedarse **(8.2)**
(to) **remember**   recordar (ue) **(5.2)**
(to) **rent**   alquilar **(2.3)**
(to) **repeat**   repetir (i, i) **(5.3)**
report card   boleta *f.* **(2.1)**
   to give a report   hacer un informe **(6.1)**
reporter   reportero *m.*, reportera *f.* **(4.2)**
reservation   reservación *(pl.* reservaciones) *f.* **(8.3)**
(to) **resist**   resistir **(6.1)**
(to) **rest**   descansar **(3.2)**
restaurant   restaurante *m.* **(2.3)**, mesón *m. (originally an inn or a tavern)* **(8.3)**
restroom   servicios *m. pl.* **(8.2)**
(to) **return**   regresar **(6.2)**
return   volver (ue) **(8.3)**
rey   king *m.* **(6.3) (8.2)**
ride   juego *m.* **(3.3)**
   to ride   pasear **(2.3) (3.2)**
   children's rides   juegos infantiles *m. pl.* **(3.2)**
   rides   juegos mecánicos **(3.3)**
ridiculous   ridículo
   how ridiculous!   ¡qué ridículo! **(4.3)**
right   derecha *f.* **(5.1)**

right away   en seguida **(8.3)**
right side   derecha *f.* **(5.1)**
to be right   tener razón **(5.3)**
to/on the right   a la derecha **(5.1)**
   (7.3)
river   río *m.* **(8.2)**
roast suckling pig   cochinillo asado
   m. **(8.2)**
rock concert   concierto *m.* de rock
   (3.3)
roller coaster   montaña rusa **(3.2)**
romantic   romántico(a) **(1.3)**
room   cuarto *m.* **(2.3)**, habitación *f.*
   (8.2)
   dining room   comedor *m.* **(8.2)**
   family room   sala de familia **(8.2)**
   living room   sala *f.* **(8.2)**
rose   rosa *f.* rosas *f. pl.* **(3.2)**
   dozen roses   una docena *f.* de
   rosas **(6.1)**
rowboat   lancha *f.* **(3.2)**
royal   real
   royal palace   alcázar *m.* **(8.2)**
rug   alfombra *f.* **(8.2)**
ruler *(for measuring)*   regla *f.* **(LP)**
(to) **run**   correr **(2.3) (3.2)**
   run into   chocar **(7.2)**

～～～ S ～～～

sad   triste **(4.3)**
sadly   tristemente **(8.1)**
salad   ensalada *f.* **(8.2)**
   potato salad   ensaladilla rusa
   (Spain) **(8.1)**
sale   oferta *f.*
   on sale   en oferta **(3.1)**
salesclerk   dependiente *m.*,
   dependienta *f.* **(5.2)**
salt   sal *f.* **(8.1)**
same   mismo(a) **(6.3)**
   at the same time   a la vez **(7.3)**
sandwich   bocadillo *m.* **(8.1)**,
   sándwich *m.* **(5.2)**
   grilled ham and cheese sandwich
   sándwich mixto *(Spain)* **(5.3)**
Santiago   Santiago *(capital of Chile)*
   (1.2)
Saturday   sábado *m.* **(2.1)**
saucer   platillo *m.* **(8.1)**
sausage   chorizo *m.* **(8.1)**

(to) **save**   salvar **(7.2)**
(to) **say**   decir (i) **(5.3)**   *pret.* **(6.3)**,
   di *imper.* **(7.3)**
   say!   ¡oye! **(2.1)**
scarcely   apenas **(7.2)**
schedule   horario *m.* **(2.1)**
school   escuela *f.* **(1.1)**
   high school   escuela secundaria
   (2.2)
science   ciencias *f. pl.* **(2.1)**
   natural sciences   ciencias
   naturales *f. pl.* **(2.1)**
(to) **score**   meter un gol **(7.1)**
second   segundo(a) **(5.2)**
secretary   secretario *m.*, secretaria *f.*
   (4.2)
(to) **see**   ver *infin.* **(2.3)**   *pres.* **(3.2)**
   pret. **(6.2)**, ve *imper.* **(7.3)**
   I see   veo **(3.2)**
   you see   ves *(fam. sing.)* **(3.2)**
   he/she/it/you see(s)   ve *(form.*
   sing.) **(3.2)**
   let's see   a ver **(3.3)**
(to) **select**   escoger **(7.3)**
(to) **sell**   vender **(5.2)**
September   septiembre *m.* **(4.1)**
serious   serio(a) **(2.2)**
(to) **serve**   servir (i, i) **(5.3)**
set: to set the table   poner la
   mesa **(8.1)**
   place settings   cubiertos *m. pl.*
   (8.1)
seventh   séptimo(a) **(5.2)**
shame   vergüenza *f.*, lástima *f.*
   what a shame!   ¡qué
   lástima! **(2.3) (4.2)**
(to) **shave**   afeitarse **(8.1)**
she   ella **(1.1)**
shirt   camisa *f.* **(5.2)**
shoes   zapatos *m. pl.* **(5.2)**
   athletic shoes   zapatos deportivos
   (5.2)
   shoe department or store
   zapatería *f.* **(5.2)**
shop   tienda *f.* **(3.1)**
   record shop   tienda de discos
   (3.1)
shopping   de compras **(3.1)**
   shopping center   centro comercial
   (3.1)
   to go shopping   ir de compras
   (3.1)

short bajo(a) (**1.3**), corto(a) (**8.1**)
shortstop *(baseball)* jardinero(a)
   corto(a) (**7.1**)
sick enfermo(a) (**8.2**)
silly tonto(a) (**1.3**)
   how silly! ¡qué ridículo! (**4.3**)
singer cantante *m. f.* (**4.2**)
single soltero(a) (**4.2**)
sister hermana *f.* (**4.1**)
   sister(s) and brother(s) hermanos
      m. pl. (**4.1**)
   stepsister hermanastra *f.* (**4.2**)
(to) **sit down** sentarse (ie) (**8.1**)
sixth sexto(a) (**5.2**)
size *(clothing)* talla *f.* (**5.2**)
skiing esquí *m.* (**7.1**)
   downhill skiing esquí alpino (**7.1**)
skinny flaco(a) (**1.3**)
skirt falda *f.* (**5.2**)
slacks pantalones *m. pl.* (**5.2**)
(to) **sleep** dormir (ue, u) (**7.2**) *pret.*
   (**7.3**)
   to go to sleep dormirse (ue, u)
      (**8.1**)
slippers zapatillas *f. pl.* (**7.3**)
slow despacio (**8.3**)
slowly despacio (**8.3**), lentamente
   (**8.1**)
small pequeño(a) (**4.1**)
smiling sonriendo (**8.3**)
(to) **snow** nevar (ie) (**3.2**)
   it snows nieva (*inf.* nevar) (**3.2**)
   it's snowing está nevando (**3.2**)
so-so regular (**2.2**)
soccer fútbol *m.* (**2.3**)
   soccer field campo de fútbol (**7.1**)
   soccer player futbolista *m. f.*
      (**4.2**)
socks calcetines *m. pl.* (**5.2**)
   pair of socks par de calcetines
      (**5.2**)
soft drink refresco *m.* (**2.3**)
software software *m.* (**2.2**)
soldier soldado *m.* (**6.3**)
some unos(as) (**LP**) (**3.1**)
someone alguien (**3.3**)
something algo (**2.3**) (**3.3**)
   something more algo mís (**8.1**)
sometimes a veces (**3.3**)
son hijo *m.* (**4.1**)
   son(s) and daughter(s) hijos *m. pl.*
      (**4.1**)

song canción *f.* (**6.1**)
soon pronto (**6.1**)
sorry: I'm sorry lo siento (**5.3**)
sound sonido *m.* (**7.2**)
soup sopa *f.* (**5.3**)
   garlic soup sopa de ajo (**8.3**)
souvenir recuerdo *m.* (**6.2**)
Spanish español *m.* (**LP**)
(to) **speak** hablar (**2.3**) (**3.2**)
speakers parlantes *m. pl.* (**2.2**)
special especial (**3.3**)
spectator espectador *m.*,
   espectadora *f.* (**7.1**)
(to) **spend time** pasar (**3.3**)
sponge cake bizcocho *m.* (**5.3**)
spoon cuchara *f.* (**5.3**) (**8.1**)
sport deporte *m.* (**3.3**)
spouses esposos *m. pl.* (**4.1**)
spring primavera *f.* (**3.2**)
square cuadrado
   town square plaza *f.* (**5.1**)
stair escalón *m.* (**8.2**)
stamp sello *m.* (**5.1**)
star estrella *f.* (**7.1**)
station estación *f. (pl.* estaciones)
   (**5.1**)
(to) **stay** quedarse (**8.2**)
   to stay in bed guardar cama (**7.2**)
step escalón *m.* (**8.2**), paso *m.* (**5.1**)
   stepbrother hermanastro *m.* (**4.2**)
   stepfather padrastro *m.* (**4.2**)
   stepmother madrastra *f.* (**4.2**)
   stepsister hermanastra *f.* (**4.2**)
still todavía (**8.1**)
stomach estómago *m.* (**7.2**)
   stomachache dolor de estómago
      (**7.2**)
store tienda *f.* (**3.1**)
   department store almacén *(pl.*
      almacenes) *m.* (**5.1**)
   jewelry department or store
      joyería *f.* (**5.2**)
story cuento *m.* (**6.2**)
store estufa *f.* (**8.1**)
straight ahead derecho (**5.1**)
strange raro
   how strange! ¡qué raro! (**4.1**)
strawberry fresa *f.* (**8.2**)
street calle *f.* (**5.1**)
stroll paseo *m.* (**5.1**)
strong fuerte (**1.3**)
student estudiante *m. f.* (**LP**)

student desk   pupitre *m.* **(LP)**
studious   estudioso(a) **(1.3)**
(to) **study**   estudiar **(2.3) (3.2)**
   study hall   hora de estudio **(2.1)**
subway   metro *m.* **(5.1)**
suckling pig   cochinillo *m.* **(8.3)**
   roast suckling pig   cochinillo
   asado *m.* **(8.2)**
suddenly   de repente **(8.2)**
(to) **suffer**   sufrir **(7.2)**
suit   traje *m.* **(5.2)**
suitcase   maleta *f.* **(8.2)**
summer   verano *m.* **(3.2)**
sun   Sol *m.* **(3.2)**
   it's sunny   hace sol **(3.2)**
Sunday   domingo *m.* **(2.1)**
supper   cena *f.* **(6.3)**
   to eat supper   cenar **(8.2)**
surname   apellido *m.* **(4.1)**
surprise   sorpresa *f.*
   what a surprise!   ¡qué sorpresa!
   (6.1)
sweater   suéter *m.* **(5.2)**
sweatshirt   sudadera *f.* **(5.2)**
swimming   natación *f.* **(7.1)**
symptom   síntoma *m.* **(7.2)**

〰〰〰 T 〰〰〰

T-shirt   camiseta *f.* **(5.2)**
table   mesa *f.* **(LP) (8.1)**
   small table   mesita *f.* **(7.3)**
   to set the table   poner la mesa
   (8.1)
taco   taco *m. (México: Corn tortilla
   with filling)* **(6.1)**
(to) **take**   tomar *infin.* **(3.1)** *pres.*
   (3.2) (5.1)
   to take off *(clothes)*   quitarse **(8.1)**
   to take out   sacar **(4.2)** *pret.* **(7.1)**
   to take pictures   sacar fotos **(4.2)**
(to) **talk**   hablar **(2.3) (3.2)**
   to talk on the phone   hablar por
   teléfono **(2.3)**
task   tarea *f.* **(2.3)**
(to) **taste**   probar (ue) **(8.3);** al gusto
   (cooking) **(8.3)**
teacher   profesor *m.,* profesora *f.*
   (Prof.) **(LP),** maestro *m.,* maestra *f.*
   (4.2)
team   equipo *m.* **(7.1)**

teeth   dientes
   to brush one's teeth   lavarse los
   dientes **(8.1)**
telephone   teléfono *m.* **(2.1)**
   telephone directory   guía *f.*
   telefónica **(4.2)**
   to talk on the phone   hablar por
   teléfono **(2.3)**
(to) **tell**   decir (i) **(5.3)** *pret.* **(6.3),**
   di *imper.* **(7.3)**
   tell me!   ¡cuéntame! **(6.3),** ¡dime!
   fam. **(1.1),** ¡dígame! *form.* **(3.2)**
tennis   tenis *m.* **(7.1)**
Tenochtitlán   Tenochtitlán *(ancient
   capital of the Aztecs)* **(6.3)**
tenth   décimo(a) **(5.2)**
(to) **terminate**   terminar **(7.1)**
terrible!   ¡fatal!, ¡terrible! **(1.1)**
thank you   gracias **(LP)**
   thank God (goodness)   gracias a
   Dios **(6.3)**
that *(over there)*   aquel *m. sing.,*
   aquella *f. sing.* **(7.1),** ese/esa **(7.1)**
the   el *art. m.,* la *art. f.,* los *art. m.,* las
   art. f. **(LP)**
theater   teatro *m.* **(2.1)**
   movie theater   cine *m.* **(3.1)**
their   su, sus *(sing., pl.)* **(4.1)**
them   los *m.,* las *f. dir. obj. pron.* **(7.2)**
   to/for them   les *indir. obj. pron.*
   (pl.) **(5.2)**
themselves   se *refl. pron.* **(8.1)**
then   pues **(1.2),** luego **(8.1)**
there   allí **(7.3)**
   over there   allí **(7.3)**
   there is (are)   hay **(LP) (3.1)**
   there was (were)   hubo **(6.3)**
these   estos/estas **(7.1)**
they   ellos *m.,* ellas *f.* **(2.2)**
thin   delgado(a) **(1.3)**
thing   cosa *f.* **(7.3)**
(to) **think**   pensar (ie) **(5.2) (6.3)**
third   tercero(a), tercer **(5.2)**
thirst   sed *f.*
   to be thirsty   tener sed **(5.3)**
this   este/esta **(7.1)**
   this morning   esta mañana **(7.2)**
those   esos/esas **(7.1)**
   those *(over there)*   aquellos *m. pl.*
   aquellas *f. pl.* **(7.1)**
throat   garganta *f.* **(7.2)**
throne   trono *m.* **(6.3)**

Thursday jueves *m.* (**2.1**)

(to) **tie** *(in sports)* empatar (**7.3**)

tie *(in sports)* empate *m.* (**7.3**)

time hora *f.* (**2.1**), tiempo *m.* (**3.2**)

  at the same time a la vez (**7.3**)

  at what time is . . . ? ¿a qué hora es...? (**2.1**)

  half past . . . *(time)* ...y media (**2.1**)

  in the afternoon por la tarde *(general time)* (**2.1**)

  in the evening por la noche *(general time)* (**2.1**)

  in the morning por la mañana *(general time)* (**2.1**)

  it is . . . *(time)* son la/las... (**2.1**)

  quarter past . . . *(time)* ...y cuarto (**2.1**)

  quarter to/of . . . *(time)* ...menos cuarto (**2.1**)

  to spend time pasar (**5.1**)

  what time is it? ¿qué hora es? (**2.1**)

timid tímido(a) (**1.3**)

tip propina f. (**5.3**)

tired cansado(a) (**4.3**)

to a (**3.1**)

  to eat supper cenar (**8.2**)

  to/for you te *indir. obj. pron.* *(fam. sing.)* (**3.1**)

  to get down, to get off bajarse (**5.1**)

  to her a ella (**3.1**)

  to him a él (**3.1**)

  to me a mí (**3.1**)

  to the + *m. sing. noun* al (a + el) + *m. sing. noun* (**3.1**)

  to you a ti *(fam. sing.)*, a usted *(form. sing.)* (**3.1**)

today hoy (**2.1**)

  what's the date today? ¿qué fecha es hoy? (**4.1**)

  what's today's date? ¿cuál es la fecha de hoy? (**4.1**)

together juntos(as) *pl.* (**2.3**)

tomato tomate *m.* (**8.1**)

tomorrow mañana *adv.* (**2.3**)

  see you tomorrow hasta mañana (**1.1**)

tonight esta noche (**6.2**)

too much demasiado(a) (**6.2**)

tooth diente *m.* (**7.2**)

to brush one's teeth lavarse los dientes (**8.1**)

top: on top of encima de (**7.3**)

tortilla tortilla *f.* *(México: Cornmeal or flour pancake; Spain: Potato omelet)* (**8.1**)

(to) **touch** tocar (**8.2**)

touched *(emotions)* emocionado(a) (**4.3**)

tour tour, excursión

  to take a tour hacer un tour (**6.1**)

tower torre *f.* (**8.2**)

town pueblo *m.* (**6.2**)

  town square plaza *f.* (**5.1**)

track and field atletismo *m.* (**7.1**)

traffic tráfico *m.* (**7.3**)

train tren *m.* (**6.3**)

traveler's check cheque de viajero (**5.1**)

trip viaje *m.* (**8.2**)

  short trip excursión *f.* (**6.1**)

trophy trofeo *m.* (**7.3**)

truck camión *m.* (**6.3**)

Tuesday martes *m.* (**2.1**)

(to) **turn** doblar (**5.1**)

TV set televisor *m.* (**7.3**)

～～ U ～～

ugh! ¡uy! (**2.1**), ¡uf! (**2.3**)

ugly feo(a) (**1.3**)

umpire árbitro *m. f.* (**7.1**)

uncle tío *m.* (**4.1**)

  uncle(s) and aunt(s) tíos *m. pl.* (**4.1**)

under debajo de (**7.3**)

(to) **understand** entender (ie) (**5.2**)

unfortunately desafortunadamente (**6.3**)

United States Estados Unidos (EE.UU.) *m. pl.* (**1.2**)

university universidad *f.* (**5.3**)

unmarried soltero(a) (**4.2**)

until hasta (**5.1**)

up: to get up levantarse (**8.1**)

  to go up subir (**3.2**)

  to pick up levantar (**7.2**)

upon crossing al cruzar (**5.1**)

Uruguay Uruguay *m.* (**1.2**)

us nos *dir. obj. pron.* (**5.2**)

  to/for us nos *indir. obj. pron.* (**5.2**) (**7.2**)

(to) **use**   utilizar (**8.3**)
useful   útil (**8.2**)
usual   común, normal
   as usual   como siempre (**7.3**)
(to) **utilize**   utilizar (**8.3**)

～～～ V ～～～

vacation   vacaciones *f. pl.* (**7.2**)
valiant   valiente (**6.3**)
valuable   valioso(a) *m. f.* (**7.1**)
varied   variado(a) (**8.3**)
vegetables   legumbres *m. f. pl.* (**8.3**)
   green vegetables   verduras *f. pl.* (**8.3**)
Venezuela   Venezuela *f.* (**1.2**)
very   muy (**4.2**)
video   video *m.* (**2.1**)
village   pueblo *m.* (**6.2**)
(to) **visit**   visitar (**3.2**)
volcano   volcán *m.* (**6.3**)
volleyball   volibol *m.* (**7.1**)
volume   volumen *m.* (**7.2**)

～～～ W ～～～

(to) **wait for**   esperar (**2.3**)
waiter   camarero *m.* (**4.2**)
waitress   camarera *f.* (**4.2**)
(to) **wake**   despertar (ie) (**8.1**)
walk   paseo *m.* (**5.1**)
   to walk   caminar (**3.2**)
   to take a walk   pasear (**2.3**) (**3.2**)
   walking   a pie (**3.3**)
(to) **want**   querer (ie, i) (**4.2**) (**5.2**)
   I want to introduce you to . . .   quiero presentarte (*fam.*) a..., quiero presentarle (*form.*) a... (**1.2**)
war   guerra *f.* (**6.3**)
was: there was   hubo (**6.3**)
(to) **wash**   lavar (**6.3**)
(to) **wash up**   lavarse (**8.1**)
   to wash one's hair   lavarse el pelo (**8.1**)
watch   reloj *m.* (**2.1**)
(to) **watch**   ver *infin.* (**2.3**) *pres.* (**3.2**) *pret.* (**6.2**)
   to people-watch   mirar a la gente (**3.2**)
water   agua *f.* (**5.3**)
   mineral water   agua mineral (**5.3**)

way: by the way   a propósito (**7.3**)
we   nosotros, nosotras (**2.2**)
(to) **wear**   llevar (**5.2**)
weather   tiempo *m.* (**3.2**)
   the weather is bad   hace mal tiempo (**3.2**)
   the weather is good   hace buen tiempo (**3.2**)
wedding   boda *f.* (**4.2**)
Wednesday   miércoles *m.* (**2.1**)
week   semana *f.* (**2.1**)
   last week   la semana pasada (**6.1**)
weekend(s)   fin(es) de semana (**3.1**) (**3.3**)
   on weekends   los fines de semana (**3.3**)
welcome   bienvenido(a) (**7.3**)
well   bien (**1.1**), pues (**1.2**)
went: we went   fuimos (**5.3**)
were: there were   hubo (**6.3**)
what?   ¿cómo? (**4.2**), ¿cuál(es)? (**2.1**) (**4.2**), qué? (**LP**) (**4.2**)
   what!   ¡qué! (**4.2**)
   what a shame!   ¡qué lástima! (**2.3**) (**4.2**)
   what a surprise!   ¡qué sorpresa! (**6.1**)
   what bad luck!   ¡qué mala suerte! (**4.3**)
   what happened?   ¿qué pasó? (**6.3**)
   what nonsense!   ¡qué barbaridad! (**6.3**)
   what time is it?   ¿qué hora es? (**2.1**)
   what's going on?   ¿qué pasa? (**3.1**)
   what's the date today?   ¿qué fecha es hoy? (**4.1**)
   what's the matter?   ¿qué pasa? (**3.1**)
   what's today's date?   ¿cuál es la fecha de hoy? (**4.1**)
   what's your name?   ¿cómo te llamas? (*fam. sing.*) (**1.2**), ¿cómo se llama? (*form. sing.*) (**1.2**)
wheel   rueda *f.*
   Ferris wheel   rueda *f.* de fortuna (**3.2**)
when?   ¿cuándo? (**2.1**) (**3.2**) (**4.2**)
where?   ¿dónde? (**1.2**) (**4.2**)
   to where?   ¿adónde? (**3.1**) (**4.2**)
   from where?   ¿de dónde? (**1.2**) (**4.2**)

where is . . . ? ¿dónde está...? **(1.2)**
which one(s)? ¿cuál(es)? **(2.1) (4.2)**
white blanco(a) **(5.2)**
who? ¿quién?, ¿quiénes? **(1.1) (3.1) (4.2)**
why? ¿por qué? **(1.1) (4.2)**
  why not? ¿cómo no? **(6.2)**
wife esposa *f.* **(4.1)**
  wife and husband esposos *m. pl.* **(4.1)**
(to) win ganar **(7.1)**
wind viento *m.* **(3.2)**
  it's windy hace viento **(3.2)**
window ventana *f.* **(7.3)**
winners vencedores *m. pl.* **(7.1)**
winter invierno *m.* **(3.2)**
wires cables *m. pl.* **(2.2)**
(to) wish desear **(5.3)**
with con **(2.3)**
  with emphasis con énfasis **(5.3)**
  with me conmigo **(6.2)**
  with you contigo **(6.2)**
  with your permission con permiso **(4.2)**
wonderful! ¡qué bien! **(3.2)**
(to) work trabajar **(2.3)**
world mundo *m.* **(6.3)**
(to) worry preocuparse
  don't worry no se preocupe **(7.2)**
  worried preocupado(a) **(4.3)**
worse than peor(es) que **(8.2)**
wow! ¡caramba! **(LP)**
wrestling lucha *f.* libre **(7.1)**
(to) write escribir **(2.3) (3.2)**
writer escritor *m.,* escritora *f.* **(4.2)**

year año *m.* **(4.1)**
  to be ___ years old cumplir ___ años, tener ___ años **(4.1)**
(to) yell gritar **(6.3)**
yellow amarillo(a) **(5.2)**
yes sí **(LP)**
  yes, of course sí, claro **(5.3)**
yesterday ayer **(6.1)**
you tú *subj. pron. (fam. sing.)* **(1.1),** usted *(form. sing.)* **(1.1),** ustedes *(pl.)* **(2.2),** te *dir. obj. pron. (fam. sing.)* **(7.2)**
  to/for you le *indir. obj. pron. (form. sing.)* **(3.1),** les *indir. obj. pron. (pl.)* **(5.2)**
  with you contigo **(6.2)**
young person joven *(pl.* jóvenes*) m. f.* **(5.2)**
your tu, tus *poss. adj. (fam. sing., pl.)* **(2.1) (4.1),** su, sus *(form. sing., pl.)* **(4.1)**
yourself te *refl. obj. pron. (fam. sing.),* se *refl. pron. (form. sing.)* **(8.1)**
  yourselves se *refl. pron.* **(8.1)**

Z

zoo zoológico *m.* **(3.2),** jardín zoológico **(3.3)**

ÍNDICE
Gramática / Funciones / Estrategias

This index lists the grammatical structures, the communicative functions, and the reading and writing strategies in the text. Entries preceded by a ● indicate functions. Entries preceded by a ■ indicate strategies. The index also lists important thematic vocabulary (such as days of the week, family members, sports). Page references beginning with *G* correspond to the *¿Por qué se dice así?* (Manual de gramática) section. Page references beginning with *A* correspond to the *¡A Recordar!* unit.